课题号：20230203043

高校双控机制建设现状与发展对策研究

魏满堂　王　钊　田江兰

杜小巍　张　春　王彦华　著

中国原子能出版社

图书在版编目（CIP）数据

高校双控机制建设现状与发展对策研究 / 魏满堂，
王钊，田江兰等著. --北京：中国原子能出版社，2024.5（2025.3重印）
ISBN 978-7-5221-3388-1

Ⅰ. ①高…　Ⅱ. ①魏…②王…③田…　Ⅲ. ①高等学
校–发展–研究–中国　Ⅳ. ①G649.21

中国国家版本馆 CIP 数据核字（2024）第 099223 号

高校双控机制建设现状与发展对策研究

出版发行	中国原子能出版社（北京市海淀区阜成路 43 号　100048）
责任编辑	张　磊
责任印制	赵　明
印　　刷	北京天恒嘉业印刷有限公司
经　　销	全国新华书店
开　　本	787 mm×1092 mm　1/16
印　　张	18
字　　数	270 千字
版　　次	2024 年 5 月第 1 版　2025 年 3 月第 2 次印刷
书　　号	ISBN 978-7-5221-3388-1　　　定　价　99.00 元

发行电话：010-88821568　　　　　　　　版权所有　侵权必究

前　言

　　学校是人才培养的重要场所，高校作为知识传播和人才培养的摇篮，其安全稳定不仅关乎师生的切身利益，更关乎国家的未来。一个安全稳定的高校环境有助于保障良好的教学和生活秩序，提升学校的社会声誉和形象，为高校的长期发展奠定坚实基础。近年来，校园安全一直是社会关注的热点话题，频发的校园安全事故，不仅给学生及其家人造成了无法弥补的伤害，也影响了校园的正常教学秩序。因此，为了防止校园安全事故的发生，学校安全风险分级管控和隐患排查治理双重预防机制建设是校园安全管理的治本之策，对保障校园安全，管理校园安全具有至关重要的作用。

　　研究校园安全双重预防控制机制体系需要综合校园安全与管理的现状和研究进展，以分析各种风险和隐患对校园安全的影响为基础，对校园安全风险隐患双重预防体系建设进行研究。校园双重预防控制体系的建立需要学校从顶层设计出发，制定一套完善、科学、合理的安全管理制度，确保各项安全管理工作有章可循、有据可查。

　　研究校园安全双重预防控制机制体系需要构建风险分级管控系统。对校园安全风险进行辨识，在风险识别和评价的基础上，对辨识出来的风险进行管控，通过风险分级控制手段来降低风险产生的概率和减轻不良后果的影响。推动高校在风险控制意识下建立安全管理体系，可以全面识别和评估内外部安全风险，建立健全的安全管理制度和应急预案，促进校园安全文化的形成。

　　研究校园安全双重预防控制机制体系需要建立隐患排查治理系统。首先、要对事故隐患进行分类与分级、制定排查和实施计划，对于事故隐患进

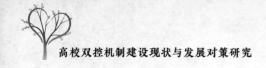

行相应措施治理，并在监督管理方面做出风险发生后的处置，有效规避和减少校园安全事故的发生。

推动风险控制与隐患治理双渠道的高校安全管理体系建构，可帮助高校全面识别和评估内外部安全风险，建立健全的安全管理制度和应急预案，促进校园安全文化的形成。高校安全管理体系建设不仅是一项紧迫任务，更是一项长期而系统的工程，双重预防控制机制体系的建设不仅提升了高校应对突发事件的能力，同时降低了安全事故发生的可能性，巩固了高校的安全防线，为师生营造了一个安全、稳定、和谐的校园环境。

著者

2024 年 1 月

目 录

第一章 导 论

第一节 研究背景

校园安全是整个社会安全的重要组成部分，直接影响着社会的稳定与进步。2017 年校园安全被选为民生热词榜，2021 年全国教育工作会议指出要坚守安全发展底线，强化风险意识，提高应急处突能力，筑牢防范化解各类风险的"铜墙铁壁"。习近平总书记在 2019 年全国教育大会上强调，各级党委和政府要为学校办学安全托底，解决学校后顾之忧，维护老师和学校应有的尊严，保护学生生命安全。由此可见，校园安全一直是国家、社会各界关心的焦点，而安全问题是学校治理工作的重要一环。

近年来，校园安全问题频发，涉及校园交通、人身伤害、暴力、火灾、实验室安全、食品卫生、传染病等多个方面，这些事故不仅给学生、学校和家庭带来损失，还会对公众和社会产生恶劣的影响，甚至引发社会动荡。校园安全问题的出现也暴露出学校在安全责任落实、风险防范能力和隐患排查整改等方面存在问题。因此，减少校园隐患，加强安全管理，确保学生的身心安全尤为重要。

一、校园安全事故多样，校园安全问题日益突出

随着社会转型的发展，校园面临着更加复杂多样的不稳定因素，导致校园事故的不断增加。据教育部、公安部等单位对北京、天津、上海等 10 个省市的调查显示，全国每年约有 1.6 万名中小学生非正常死亡，平均每天约有 40 名学生非正常死亡，触目惊心的数字警示着我们，学生群体每天都面临着各类安全事故的威胁。影响校园安全因素多种多样，常见的传统因素，

如自然灾害、公共卫生、食品安全等风险。各种非传统因素，如校车、校园欺凌、校园及周边环境、学生溺水等风险也在增多，除此之外，网络、信息安全、意外伤害等也都在时刻威胁学生安全。2016年12月5日上海一交叉路口发生吊车与校车刮蹭事件，最终导致16名学生受伤。2018年12月26日，北京交通大学市政环境工程系学生在学校东校区2号楼环境工程实验室里，进行垃圾渗滤液污水处理科研试验期间，现场发生爆炸，过火面积约60平方米，并造成了参与试验的学生2名博士1名硕士死亡。2020年12月29日，四川某职业院校两名学生因感情问题发生争执，张某被犯罪嫌疑人王某勒颈窒息死亡。2021年9月5日，北京某高校校园内发生一起交通事故，一名在校女生被快递货车倒车时碾压，重伤后抢救无效死亡。2021年4月28日，广西北流市发生一起持凶器伤害幼儿园师生案件，伤及多名教师、幼儿，案件性质极其恶劣，引发社会强烈谴责。2024年1月20日，河南方城县一小学学校起火，事故造成13人遇难，1人受伤，令人十分痛心！每年种种以上校园安全事故事件频发，对校园正常生活和学习秩序造成严重影响，也使广大家长朋友们对自己孩子在校学习安全产生质疑，给学生、家庭、学校乃至社会带来一定威胁。由此可见，校园安全问题日益突出，各类安全事故的产生不是由单个因素作用产生的，而是多种因素共同作用所导致的。

二、校园安全管理不足，预防性管理缺乏

学生安全工作是教育的头等大事，是办好人民满意教育的基础和前提。随着社会文明程度的提高，人们安全意识日益增强，学校愈发重视校园安全教育与管理，校园重大安全事故的发生率在逐年下降，但目前是复杂的社会环境引起的校园安全危机仍然形势严峻。安全管理是维护学生安全、提高学生安全意识的重要手段，大量校园安全问题之所以产生、发酵，很大程度是由于源头治理和风险管控没有把握好，任何风险处理不当，都可能造成社会大众对高校安全治理能力的质疑与高校社会形象的巨大贬损。然而校园安全事故的发生有着各种各样的复杂原因，有家庭因素、社会因素、学校因素和

学生自身因素等，因此在校园安全事故的预防工作中，不能只考虑某一单向因素，而应该综合考虑多种因素的影响，并针对多因素影响进行有针对性的防控措施。当前校园安全事故预防的问题上，围绕校园安保工作的新特点，各学校积极开展校园安全构建工作，建立健全相关安全制度，增强保卫能力，提高保卫队伍素质，不断更新管理模式，完善校园安全管理制度和应急预案，创新校园安全管理方式，有效化解了校园及周边存在的风险隐患，使得校园治安环境得到很大程度的改善，这些都为校园安全保卫工作科学发展提供了丰富的工作经验。但从目前校园安全管理现状来看，校园安全缺乏一套行之有效的科学安全管理机制，安全保卫部门权责不配等、防范手段单一、事前预警难以推进、事后防范处理滞后、与师生缺乏互信等原因使得安全应对危机能力欠佳。这些并不能及时应对各种学生突发事故且会造成了应对突发安全事故时间上的延误，无法及时进行救治，甚至会导致突发事故的恶化，错失挽救的时机，加大了事故造成的伤害范围。因此，只做好校园内部安全防范和安全教育管理工作是不够的，需要在事故发生前提早进行预防性风险管理与隐患排查，以减少校园安全事故的发生，使危险在源头处即被掐断。

三、校园安全双控机制建设是国家政策的导向

校园安全是学校发展的头等大事，国家历来高度重视学校安全，要求各级教育行政部门和学校必须高度重视校园安全。党的十九大报告指出，"要树立安全发展理念，弘扬生命至上、安全第一的思想，健全公共安全体系"。2006 年 6 月 30 日，教育部、公安部、司法部、交通部（现为交通运输部）等十部门联合出台了《中小学幼儿园安全管理办法》，这是我国第一部关于校园安全的法律文件，涉及校园安全管理责任、学校安全管理制度、安全教育、安全事故处理、校园周边安全管理、奖励与责任等诸多内容。随后国家出台一系列文件强调了校园安全的重要性，各学校要重视校园安全教育与管理，切实减少校园安全事故的发生。2015 年，习近平总书记在中央政治局常

委会上强调"对易发生重特大事故的行业领域采取风险分级管控、隐患排查治理双重预防性工作机制，推动关口前移"。该机制实际上构筑了事故预防的"两道防火墙"，即风险分级管控和隐患排查治理。2016 年国务院安委会办公室《关于实施遏制重特大事故工作指南构建双重预防机制的意见》明确了双控的总体思路、工作目标和方法措施。同年，中共中央、国务院《关于推进安全生产领域改革发展的意见》中强调，要构建双控工作机制，严防风险演变、隐患升级导致生产安全事故发生。双重防控机制的提出为校园安全管理带来了指导性方案。2017 年《国务院办公厅关于加强中小学幼儿园安全风险防控体系建设的意见》提出，要完善学校安全风险预防体系，健全学校安全风险管控机制，完善学校安全事故处理和风险化解机制。2018 年《中华人民共和国义务教育法》第二次进行修正并出台，这次修正明确要求有关部门和学校要做到确保师生的人身和财产安全，保护师生的合法权益。同时，必须建立完善的安全管理体系和应急体系，加强学生的安全管理和教育，一定要及时消除施工中的安全隐患。2018 年《河北省安全生产风险管控与隐患治理规定》，要求各地区、各行业和有关单位迅速贯彻、积极行动，结合实际进行探索、推进双控机制建设。2019 年 5 月教育部发布的《关于高校实验室安全工作的意见》，又进一步强调要建立风险分级管理责任体系，实现对实验室安全的全过程、全要素、全方位管控，并加强实验室安全检查，全面排查各环节风险隐患。教育部等 5 部分 2019 年发布《关于完善安全事故处理机制维护学校教育教学秩序的意见》中首先强调要着重加强校园安全事故预防，要求各有关部门、各级学校要树立预防为先的理念，健全学校安全风险防控的各项制度、机制，完善安全风险排查和防范机制，压实安全责任，加强学生的安全教育等，从源头上预防和消除安全风险，杜绝责任事故。目前各省份在教育系统已全面推进安全风险双重预防体系建设，并对学校双重预防控制机制提出了具体相关要求。由此可见推进学校双重预防体系建设，既是落实国务院安委会办公室和教育部关于加强校园安全工作的决策部署，更是进一步强化校园安全管理工作的需要。

四、校园安全双控机制建设是校园安全管理的需求

校园安全是当代学生身心健康的重要保证，也直接影响高校的可持续发展。近年来，无论是生活中的人身伤害还是自然灾害造成的人员伤亡，都侧面反映了大学校园安全面临着严峻的考验。因此，减少校园的存在的隐患，加强对校园的安全管理，确保广大学生的身心安全是现阶段高校应重点思考的问题。马斯洛需要层次理论把需求由较低层次到较高层次分为五个方面的需求，分别为生理需求、安全需求、归属与爱需求、尊重需求和自我实现需求。目前，我国正处于经济快速发展的关键转型期，随着改革开放步伐的深入推进，各种社会利益矛盾的纠纷变得更加突出，这在一定程度上加剧了社会的不稳定因素，加大了校园各种不安全事件的发生概率。学生群体是一个特殊的群体，学生安全事故的发生不仅对家庭造成难以治愈的创伤，而且对学校、社会也产生严重的负面影响。如何更好的预防校外学生安全事故的发生，如何才能为平安校园的建设罩上一层更大的防护网已成为当今社会亟需解决的问题。

预防校园安全事故，是校园安全治理工作的主要内容和目标。双控机制建设对于提高校园安全治理能力，预防校园安全事故的发生具有重要作用。随着社会和经济的高速发展，我国校园环境、教育制度、师生关系、学生心理素质等问题都面临着越来越多的挑战，与此同时，学生面临的不安全因素也越来越复杂。校园安全事故预防是校园安全保障体系的第一步，不仅需要从宏观上对学生安全事故预防进行顶层设计和规划，同时也需要根据实践去进行修订和完善。然而近年来，学生的一系列安全事故令人心痛，很多事故如果能够提前进行风险的分析与辨别，提前做好预防措施，做好安全管理，是可以减少其发生，降低事故影响程度的。由此可见，当前学校校园安全事故预防的传统模式已经不适合现在的校园环境，迫切需要对校园安全事故预防机制进行改革和创新，向多主体、多层次、互动化的协同预防模式转变，需要不断改进校园安全事故的预防机制，提前进行风险评估和隐患排查才能

避免悲剧重演。一直以来，学校被视为校园安全事故的主要责任方，学生一旦发生意外事故，公众的视线就会聚焦在事故学校，各种对学校安全管理和安全教育工作中纰漏的审视，不仅不能完全解决问题，还会影响学校的教学秩序，造成校方对学生的安全管理越发的战战兢兢。因此，双控机制防控体系的构建一方面有助于推进的校园安全事故防控工作，为学生安全事故防控体系提供新思路、新方案，有助于校园安全事故的布防。另一方面，每一起安全事故是一个由长期的量变积累达到质变的过程，是由多个有征兆的事故隐患叠加所导致的结果。安全隐患虽不可能完全消除，但在一定的技术和物质条件下，是可以实现最大限度防控的。因此，双控机制防控体系的构建能够积极消灭学生安全隐患，对校园安全事故的预防效率大大提高，对保持社会稳定、维护国家安全具有重大的现实意义。

五、双重防控机制建设为校园安全提供重要保障

安全生产理论和实践表明，安全风险管控不当将会形成隐患，隐患不及时消除可能导致事故，这是事故发生的内在基本规律。"风险分级管控和隐患排查治理"双重防控机制是贯彻落实总体国家安全观和安全发展理念、健全公共安全体系、落实生产经营单位安全生产主体责任、强化安全生产监督管理背景下建立的，该体系强调坚持风险预控、关口前移，全面推行安全风险分级管控，进一步强化隐患排查治理，实现把风险控制在隐患形成之前，把隐患消灭在事故前面。可见，双重防控机制针对安全问题实际上构筑了事故预防的"两道防火墙"，即风险分级管控和隐患排查治理，其中，风险分级管控是指先按风险的大小将危险源划分成不同等级，进而根据风险等级、所需的管控资源、能力、措施等因素确定各风险的管控方式层级。隐患排查治理是指对校园安全存在隐患进行排查，并根据隐患导致事故的可能性和严重程度，综合评价事故的隐患风险，再依据该风险的大小，确定防控措施的优先级，并制定针对性安全措施以消除或降低风险。切实斩断危险从源头到事故的传递链条，形成风险辨识管控在前、隐患排查治理在后的"双重防线"，

确保风险可防、可管、可控。双控机制建设符合安全管理最新要求，目前该"风险分级管控和隐患排查治理"体系已经发展得相对成熟，在许多高危险性的行业进行了应用，例如采矿业、水利设施管理等，并取得很好应用效果，大大减少了安全事故的发生。因此，在社会治理全面创新的背景下，该种双重防控机制目前已被引入学校安全管理中，已成为教育部和地方教育主管部门十分关注的一项治本之策。在校园安全管理中推进双控机制建设，是压实校园安全主体责任、健全完善监管机制、遏制事故发生的一项基础性工作，是推进平安校园建设的根本遵循，可为校园安全提供重要保障。

第二节　核心概念

一、校园安全的概念

安全通常是指没有危险，不受威胁，不遭伤害的一种状态。2004 年 5 月中国政法大学出版社出版的《国家安全学》对"安全"的概念进行了如下解释：安全是一种通过持续的危害识别和风险管控过程，人身风险伤害或财产损失减少到并保持在或低于可接受的水平的状态。由于各种主观、客观条件的限制，绝对的安全只是一种理想的状态，因此理论认为"安全是在具有一定危险性条件下的状态，安全并非绝对事故"，或者"没有超过允许限度的危险"。学术界对安全有不同的理解，有三种具有代表性的说法：一是安全是指人在生活和社会生产中，不受、没有或免除了损伤侵害以及威胁的情况；二是安全是指事物的危险程度能为人接受的一种状态；三是人的活动的过程以及结果，均没有发生人身伤害、物质损失的情况。

校园安全是指教师和学生在校园范围内，个体人身不受伤害、财产不受损失，精神不受威胁；校园财物不受损失的一种状态。校园安全是一种相对安全，而不是一种理想化状态下的绝对安全。对于高校校园安全内涵的理解，至今尚无统一定论，主要是指高校校园及周边没有危险，或者不存在危险与

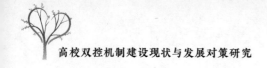

隐患的状态。总体来讲涵盖了校园范围内的治安、交通、医疗、消防、网络等多方面安全，同时也作为公共安全一部分，不仅包括学生和教师的身体安全，也包括心理安全，教学与科研管理安全。学生是国家的新鲜血液，学校安全工作是全社会安全工作中的重心。因此，校园安全与否这直接关系到国家未来的发展。校园事故是指在学生由于意外和意外的危险因素引起的人身伤害事件，涉及人身伤害甚至死亡的事故。校园事故是影响校园安全的最主要原因，也是校园安全风险预防重点。目前，社会中出现的各种安全隐患都会存在并在校园中得到体现，而很多学生即使是大学生也普遍存在安全意识淡薄，自我保护观念不强，因此，提高校园安全意识，增强校园安全管理，减少校园安全风险和隐患是十分必要的。

二、安全管理的概念

不同领域的学者对安全管理有着不同的定义。广义上，安全管理是指"人类为了使事物向着人类生存发展繁衍有利的方向发展而对物质世界的一切运动进行的管理控制"。狭义上，是指通过管理手段防止人类生产劳动过程中各种安全事故的发生。校园安全管理隶属于安全管理范畴，广义的校园安全管理是指学校管理者和社会相关机构在整个教育管理工作中通过采取组织、部署、协调、预防、整治、救助等一系列管理活动，从而降低危险发生的概率，或者减少事故造成的各种损失。校园安全管理是校园安全问题的重要一部分，较好的校园安全管理可以为校园营造良好的校园环境研究提供更有效的研究成果，有助于安全管理的系统研究。

三、危险源的概念

可以将危险源理解为可能导致人身伤害和（或）健康损害的根源、状态或行为或其组合。包括第一类危险和第二类危险。第一类危险是指客观存在的能源（能源或能量载体）或有害物质。教育和教学过程中可能偶然释放，这是发生事故的根本原因。如化学实验室实验、校园建筑、易燃气体、压力容器等；第二类危险是指各种（人、机械设备、环境和管理因素）是第一类危险源中发生事故的先决条件。第一类危险源是事故发生的根本原因和根源。第二类危险源是预防和控制屏障中影响其功能的那些缺陷或漏洞。这些缺陷或漏洞可能成为阻碍预防事故的屏障失效，从而可能导致对能量或有害物质的控制措施的失效进而导致安全事故的发生。危险源辨识指识别危险源的存在并确定其特性的过程。提前对危险源进行辨识，认识到危险源可能及潜在危险，并做出一定举措避免危险源发生危险是减少事故发生的重点。

四、风险的概念

传统的风险是指人们在生产建设和日常生活中遭遇致损失的事件发生，如人身伤害或健康损害，财产损失，环境损害或意外事故和其他不测事件的一种可能性，具有客观性、损害性、不确定性、可测定性以及发展性等特征。风险社会理论揭示出风险的解决是对现代制度的反思和变革，强调避免付出更大的经济成本与社会代价，而不是对风险的消除和推翻，是分析当代风险问题最直接的理论基础。风险是随机出现的，风险是无处不在的，通常我们会用概率来描述风险发生的可能性。可能性（L）是指事故发生的概率。严重程度（S）表示一旦发生事故，将造成人身伤害和经济损失的严重程度。风险是指发生事故的概率与发生事故产生的严重程度之间的乘积。

五、风险识别

风险识别是指风险管理人员运用相关的知识和方法对尚未发生的、潜在性的以及客观存在的各种风险开展系统化的、持续性的预测、鉴别、推断和梳理，并分析造成风险事故原因的过程。作为项目风险管理的基础，风险识别是一项复杂的、系统性、连续性的工作。识别过程中不但要考虑每个阶段面临的风险，还需厘清各种风险的关系，做到全面有效地识别，这将直接影响到风险管理的决策质量。风险识别一般要求风险分析人员、项目设计人员、施工人员等与有关专家共同参与进行，主要侧重于对风险的定性分析。由于

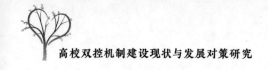

风险是客观存在的，风险管理人员需要在风险因素发展、变化的过程中进行大量的跟踪调查，因此风险识别是一个长期的过程。

六、风险评估

对于风险评估，学术界不同学者研究方向和内容的差异给与了不同的定义。传统认为风险评估是指在风险事件发生之前或之后，对该事件给人们的生活、财产等方面造成影响和损失的可能性进行量化评估的工作。然而有学者从校园风险评估管理体系的角度分析，认为风险评估是通过对影响组织的各种不确定因素即潜在的风险和危机的来源、性质、数量、影响等进行识别、分析和评价，得出综合评估结论，并在此基础上采取应对策略，对风险进行管理和控制的系统理论和方法。另有学者从研究政府危机管理能力评估的角度上提出了风险评估主要包括评估计划、评估的组织领导体系或评估的领导团队、风险信息的收集、风险信息的分析与评估、保证风险评估控制措施的完整性、风险评估对预警工作的指导、风险评估的专家咨询委员会制度等方面。从风险评估内容可以把其定义为是以实现安全管理为目的，应用安全管理的原理和方法，对管理存在的危险、有害因素进行识别与分析，判断安全管理发生事故和隐性职业危害的可能性及其严重程度，提出安全对策建议，从而为制定防范措施和管理决策提供科学依据。有学者从企业风险管理的角度指出风险评估是在风险识别的基础上，实体对其风险发生的可能性和对目标实现的可能影响程度的进一步分析，分为风险识别、风险分析和风险评价三个步骤。本书主要研究校园安全风险，在此背景下，将校园安全风险评估定位运用校园安全涉及的各类安全规范、标准和评估、排查方法，对校园及周边存在的已辨识的风险源类别进行分析，量化测评风险源可能给师生生命和校园财产等造成的影响和损失及其严重程度，从而为制定防范措施和管理决策提供科学依据。

七、风险治理

风险治理是在有风险的情况下，通过对风险的认识、分析和评估，采取有针对性的、积极有效的方法来进行风险管理。风险治理的目标是以最低成本，运用正确合理的方法降低或规避风险带来的负面影响或损失，其重点在于识别、评价和控制风险，从而提供科学合理的解决方法，以防止风险的产生，最后解决安全风险。安全风险治理就是要秉承既要治理更要预防的思想，通过建立健全安全风险防范机制，以达到的经营目的，实现经营目标的过程。同时，安全风险治理可以对组织内存在的某些安全隐患通过预防达到控制风险甚至规避风险的目的，帮助组织做出正确的决策，最终实现组织目标。

八、风险应对

风险应对是根据风险识别和风险评估结果，采取科学、合理的风险管理方法确定在项目管理过程中的应对措施，风险应对是项目风险管理中的关键环节。在项目风险管理中常用的风险应对策略主要包括四种类型：风险规避，就是项目组采取行动以消除威胁，或者保护项目免受风险危害；风险转移，就是项目组把风险造成的影响以及应对责任全部转移给第三方；风险减轻，是指项目团队采取行动降低风险发生的概率或造成的影响；风险接受，是指项目团队决定接受风险的存在，而不采取任何措施。

九、隐患的概念

安全隐患是指在生产和业务活动中可能发生不安全事件或事故，人为不安全行为和管理缺陷（例如：电、火等）的危险状态。从性质上讲，可分为一般隐患和重大隐患。校园安全隐患是指：由于教育和教学活动中的其他因素，事故可能发生的物的危险状态、校园安全管理上的缺陷和师生的不安全行为；违反学校相关的安全法律，法规和校园安全管理制度的规定等。

危险源、风险、隐患的相互关系：能量意外释放的理论可将危险源分为两类：第一类是意外释放的能量或危险物质存在于系统。第二类是能量或有害物质，是导致损坏的各种不安全因素限制或约束能量屏蔽措施失效。通常一件事故的发生原因是复杂的，既可能由潜在风险引发，也可以由危险源产生。而风险和危险源就也常常是事故隐患的主要内容。传统意义上，风险就是对目标不确定性的影响，风险与危险源最大的区别就在于，危险源是客观的，它不会因为人的意志而发生改变，风险则是人们的一个主观评价，评价危险源的危害性以及可能性，对于危险源来说，只有知道危险源的存在信息，才能够对其进行有效的防控，因此对于危险源的辨识就变得至关重要；对于风险而言，要客观公正地对其进行评价，这样才能够有针对性地进行措施制定，有效地应对。也有研究者提出，隐患即危险源，但从性质类别上看，危险源既包括能量或有害物质之类的第一类危险源，也包括人的不安全行为或物的不安全状态以及监管缺陷等第二类危险源，因此，危险源并不完全等于隐患，而是危险源包括了隐患，同时危险源是诱发各类风险的发生原因，即风险是第一类危险源，风险管控不及时或管理不善就可以形成隐患，因此，危险源、风险、隐患三者互相影响，处理不及时处理就会造成事故。因此，可以得出结论，隐患是发生事故的直接原因，风险可以变为隐患，而危险源是事故的根本原因。

第三节　文献述评

一、校园安全风险管理国内外研究现状

校园风险管理是指人们对校园风险的认识、控制和处理的主动行为。传统风险管理流程包括制定风险管理计划、识别风险、衡量风险、评价风险、选择具体方法、效果评价等。随着风险管理理论研究的进展和融合，风险管理的基本要素缩小为风险的识别、评估和处理，这同样适用于校园风险管理领域。学生作为国家的未来，是社会中最需要保护的群体，无论是在校园内，还是在校园外，都需要学校、家庭以及全社会的关注和共同努力来建立起"安全防护网"。而校园作为学生生活、学习的重要场所，风险相对集中，可以通过有效的风险管理以实现校园安全，保证学生健康成长，进而维护社会稳

定，促进社会和谐发展。因此，如何加强校园风险管理工作，有效的防范和转移风险，构建和谐文明校园，确保学生安全成长，不仅是中国也是世界面临的一个重要课题。

目前各学者对校园风险管理方面的具体领域有所研究，国内风险管理学科起步较晚，现有研究针对企业风险管理方面的居多，但对于学校风险管理，尚缺乏具有针对性的系统性研究。2009 和 2010 年由中国保监会牵头完成的年度《中国风险管理报告》中，均就教育行业发布了《中国教育行业风险管理报告》，其中专门研究了我国教育行业风险管理现状，包括教育行业风险论述、风险管理存在的问题；教育领域风险具有多样性、复杂性和社会性的特点，围绕我国教育领域风险问题，存在着三大矛盾：一是学生人身安全与德智体全面发展之间的矛盾；二是学校和教师履行教学职责与职业风险之间的矛盾；三是教育快速发展与教育资源不足之间的矛盾。目前对于校园风险分类、评估与应对等具体领域的讨论已有尝试，在校园风险研究方面，国内外学者主要集中在校园安全风险评估，风险识别，风险管理的方式和管理体系的构建。

在学校安全风险评估方法研究方面。国外学者对学校安全风险评估倾向于量化建模研究，如三阶段模型，四阶段生命周期模型，五阶段模型等多种突发事件处理模型，并充分运用到学校安全风险管控实践中。还有学者基于可靠的预警信号和低基数现象的危险因素，以评估学校安全风险，制订安全风险预防战略和危机应对计划。并指出学校应该完善安全管理制度措施，动员校长和教师，协调多方力量，开展培训教育，以增强学校和师生的风险防范能力。而国内学者将风险评估重点放在了风险评估机制上，如有学者从风险识别、风险分析、风险评估三大子机制构建出中小学突发事件风险评估机制。在风险识别中，通过分析校园突发事件的特征，认为安全事故预防性评估至关重要，提出明确被评估的对象、调动校园利益相关人员共同参与校园风险识别工作、编制中小学校园突发事件风险识别表，从而推进风险识别工作的标准化。

在风险评估流程上，将学校安全事故评价划分为事故发生可能性、事故影响范围分析、事故发生路径分析三大环节。在风险评估方法上也进行了补充，可以运用非参数投影寻踪回归模型对中小学校拥挤踩踏事故风险进行评价，提出影响校园踩踏事故的重要因素。从安全评价的角度，利用系统工程的评价方法计算得出校园的安全等级。

既往风险管理主要在项目实施上进行。在项目风险管理的具体实践方面，有学者认为项目的管理部门和主要管理者肩负着项目风险管理的关键义务，管理层应能及时预估风险是否存在，以及导致风险发生的可能因素，挑选出可能的风险因素后，然后进行分析。风险评估方面，提出推动了风险评估理论的更新迭代，使风险管理理论进一步提升。此后风险评估领域的新方法层出不穷，例如敏感性分析法、调查打分法、计划评审技术法等。通过头脑风暴法对地下岩石工程风险进行评估，指出风险管理、工程、经济、法律等领域的专家适合担任头脑风暴法会议的成员，同时还要有一批专业人员，具备分析、总结的能力。将工程项目风险管理应用到复杂系统工程中，他们认为无论系统风险多么复杂，风险识别依然是风险分析的基础，做到科学、全面识别，充分发挥风险管理在具体项目中的作用。通过研究总结出工程项目的风险管理是一项复杂的系统工程，涉及过程管理的方面，包括但不限于风险的识别、评价和管理。

在学校安全风险管理研究方面。国外学者注重管理框架的制定，如针对学校风险管理提出由确认风险和转移风险构成的风险防控框架，即制订校园计划以降低和控制风险，持续跟踪报告风险管理成本。美国全国高等院校事务官组织与普华永道探讨了美国高校开展全面风险管理的必要性及框架构成要素，即由内部环境、确立目标、风险识别、风险测评、风险应对、控制活动、信息与沟通、监控构成。美国大学风险管理与保险协会在整合传统风险管理和全面风险管理的基础上，探讨如何在高校层面建立全面风险管理框架和制度，并针对已经实施全面风险管理制度的高校进行案例研究，为学校开展有效的风险管控机制提供了重要指导与参考。国内则首先对学校安全风险管理概念进行了界定。提出几点风险管理的概念，例如，学校风险管理是通过对学校所面临的潜在安全风险进行识别、衡量以及对突发安全事件的处置，进而建立一体化措施，以使在校师生获得最大安全保障的管理行为就是风险管理，如有学者认为在学校进行风险防范、控制，实现风险降低或转移，最大限度地降低学校和师生风险，保障其在校安全与合法权益的管理过程就是学校风险管理。在这些风险概念基础上，国内学者主要对风险管理体系的构建提出了多种观点。提出了立足安全风险防控进行学校管理工作的顶层规划、内容设计和实践探索，是提升学校安全工作实效性的关键要点。也指出学校需要从事前预防、事中响应、事后赔偿和保障、应急预警监控四个机制来完善学校安全风险管理体系。基于危机管理理论，可以从健全常设机构、建立预警机制、完善应急处理与善后修复机制三方面强化学校安全风险管理体系，也可以通过健全的风险管理网络来完善安全预防建设，通过合理的应急管理模式来提升应急管理效率，通过加强引入校园保险机制来提升风险转移效果。

在校园安全风险预防与管理中，也提出了保险在校园安全风险中的重要作用，指出将保险引入学校风险管理是应用市场和经济手段进行教育风险管理的一种有效方式。保险在教育行业风险管理中的实践，相关保险险种的介绍等方面，认为未来建立教育风险管理机制的前提是首先建立和完善全国教育行业风险管理服务体系。可以通过帮助建立风险预警机制来协助完善安全预防，也可以通过校园保险机制提升应急管理效率。通过加强对教育风险的管理，完善教育保险体系，可以营造更加和谐的教育发展环境。

综上所述，国内外学者关于校园风险管理已有一定研究，对于校园安全事故预防，减少校园事故都非常重视。国内外学者对学校风险管理的研究，从前期局限于学校安全风险管理的组织架构、风险管理单一环节的研究，逐步发展为注重构建包含风险管理各环节的学校安全风险管理体系的探讨。国外学者在研究中更加强调利益相关者的参与和协作，包括政府、学校、社区、家庭和其他社会力量，注重多元主体之间的联动和协同效应，共同来保障校

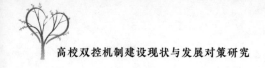

园安全教育的落实和校园安全防御的建设，形成立体网络式校园安全防控体系，既有针对校内安全事故的防护，也要加强校外安全事故的预防。国内校园安全事故防控、校园安全风险管理研究虽然起步较晚，国内学者对于学校安全风险管理的理论研究与实证研究比较成熟，逐步从借鉴国外经验到结合国情的自主探索和创新上。目前我国的校园安全防控体系还不成熟，校园安全事故的应对还未建立有效的预防联动机制，缺乏多元主体协同参与，同时校园安全事故预防的研究大多缺乏理论依托，很多校园安全事故的数据缺乏时效性，没有实践调查，缺乏实证材料，不利于决策者和校园安全管理者们做出正确的判断和规划，学者专家们也缺乏用来研究相关课题可供参考的精确数据。故在预防校园事故发生，减少事故损伤等风险管理方面，很多校园安全风险管理相关研究，仍多局限于从宏观角度探讨其现状、原因及对策，缺乏能够系统识别风险源、科学评估、有效控制学校安全风险的工具与研究成果，导致我国现有风险管理方法的通用性仍有待改善，单一学科无法完全解决学校安全风险管理问题，尚需实现多学科理论的交叉运用。因此，研究科学合理、适合我国学校实际情况、操作方便、能够落地实施的学校安全风险管控机制十分必要。

二、校园安全应急管理国内外研究现状

应急管理属于公共管理领域，根据《中华人民共和国突发事件应对法》的规定，应急管理是指突发事件的预防与应急准备、监测与预警、应急处置与救援、事后恢复和重建等应对活动，目的是预防和减少突发事件的发生，减轻危害，保护人民财产生命安全，维护国家安全和秩序。突发事件是公共行政管理角度研究危机的专用术语。我国 2006 年 1 月颁布的《国家突发公共事件总体应急预案》将突发公共事件定义为："突然发生，造成或者可能造成重大人员伤亡、财产损失、生态环境破坏和严重社会危害，危及公共安全的紧急事件"。2007 年的《中华人民共和国突发事件应对法》从突发事件的常见类型、事件发生的紧急性、事件后果的严重性、事件响应的迅速性等

方面对突发事件进行定义。目前，校园突发安全事件主要发生在中小学的未成年人身上，虽然这些事件的发生概率较低，但其造成的伤害却极为严重。

目前我国政府出台了许多政策用于管控中小学校园安全，但这些措施未能从根本上杜绝校园安全事件的发生。早在教育部首次发布的《2006 年全国中小学安全事故形势分析报告》中，就明确分析了不同学段学生的受伤害情况：2006 年全国各地上报的各类校园安全事故中，小学占 43.75%，初中占 34.82%，高中占 9.82%；三个学段的事故发生数比为 4.5:3.6:1，死亡人数比为 6.6:4.8:1，受伤人数比为 7.4:4.7:1。根据 2020 年《中国应急教育与校园安全发展报告》的数据显示，2019 年校园安全事件与 2018 年、2017 年数据相比大幅增加。据人民网的统计数据，2015 年前后，每年约有 1.6 万名中小学生异常死亡。教育部等单位对北京、天津、上海等 10 个省市进行调研。数据显示，被调查的省市，平均每天约有 40 名学生异常死亡，其中约 80% 的异常死亡是可以通过事先预防和应急处理避免的。如此频繁出台政策文件仍然不能防止学校安全事件的发生，可见学校应急管理不应仅仅局限在管理制度的完善和健全上，而应落实到现实有效的行动中。

在实际校园安全工作中，学校突发事件应急管理存在重视制度完备，忽视行动能力提升的偏向。学校应急管理应以相关的管理制度作为基础和遵循，不仅要将国家的政策进行校本转化，重视制度的完备性和流程的规范性，同时更应清楚学校应急管理的质量在很大程度上取决于学校组织成员对于不同种类突发危机事件的应对能力。因此，要注意学校在突发危机事件处理过程中的预见、应对和学习等行动能力的养成和提升，以学校应急管理的行动性弥补政策执行的偏差。目前有关校园应急管理研究主要指在有关公共危机管理方面的研究。西方早在 20 世纪 60 年代就开始了危机管理研究，最初学者们的研究领域主要集中于政治学领域。20 世纪 90 年代之后，国外学者开始关注公共管理领域的危机研究，公共危机管理逐渐成了一个独立的学科。学者们比较重视危及生命周期的研究，突破了以往只重视危机现场应对的研究，研究方法也不断丰富，逐渐把社会学、统计学和数学等学科与管理学和政治学相结合，对公共危机管理进行综合性的研究。近几年有关公共危机管理研究代表性的观点主要探讨了公共危机发生前、危机发生时及危机发生后，公共行政部门对安全事件危机管理的影响因素，研究结果表明，危机管理团队领导和成员做出正确决策的能力、内部和外部沟通以及危机类型是公共行政危机管理三个阶段（危机前、危机中、危机后）的影响因素。有学者探讨了危机发生后公共领导者的组织学习取向，解决了危机诱导学习缺乏系统的经验数据的问题。有人认为公共关系（PR）是通信科学的一部分，提出了软件工程和计算科学领域的全息多代理（HMAS）概念，并介绍了一种集中分布的危机管理方法，即以人为因素的直觉、技能和专业知识为关键要素的非线性方法。20世纪末，我国有学者开始步入公共危机管理研究领域，最初的研究以政府公共危机为主题，突出政府在危机事件中的地位和功能，因此相应的对策也是基于政府为主体的危机管理机制。张永理等从理论研究入手，从内涵、理论支撑、应急对策等方面，阐释了公共危机管理，并具体分析了公共危机决策、应对策略、法律法规、恢复和保障措施等内容。还有学者对公共危机的管理体制、社会动员、风险管理、预防演练、响应决策、调查评估、媒体公关、国际合作等进行了全面研究。对公共危机的相关理论与方法，比较分析了国际公共危机管理及我国的公共危机管理体系对事件史分析法、马尔科夫模型、Cox比例风险模型等的应用进行了介绍，并对各类公共危机事件的处置分别进行了案例分析。

目前针对校园特征提出了一些应对措施，对校园危机管理课程的开设和危机管理知识的传播提供了借鉴，德国专门开设了"学校危机的领导与管理"课程，针对不同层次的人在校园危机中应如何应对进行了指导与训练；日本校园的危机管理体系非常健全，从危机管理课程到危机管理手册，从教师、行政人员到学生，都有相应的应急手册。研究层面，一些学者也开始重视校园危机管理相关研究，对高校危机事件的内涵进行了阐释，同时简单分析了危机事件的影响以及危机事件的主要内容。我国学者周贝隆首次从教育的视角出发，探讨了我国的教育危机问题。随后，专家立足高校公关角度，开始研究高校公共危机管理问题，一些学校教育工作者则从如何预防和应对突发事件角度对公共危机管理进行了研究。具体而言，国内学者有关高校公共危机管理的研究，包括了概念界定、类型划分、发展阶段及特征、形成原因、应急管理措施等方面，研究范围和内容均较广。近年来有关高校公共危机（突发事件）管理代表性的观点有，学校参与公共危机管理的基本情况，分析了学校的参与可行性，指出了高校参与公共危机管理的意义、影响因素及存在问题，提出针对性的参与建议。章洋以突发公共卫生事件为例对高校突发公共卫生事件的概念、理论基础进行了探讨，并分析了高校产生突发公共卫生事件的原因以及存在的具体问题，结合高校实际提出了一些对策建议。来丽锋指出，我国高校公共危机管理的信息沟通机制存在许多困境，例如结构困境、组织困境和沟通困境等，因此应从结构维度、组织维度和传播维度等方面，来完善信息沟通机制。以某高校突发事件通过微信传播为例，以社交关系的限制、外界因素的控制等指标构建了一种改进的 SEIR 高校突发事件传播模型，以此对学生间的交流尤其是突发事件信息的传播进行有效控制。关菁华等人认为，新媒体背景下，高校突发事件容易变为网络舆情，对学校和师生产生不良影响，所以可以从人员、新社交媒体传播特点、高校学生心理特征和高校应对网络舆情的机制等四个方面进行网络舆情管理。王庆丹认为，导致高校突发网络公共事件发生的原因，主要是由于没有形成正向的积极的稳定的高校网络场域，网络空间的监管不足，大学生的归因偏差以及新闻媒体推动等。吴思基于协同治理理论，探讨了大学的校园安全管理问题，从健全校园安全协同治理机制和治理多元主体的角色定位等方面，提出了校园安全治理对策。谢振林以江西民办高校为例，探讨了校园突发事件的发生机理、预防机制和存在问题，从预防、应对和恢复三个方面提出了高校校园突发事件防治机制的完善对策。李昊涵应用案例分析和田野调查等方面，即高校突发事件应急管理的调查分析，指出了高校突发事件应急管理的现状和存在问题，同样从事前、事中和事后几个方面，提出了高校突发事件应急管理的对策建议。

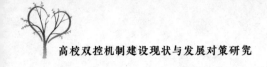

从国内外相关学者的研究情况看，目前有关公共危机（突发事件）应急管理的研究较多，研究领域涉及公共管理学、历史学、教育学等范畴，研究方法包括了文献研究、模型研究、案例研究等，研究对象涉及高校、社区等人员密集群体。国外的研究侧重理论基础研究，对相关概念、构成要素、特征等进行深入研究；同时注重通过研究来解决具体问题，提出有效的对策建议。国内的研究偏重描述性研究和案例研究，重点描述研究对象应急管理存在问题、分析存在问题原因。然后提出一些解决的对策。从目前国内研究的现状看，存在一些问题：首先，应急管理研究不够集中，学者们往往从个人兴趣和观点出发进行研究，很少围绕相同的主题进行深入研究，应急管理研究难以形成统一的观点和看法。其次，缺乏完整的理论体系。当前，我国学术界针对应急管理研究尚未形成系统的理论框架，分支领域较多，但研究的主干不明显。最后，宏观性研究较多，微观研究不足，理论与实践的研究需要进一步结合。国内有关突发事件应急管理的研究水平不断提高，对高校等单位的突发事件应急管理提供了一定帮助但许多研究侧重于宏观性研究，对一些具体的研究对象、具体的应急管理问题缺乏细致深入研究，例如具体针对高校公共安全方面的研究不多，与高校校园突发公共安全事件应急管理实践的结合度不够。

三、校园安全治理管理国内外研究现状

治理是当前国际社会比较前沿的理论之一，兴起源于西方国家在社会发展进程中看到了政府和市场的失灵。治理意味着一种新的社会与经济事务的有效管理方式，这种新的有效的管理方式必须是民主管理，强调管理主要不是依靠政府的权威，而是合作网络的权威。近年来，治理理论经常被广泛引用到社会治理、环境治理、地方治理、教育治理、学校治理和乡村治理等许多领域，有相当重要的参考价值。

国内外众多学者已经对如何提升校园安全，加强相关管理进行了一些探索和研究，为不断提升校园安全治理水平提供了丰富而宝贵的经验。外国学

者对校园安全管理分别从不同角度和学科进行了探索,涵盖政治学、管理学、社会学等不同的学科领域和研究切入的角度。在美国,政府对校园安全立法非常重视,分别在 1987 年和 1990 年通过了《美国校园安全守卫法令》和《校园安全法》,通过立法从国家层面治理校园安全。有学者认为,校园安全内容主要包括:学校氛围与文化、学校安全设施、应急准备、欺凌(网络欺凌)、心理健康问题等方面,中小学校为学生提供心理健康教育、品格教育、冲突教育、法治教育等专门教育内容。澳大利亚对校园欺凌的研究经验较为丰富。有学者指出了校园欺凌治理的重要性,即使欺凌行为已经停止,以前受害的人的痛苦也不一定会减少,用有效的应对技能武装那些最容易受到欺凌及其危害的人是至关重要的。重要的是,不仅要注重改善学校的外部环境,而且要注重加强青少年的适应力,支持通过人格干预预防和遏制校园欺凌造成的危害。在学校处理欺凌事件时,承认和评估家长对学校如何处理欺凌问题所做出的判断是学校面临的一项重要任务。《校园危机反应实战指南》中提出目前校园安全问题包括校园枪击、暴力、性骚扰、意外伤害、自杀暴力等,不仅如此,校园安全问题除了交通、自杀等常见问题外还存在心理健康上等问题,同时许多学校欺凌现象比较严重。在澳大利亚,为了遏制和破解中小学普遍存在的校园欺凌难题,从国家层面颁布反校园欺凌政策——《国家安全学校框架》,有学者建议学校与社区共同承担责任,通过实施针对所有类型欺凌的反欺凌项目和政策,减少欺凌及其影响,创建一种不宽恕任何形式欺凌的校园风气,反校园欺凌政策实施后,校园欺凌发生频率明显减少,对待校园欺凌和暴力事件的态度有所改善。英国的校园健康与安全责任源于 1974 年《工作健康和安全法》(Health and Safety at Work Act)等相关规定,该法案的执行机构"健康安全执行局(HSE)"负责执行与校园相关的健康与安全法律,教育当局会向学生或家长发放实用性手册,提供比较具体的实施要求和建议,在校园安全事故处理方面,需要采取持续行动消除不良后果:(1)给受到身体和心理侵害的高风险的学生和员工提供支持;(2)举行葬礼,仪式和纪念活动等。由于 20 世纪 90 年代以来,中小学校园欺凌问题较为严重，1998 年英国政府颁布了《学校标准与框架法》（School Stardards and Franne Work Act），第 61 款就中小学校园欺凌问题做出规定：制定促进学生良好行为养成、尊重他人，防止学生间任何形式的欺凌行为的政策。在西班牙，《校园和睦相处战略计划》由教育、文化与体育部协调参与，由国家教育研究与创新中心制订，旨在通过对话与共识以及不同机构之间的合作与参与构建安全、远离暴力、包容、利于个人成长的校园环境，取得不错成效。

在国内，为出台一部囊括学校自然灾害、事故灾难、公共卫生事件、日常安全事故等的《校园安全法》势在必行。随着治理理念的提出，许多学者提出了校园安全治理之概念，主要探究校园安全治理模式、治理内容和治理体系。从校园安全治理模式来看，方芳通过对美国校园安全治理模式分析，结合我国实际情况，探索通过立法建立多元化和专业性、规范校园保安的聘任、培训与主要职责、建立校园警察派驻、建立安保经费和安保设备保障机制和建立学校与社区、家庭的联动机制的五种校园安全治理模式。从治理内容上来看，有学者提出既要求实现客观状态的安全，即学生、教职工的人身财产安全不受威胁、学校管理秩序不被破坏；也要求实现主观状态的安全，即主体不存在恐惧或过激反应。从校园安全治理体系来看，贺静霞从完善校园安全治理体系的外部治理结构和健全校园安全治理体系的内部治理机制两个方面，较系统全面地强调了构建校园安全治理体系的重要性。校园的安全性是构建社会主义和谐社会与实现中国梦强有力的保障。校园安全是促进高校各项工作顺利开展的前提，安全素质教育是校园安全管理工作的重要环节，21 世纪的教育教学中，学校是培养人才的重要场所，学生是祖国的希望与未来，因此我们要重视校园安全。校园安全问题存在于学生的生活、学习之中，直接影响到学生的安全健康，这关乎千万人家的和谐美好生活和社会的和谐稳定发展。安全的校园环境、正常的教学秩序、和谐的人际交往是进行一切教育和管理的基础。与此同时，保证高校安全稳定也是维护大学生身心健康、立德树人的重要主题。

校园安全治理问题涉及许许多多的层面，例如消防、交通事故、人身伤害等，不同学者基于不同落脚点，分析了学校在安全管理中遇到的各种不同问题。校园安全治理问题主要在：第一，违规用电用火。由于学生使用违规电器、私拉电线等行为造成的火灾日益增加，这严重影响了学生的生命安全。第二，交通安全。由于车祸而导致的伤亡屡见不鲜。校园本不应该是发生交通事故的场所。但由于学生安全意识的匮乏以及校园交通管理工作的疏忽，导致交通事故在校园中时有发生。第三，食品卫生安全。食品安全直接影响了学生的身体健康，是重要的安全问题。第四，校园治安安全。打架、斗殴问题是学校常见的安全问题，往往轻则受伤，重则失去生命。第五，自然灾害。自然灾害发生频率虽然有限，严重威胁到学生们的健康甚至生命，所以也成为校园安全中不可忽视的重要问题。校园安全管理手段等方面的研究。有学者指出要加强宣传教育，树立学生安全教育全员意识。要提高认识，转变观念，增强对学生安全的责任意识，若想建构一个安全的校园，需要让学生以及校园管理者树立正确的安全风险意识，只有意识到校园安全风险的存在，才能提高对于校园安全问题的"免疫力"。而加强校园安全管理才能提高校园建设。基于风险意识建构校园安全管理制度不仅更有针对性，而且安全管理效果也会更好。学校安全管理工作的建设与完善是一个长期的过程，需要结合时代发展趋势，不断对安全管理制度进行反思与修正，及时更新安全管理理念，完善安全管理制度，改进安全管理方法，让学校安全管理工作能够与时俱进。许多国外学者都对校园安全的现状进行了研究。普遍认为校园安全现状仍旧不容乐观，具体反应在各类安全问题频发，不同专家针对这些安全问题涉及的范围有侧重地进行了阐述。

通过对相关文献梳理可以看出，关于校园安全治理的这一内容，各国研究角度丰富多样，对于校园安全的建设日益重视并都结合本国国情。虽然相较于其他发达国家，中国对校园安全的研究起步较晚，所获支持与国外存在一定差距，研究领域侧重也有所不同。但随着教育发展，校园安全问题频繁出现，人们对于校园安全治理日益重视，在不断借鉴外国经验的基础上，针对我国校园安全特点，相关研究也日益加深并取得了一定成果。研究涉及校园安全内容、校园安全管理意义、问题等方面。并从单纯侧重上述方面到日后对实施途径、方法等进行了进一步探索，如完善校园安全的手段从完善制度本身到促进学生人文素养和道德水平，可以明显看出对高校安全的重视和探索不断加深。目前我国已经形成比较完善的政策法律研究体系。学者们除了呼吁制定适合中国国情的校园安全法之外，从中央到地方，针对不同时期和各种安全问题，制定和颁布了许多法律法规，为中小学校园安全治理提供充分的依据，形成比较完善的政策法律研究体系。众多学者从社会学领域探讨"校园安全"的界定；从法学角度倡导对"校园安全"立法；从传播学角度重新审视新闻媒体对校园安全事件报道的规范性；从教育学、心理学等学科角度提出建构校园安全防御体系。

四、高校校园安全双重预防体系研究现状

发达国家在推进大学安全管理过程中，同时探索了大学安全管理的问题，并从理论和实践层面进行了专门研究。研究地位处于领先的水平，并取得了丰硕的研究成果。总体而言，他们已经建立了校园安全管理机制，并长期保持其国际领先优势。在新形势下，校园暴力、高校中毒等问题让国外学者对其有足够的重视程度。通过专家调查、案例研究权责分析以及数据审查，研究了代表性的校园安全事件。在《世界教育危机》一书中，使用了案例和历史数据分析的方法，并通过现场调查、问卷调查和模型研究了美国安全问题的现状和存在的问题。关于校园安全的问题，所有国家都在积极推广。1987年，美国政府的《美国校园安全合规法案》中提出并建立了规定，高校必须公开校园安全数据。美国各州政府还颁布了适用于各州的法律（例如《枪支禁令》）以及校园安全法，并建立了校园警察局。根据这些相关法律，美国大学制定了校园安全政策。此外，拥有和使用非法药物及未经授权的管制药物会违反校园政策和联邦法律。学校禁止拥有、使用或销售非法毒品和个人用具。任何人故意制造，出售或拥有受控物质或吸毒用具都是违法的。根据其发生的频率和程度对违反法律和政策的行为将予以罚款和判刑。为校园安

全提供了保障，大大减少校园安全隐患。日本政府颁布了《校园健康安全法》和《校园安全法》等法律，以应对频繁发生的早期安全事件，明确了各部门的安全职责，并提出了要求。韩国于 2007 年将学校安全事故定为"国家责任"，并在此基础上制定了《学校安全事故的预防和赔偿法》，管理人员非常重视高校的安全。

随着信息技术的普及和应用，许多学者尝试将信息技术应用于高校的安全管理体系。在校园安全评估过程中引入了模糊逻辑方法，在校园安全系统中应用了诸如虚拟资源技术，现代通信技术和地理信息系统技术之类的尖端技术。为了防止校园安全事故的发生，多智能体和无线传感器的"多智能系统"被研发出来，目的就是护学校建筑物和师生的日常安全。也有一些学者主要进行校园暴力、交通、运动、健康等方面的安全风险研究。使用的方法主要包含了历史资料回顾法、调查问卷法、安全检查表法、典型案例研究方法、调研法等。例如，美国学者使用调研法，问卷调查法和模型计算来分析美国大学的现状和安全隐患，并对美国大学中的事故进行了统计调查，发现美国大学中更常见的问题，并建议建立国家危机应对系统。美国学者从三个方面进行了划分：层级划分（校园突发事件和危急事件）、动因划分（自然事故、基础设施和人为事故）、行为划分（蓄意事故和非蓄意事故）构建了美国大学校园安全评价模型。美国高校评估安全事故使用的为五级预警系统，用绿、蓝、黄、橙和红表示安全事故的等级，并采取相应的方法进行预防。在高校设立心理卫生部门，对经历过校园安全事故的人员进行评估，重点跟踪精神伤害人员，并提供心理咨询。在严重的情况下，建议休假或休学。此外，在美国对数学模型，信息技术和其他前沿技术的综合应用对大学的安全性和安全性进行评价，不仅可以达到评价效果，而且可以提高工作效率，这为校园安全双重预防体系建设起到了促进的作用。

在国内，随着时代的发展，我国引入安全系统工程，安全生产风险管控逐步地在机械、冶金、化工、航空、航天等行业的相关生产经营单位开始建立应用，隐患治理的双重防范体系。近年来，校园安全建设的重要性逐渐地显露出来。高校校园安全问题能够利用与风险管理和控制，隐患调查和安全评估有关的理论和知识体系解决，这一趋势不断促进安全管理理论和学生安全管理领域的发展。随着社会对高校安全的重视，国家也制定了高校安全管理的相关法律，初步形成了专门的法律框架，包括宪法、未成年人保护法、教育法等。其中一些涉及大学安全和学生安全等主题。但是我国还没有制定系统明确的法律标准来规定责任方的权利和责任、管理方法、行为标准等。因此我国现行法律法规不能为高校的安全管理提供有力的保证。完善校园学生安全管理体系。成为了保护校园安全唯一途径。国内研究的学者对此进行了几方面的研讨，首先认为大学突发事件通常发生在多个领域，包括公共卫生、校园安全、政治管理、校园管理和自然灾害。总结了我国校园安全管理目前存在的缺陷：（1）网络信息安全存在隐患；（2）安全管理基础建设不足；（3）精神卫生部门建设不足。校园安全问题分为人为的问题，物体的不安全状态，环境自然灾害引起的问题，以及概率性事件所引发的安全问题四种类型。有学者将大学安全事故分为两大类。校园内伤害包括食物中毒，交通伤害和非法侵权，校园外伤害包括责任与意外事故。与美国文化相比，中国校园文化缺乏基于学术自由的精神文化，缺乏以硬件和软件设施为辅的物质文化以及基于通识教育的制度文化。根据事件的性质将大学突发事件分为四类，即综合事件、群体事件、灾难事件和疾病事件。从学校、自然环境、社会环境和学生本人进行了归因分析，总结了国内高校安全管理的实践经验。此后，中国学者开始运用风险评估解决大学校园安全的问题，评价和能力改进工具的"校园风险"研究——基于安全教育场景的实践与探索；"建立高校安全稳定的有效工作机制"；"高校安全风险评估机制的建设研究"等。得出了许多有益的结论，加快了建设高校安全风险隐患系统性研究的过程。随着国家经济的飞速发展，学校的数量也随之增多，教育行业迎来了前所未有的发展。在人们追求知识的前提下，高等学校的规模也不断扩大。同时，校园安全管理也迎来了严峻的考验。如何保证学生的生命安全，确保大学校园的安全发展，是当前大学关注和解决的首要问题。学生安全管理一直是我国重点大学教育工作的重点之一。高校安全管理比较困难的原因是它的教育特点开放性强，规模大，管理较复杂，可见建立校园事故安全防范体系的重要性。高校校园安全风险防范的有效措施，安全风险防范管理，需要强化校园安全预防机制和管理办法，防止安全事件的发生；有学者从校园暴力案件的处理角度提出了校园暴力治理与社区警政的有效结合，社区警察管理模式；有学者从高校校园安全防范的类型入手，对校园安全风险管理的问题进行了研究。为了确保学生的人身安全，需要加强对高校校园安全风险的管理。

综上所述，针对于高校校园安全管理问题国内外学者都有研究。国外的大多数学者研究校园安全问题都是如何预防校园暴力，但是，对校园安全隐患的研究不是很多。目前，国内学者主要围绕学校安全的定义、构成与分类以及学生伤害事故；处理和补偿学校安全问题，救济、责任性质和原则；当前校园安全法的主要问题和立法建议等几个方面进行研究。以上研究对校园安全隐患的研究较少，主要是对大学安全的具体问题进行分析。尽管一些文件分析了我国紧急事件的各种原因，但校园安全和紧急情况的特征和诱因并未得到体现。在研究方法上，大多数都停留在问题描述，实践经验的总结和定性分析上，且缺乏成熟的科学管理，从而缺乏严格的理论及相应的政策支持。

第二章　中小学校园安全与管理现状概述

　　校园安全是目前学校重点关注内容，近几年国家各类关于学校校园安全政策出台，为校园安全的治理指明了方向。然而校园安全是客观存在的，并且由于学校群体的特殊性，校园安全具有较强突发性，相对的突发性事故对学校和社会稳定造成一定的危害。根据统计数据，我国目前 18 岁以下的未成年人约为 3.67 亿人，其中意外伤害人数约为 4 000 万人次，到医院接受治疗的人数为 1 000 多万人次，医疗支出超过人民币 40 亿元，每年平均有 1.6 万名中小学生和 3 000 名大学生非正常死亡。根据教育部发布的《2006 年全国中小学安全形势分析报告》，自然灾害等客观原因导致的事故所造成的学生死亡人数占全年学生死亡总数的 10.84%，其他各类事故造成的学生死亡人数占全年学生死亡总数的 89.16%；44.64% 的事故是由于学生安全意识淡薄而发生的；17.86% 的事故是学校管理存在问题造成的；而 26.66% 的事故是由于公共交通、治安等原因造成的。其中，学生安全意识淡薄而发生的事故代表性的主要是溺水和交通事故，溺水事故占比为 31.25%，交通事故占比为 19.64%，两类事故合计已经达到全年各类事故总数的 50.89%。以上数字显然告诉我们目前中小学校园安全面临严峻的挑战。

　　总的来说，校园安全相关事件发生频繁，数字每年都在上升，安全事故层出不穷，增加保障校园安全的投入，维护校园师生的生命安全，建设科学合理的校园安全管理体系，发挥主观能动性，有效预防和管理校园安全问题至关重要。

第一节　小学校园安全常见问题

一、小学校园饮食安全问题

学校食品卫生安全是事故高发地带之一，近年来校园食品安全事故更是存在高频趋势。小学校园饮食安全是家长们比较关注的校园安全问题。饮食安全的提高对学生健康和福祉至关重要，食品污染、质量问题可能会直接影响学生的身体健康。这种威胁可能在校园内引发食品安全危机，损害学校声誉，影响学生福祉。目前许多小学采用走读回家就餐或在学校统一饮食的方式为学生提供餐饮服务。但很多学校不具备自身食堂或食堂较小不足以提供较多丰富食品，就会寻找校外供应商进行提供，然而近几年小学校园食品安全出现较多供应链中餐饮卫生不够，外包食物制作不符合标准情况，导致校园食品安全出现问题。小学生均处于身体发育成长最快时期，需要营养均衡，干净卫生的食物。因此，小学饮食安全至关重要。此外，部分学校缺乏卫生、安全的饮食饮水设备条件，食堂设施设备未达到国家规定的卫生标准，饮用水水质未达到合格饮用水的标准，且长期忽视饮食饮水设备的定期清洁和规范消毒。此类情况的存在，无法保障师生饮食卫生安全，轻则造成师生身体不适，重则引发食物中毒等重大食品卫生安全事故。

二、小学校园校内楼体设施安全问题

当前很多中小学对学校的硬件环境的建设的重视程度远远不够、比如当前各类学校在校舍、实验室、运动场、图书馆、学生宿舍等方面的建设过程中还存在着一些安全隐患，出现很多建筑物老化，存在墙体开裂、屋顶漏水、地基不稳等问题，可能会引发建筑物倒塌、坍塌等安全风险。在学校的教学设施方面，部分小学学校仍然使用 20 世纪的老房子，同时散热措施仍采用吊挂式的大型风扇，而由于墙体老化、固定铆钉的松动，这些吊扇都具有严重安全隐患。年久失修的现象比较普遍，尤其是一些偏远的农村地区，学校的各种基础设施的安全程度远远不够，已经超出了安全的使用期限，因此很多学校出现了危房，有的学校设施陈旧，供电线路老化，存在严重的事故隐患。还有一些校内运动设施出现损坏没有及时修补情况，导致使用时存在安全隐患，尤其在一些农村小学。另外由于学校楼舍老旧，许多电源插座的位置设定往往没有遵循现代的安全标准，其位置经常与地面距离常常不到 10 厘米，这就导致学生在进行值日工作时极易因为水桶倾倒或拖把沾水而引发触电事故。

三、校内其他设施意外安全问题

随着三孩政策的放开，入学的适龄儿童数量将有较大涨幅，然而目前许多学校的教室空间极其狭窄，教室里课桌需要从讲台上一直排到后墙，相邻课桌间的行走空隙也极其狭小，这不仅给学生上课、学习带来一种紧张、压抑的气氛，同时课桌板凳拥挤很容易造成学生摔倒，而金属的桌椅材料更容易成为二次伤害的"帮凶"。要具有同样风险的还有学校食堂，由于城市化进程的加速以及生活节奏的不断加快，当前环境下许多学生、家长都没有时间筹备午饭，因此，大部分学生都需要在食堂进行用餐。然而每逢饭时，大量人潮涌入食堂，各个窗口都排满打饭装菜的学生，而小学生天性又好动、好玩闹，所以他们往往会不经意造成饭菜倾倒等现象，这就给食堂带来了滑倒、踩踏等潜在风险。另外大量的学生也给教学楼等空间带来了巨大压力，一旦发生紧急情况，学生很难进行快速疏散。

另外，虽然随着教育信息化的要求落实，各学校从计算机、教学白板、投影仪到各类电教系统设备都实现了更新换代，然而校内的监控设备安装、偏僻地带的定期巡逻、校园围墙的定期维护和加固等方面仍然还不到位，这就造成了学校的安保工作的力不从心。另外这种基础安全设施的缺乏也为一些暴力事件提供土壤，如校园霸凌、暴力，等等，这对学生造成的伤害往往是不可逆转的。

四、小学犯罪安全问题

小学犯罪安全问题是目前小学校园安全常见现象之一，也是学校和家长比较关注的安全问题，主要包括校园入侵、霸凌、诈骗和骚扰几个方面。第一，为校园入侵，小学校园虽然有严格的安全措施，但在上下学期间校门口容易被陌生人入侵，这些入侵者可能有意图绑架、性侵、抢劫等犯罪行为，给学生的安全带来威胁。第二，小学也存在学生欺凌现象，小学生年龄较小，对自我保护能力和辨别是非能力相对较弱。一些学生可能会遭受同龄或年长学生的欺凌和暴力行为，对学生的身心健康造成伤害。第三，诈骗和骚扰，小学生对于网络诈骗和电话骚扰等陌生人犯罪手段缺乏警惕性，容易上当受骗。一些不法分子可能通过这些手段获取学生或家长的个人信息、财产或进行其他违法行为。

五、小学校园周边环境安全问题

当前很多地区的小学都是建立在闹事繁华区，周围的各种商业设施变得完善起来，整个社会的环境变得越来越复杂，从整体上讲，校园安全形势的好转有赖于整个社会治安形势的彻底好转，但是由于学校处于复杂的社会环境中，周围的商业环境对学生的影响较大。周边环境中经常出现售卖各种玩具，多种多样的卡片，这些经常存在卫生安全，使用安全隐患，并且由于小学生不具备较好识别能力，对很多行为缺乏分析理解，还可能诱导学生行为上出现不当跟风，行为出现差异。此外，小学校园周边环境的建筑物也存在一定程度安全问题，例如，如果小学周边存在高层建筑物，存在坠落物品的危险。例如，高层建筑物的玻璃窗户、阳台上的物品，如果不固定或安全措施不到位，可能造成物品坠落引发伤害。如果学校周边存在施工工地，存在高空坠物、施工设备占用道路等安全隐患。施工工地应设置围挡和警示标志，确保学生远离施工区域。如果周边道路交通繁忙、交通设施不完善，可能会增加学生在上下学途中的交通事故风险。需要加强交通安全教育，指导学生

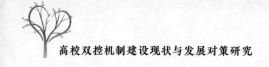

正确使用斑马线、过马路等。

六、小学校园交通安全问题

在小学校园门口上学和放学一般都会有很多家长进行接送，由于家长接送学生和周边居民出行需求，小学校园周边交通拥堵情况普遍存在。交通拥堵不仅增加了学生和家长的出行风险，也影响了周边居民的正常出行。不仅如此，学生上下学交通安全风险高，小学生年龄较小，对交通规则和安全意识的认知能力有限，容易在上下学路上出现危险。学生在路上行走时可能不注意车辆，或者随意穿越马路，容易导致交通事故的发生。此外，小学周边有时会缺乏安全过马路设施，如斑马线、红绿灯等。学生在过马路时容易受到车辆的干扰，增加了交通事故的风险。

第二节　小学校园及周边安全环境的建设

一、小学校园周边环境的建设

小学校园周边环境是孩子们学习和成长的重要场所，它的美好与安全对孩子们的健康成长具有重要的影响。在小学校园周边环境的规划和建设中，需要考虑以下几个方面。

1. 安全环境的建设

安全是小学校园周边环境建设的首要考虑因素。校园周边应设立明显的交通警示标志，保证交通秩序，避免交通事故的发生。同时，要加强校园周边的安全管理，确保孩子们的人身安全。建立安全巡逻制度，加强对校园周边的巡查，及时发现并解决安全隐患。此外，应设置围墙或栅栏来限制校园周边的进出，确保外来人员无法随意进入校园。同时，要设置监控设备，加强对校园周边的监控，保障校园的安全。

2. 绿化环境的营造

绿化环境是小学校园周边环境建设的重要内容。通过植树造林和花草种植，可以增加校园的绿色氛围，为孩子们提供清新的空气和美丽的景观。植物也可以给孩子们提供学习和观察的机会，培养他们的环保意识和对大自然的热爱。

在绿化环境的规划中，可以选择一些具有观赏价值和教育意义的植物，如花木、果树等。同时，要注重植物的养护和管理，确保植物的健康成长。在校园周边的绿化设计中，也可以设置休闲区域，供孩子们休息和娱乐。

3. 设施的完善

小学校园周边的设施建设也是非常重要的。例如，可以设置公共娱乐设施和健身器材，为孩子们提供更多的活动空间和机会，使他们能够放松身心，增强体质。在公共娱乐设施的选择上，要考虑到孩子们的年龄特点和安全性。同时，要设立图书馆、艺术馆等文化设施，为孩子们提供艺术和文化的熏陶。图书馆可以提供各类图书、期刊和报纸，供学生阅读。艺术馆可以展示学生的艺术作品，激发他们的创造力和想象力。此外，还可以设置运动场地和多功能活动室，供学生进行体育活动和各类课外活动。这样可以丰富孩子们的课余生活，提高他们的综合素质。

4. 社区的支持与参与

校园周边的社区要鼓励和支持教育事业。社区可以组织家长和志愿者参与到校园建设和管理中，共同营造一个良好的学习环境。家长可以参与校园周边的绿化工作，为孩子们打造美丽的校园。志愿者可以参与安全巡逻和校园清洁等工作，保障校园的安全和整洁。同时，社区可以开展一些教育活动和交流，促进学校与社区的互动。可以邀请社区的专家和教育工作者来学校讲座，为学生提供更多的学习资源和机会。也可以举办一些社区文化活动，如文艺演出、展览等，丰富学生的课余生活。

总之，小学校园周边环境的规划和建设应充分考虑安全、绿化、设施和社区的因素，为孩子们提供一个安全、美好、丰富的学习环境，为他们的成

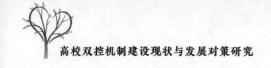

长奠定坚实的基础。只有在这样的环境下，孩子们才能充分发挥自己的潜力，健康快乐地成长。

二、小学校园周边安全的建设

小学校园周边安全是孩子们健康成长的重要保障。一个安全的校园周边环境可以有效地减少意外事故的发生，保护孩子们的生命和健康。在小学校园周边安全的建设中，需要考虑以下几个方面：

1. 道路交通安全

道路交通安全是小学校园周边安全的首要问题。校园周边道路上的交通状况直接影响着孩子们的出行安全。为了保障孩子们的安全，应该制定合理的交通规划，设置明显的交通警示标志和标线。例如，设立人行横道、学校标志牌、限速标志等，提醒车辆驾驶员要注意学校区域内的行人。此外，还可以设置交通管制措施，如交通护栏、交通岗亭等，限制车辆在学校周边区域的通行。同时，要加强对道路交通秩序的管理，加强巡逻执勤，避免交通违规行为的发生。

2. 校园周边的安全措施

为了确保校园周边的安全，应该设置明显的校园边界标志，限制校园周边的出入口。可以设置围墙或栅栏来限制校园周边的进出，确保外来人员无法随意进入校园。同时，要加强对校园周边区域的巡查，及时发现并解决安全隐患。在校园周边的绿化设计中，要注重树木和植物的选择和管理，避免有毒或危险的植物种植在校园周边。同时，要加强对校园周边地面的清理和维护工作，避免杂物堆积、残留物和垃圾对孩子们的安全造成威胁。

3. 安全教育与培训

为了提高学生的安全意识和自我保护能力，应该加强安全教育与培训。可以定期组织校园安全知识讲座和演练活动，向学生普及安全知识和技巧，教育他们如何正确应对紧急情况。例如，如何避免与陌生人接触、如何正确使用消防器材等。此外，还可以邀请消防、交通等相关部门的工作人员到校园进行安全教育和培训，让学生们亲身体验安全事故的应急处理过程，提高他们的安全意识和应变能力。

4. 社区的支持与参与

社区的支持与参与也非常关键。校园周边的社区要积极参与和支持校园的安全建设工作。社区可以组织家长和志愿者参与校园周边的巡逻和安全管理工作，加强对校园周边的监控和保障。家长可以积极参与学校的安全教育活动，与学校共同营造一个安全的学习环境。社区还可以与学校建立紧密联系，共同开展安全教育和培训活动，为学生提供更多的学习资源和机会。

总之，小学校园周边安全是孩子们健康成长的重要保障。通过道路交通安全、校园周边的安全措施、安全教育与培训以及社区的支持与参与，我们可以为孩子们创造一个安全的学习环境，保护他们的生命和健康。只有在这样的环境下，孩子们才能快乐地学习和成长。

第三节　中学校园安全现状

中学阶段包括初、高中，这是学生人生观、价值观形成的关键时期，一般处于中学教育的学生年龄偏小、尚未建立是非观，且缺乏自我保护能力，很容易受到校园暴力、精神问题以及自然灾害等方面的伤害，这种伤害在蝴蝶效应下延伸至整个社会和家庭，对整个社会秩序、公共安全、家庭和谐，以及学校声誉造成不良影响。

中学校园安全发生安全事件的原因很多，校园安全问题错综复杂，但观其形式、究其原因可分为客观隐患、主观疏忽、管理不力及外部影响和自然原因等几方面。概括起来有以下几个主要原因。

1. 安全教育不到位，对安全工作重视不够

学校可能缺乏专门的安全教育教师或者教材、设备等教育资源不够充足，导致安全教育的开展受到限制。教师可能没有接受过专门的安全教育培训，不了解如何有效地传授安全知识和技能，使得安全教育的效果不佳。学

校可能没有建立健全的安全管理制度和规章制度，缺乏安全巡查、隐患排查等常态化的工作机制，导致安全教育的推进和执行力度不够。家长对安全教育的重视程度不够，忽视或者不知道如何教育孩子安全意识和自我保护能力，使得学校的安全教育工作无法得到有效的补充和支持。

2. 在校师生安全意识不强

在中学校园里，虽然大部分中学的行政老师、管理人员以及安全保卫部门加强了日常校园危机管理并非常关注师生心理健康和校园危机隐患，但仍存在专职保卫人员应急处置能力不强，领导层面的决策不够及时有力等问题。中学校园的老师并未接受系统化的校园危机管理培训，有关危机管理的专业知识大多通过自学获取，因而对于专业的危机管理应急技巧和理论知识非常渴求，从决策层面来看，校长是校园危机管理的第一责任人，重大决策几乎都由校长一人做出，校长的危机管理意识和危机处置能力很大程度上决定了整个学校的危机应对结果，由此可见，制定由上而下、全面渗透的校园危机管理专业培训计划，增强全校师生的危机应急处置能力十分关键。

班主任作为学校班级的责任人和管理者，往往是校园危机的第一发现者，因此班主任的校园危机处置能力对于危机化解效果具有决定性作用。班主任只重视文化教育，个别班主任老师不清楚灭火器类型，不知道灭火器如何使用，对于灭火应急处置的了解只停留在理论层面，未能形成防危应急能力。除了班主任老师，其他课业老师仅关注日常教学任务的完成情况以及学生的学习情况，危机意识和处置能力相对不足，需要中学成立突发事件应急管理小组，校园危机管理职能清晰、责任明确，很多老师由于教学任务过重、危机管理意识不足以及缺乏系统培训，缺乏常态化校园危机应急教育机制，在危机来临时只能通过主观判断进行应对，造成校园危机突发事件的应急处置工作不够科学系统，校园危机意识和应对技巧有待提升。

3. 安全经费不足，安全监管不到位

学校或组织的预算有限，安全经费被其他项目占用，导致无法充分满足

安全需求，同时学校或组织管理层对安全问题的重视程度不够，未能将安全放在首要位置，而是将资源投入到其他方面。安全管理人员缺乏专业知识或经验，无法有效规划和执行安全措施，缺乏有效的监管机制和制度，导致安全监管工作不到位，漏洞和隐患得不到及时发现和处理。

4. 心理疏导不到位，心理失衡

学校可能没有足够的心理健康教育，缺乏对学生心理问题的认识和了解，导致无法有效地进行心理疏导。中学阶段学习压力较大，竞争激烈，学生可能面临来自学业、考试等方面的压力，导致心理失衡。一些中学生可能存在自身的心理问题，如焦虑、抑郁等，这些问题可能需要专业的心理辅导和治疗。还有家庭原因，家庭可能存在离异、家庭成员关系紧张、经济困难等问题，导致家庭无法提供稳定和支持性的环境。家长可能缺乏对心理健康教育的认识和重视，没有给予孩子足够的心理支持和关注。学校可以鼓励家长参与学生的心理辅导过程，与学校心理健康教育师进行沟通和合作，共同关注学生的心理健康。社会对于中学生的心理健康关注不足，缺乏相关的资源和服务，导致学生无法得到及时的心理疏导和帮助。

5. 亚文化和不良的外部环境对校园的影响

如果学生周围的社会环境中存在暴力、犯罪等不良行为，他们可能会模仿或受到影响，进而在校园中形成类似的亚文化。比如一些领域道德失范，拜金主义、享乐主义、个人主义滋长，封建迷信活动和黄、赌、毒等丑恶现象泛滥，文化事业受到消极因素的严重冲击，危害学生身心的东西屡禁不止，使学生认知产生偏差。有些学生由于意志比较薄弱，容易接受外界的影响，面对不良现象和行为，往往缺乏辨别和判定能力而跃跃欲试。

6. 危机事前预警有效性较差

学校管理人员和教师可能缺乏足够的专业知识和经验，无法准确判断和预测潜在的危机情况。他们可能对危机预警的标准和指标不够了解，无法及时发现和识别潜在的风险。危机预警需要收集大量的信息和数据，并将其进行综合分析，以发现潜在的危险因素。但是，学校可能缺乏完善的信息收集机制，无法及时获得相关信息，或者无法对收集到的信息进行充分的分析和判断。学校可能缺乏完善的危机预警机制，无法将各种信息整合起来，进行及时的预警和反应。缺乏明确的责任分工和流程，可能导致信息无法及时传达给有关人员，从而延误预警时机。危机预警需要学校与家庭、社区、警方等多方面的合作和协作。如果各方面缺乏有效的沟通和合作机制，就难以共享信息和资源，影响危机预警的准确性和有效性。

7. 突发事件危机响应效应迟缓

缺乏紧急响应计划，中学可能没有建立详细的紧急响应计划，或者计划不够完善。没有明确的责任人和行动步骤，导致在紧急情况下教职员工不知道该做什么，从而延误了响应时间。缺乏专业培训，教职员工可能没有接受过针对突发事件和危机的专业培训。缺乏应对能力和知识，使得他们在紧急情况下无法迅速做出反应，从而导致响应效应延迟。沟通不畅，中学的沟通系统可能不够有效，无法及时传达紧急情况和行动指示。这可能包括警报系统故障、通知不及时或不全面等问题，导致教职员工和学生无法及时了解到紧急情况。缺乏合作机制，中学可能没有与当地应急机构建立良好的合作关系。缺乏与警察局、消防局和医院等机构的紧密联系，使得在紧急情况下无法迅速获得支持和协助。设施安全不足，中学的设施安全管理可能存在漏洞，如缺乏监控摄像头、安全门禁系统不完善等。这使得潜在的安全风险得以存在，并可能延误了对突发事件和危机的及时响应。

8. 危机事件后心理干预缺位

中学可能没有建立详细的紧急响应计划，或者计划不够完善。没有明确的责任人和行动步骤，导致在紧急情况下教职员工不知道该做什么，从而延误了响应时间。教职员工可能没有接受过针对突发事件和危机的专业培训。缺乏应对能力和知识，使得他们在紧急情况下无法迅速做出反应，从而导致响应效应延迟。中学的沟通系统可能不够有效，无法及时传达紧急情况和行动指示。这可能包括警报系统故障、通知不及时或不全面等问题，导致教职员工和学生无法及时了解到紧急情况。中学可能没有与当地应急机构建立良好的合作关系。缺乏与警察局、消防局和医院等机构的紧密联系，使得在紧急情况下无法迅速获得支持和协助。

中学的设施安全管理可能存在漏洞，例如，缺乏监控摄像头和不完善的安全门禁系统等。这些问题使潜在的安全风险得以存在，并可能延误人们对突发事件和危机的及时响应。

第四节　中小学校园安全管理的发展历程与改革趋势

进入新时代，我国中小学教育已不再是传统意义上的"教与学"，中小学生正处于青少年发展期，随着成长，会遇到的社会中不稳定、不确定、不和谐的因素，这些因素引发的校园安全问题影响着他们的身心健康发展。学校安全管理因此逐渐受到社会的关注。而学校安全管理评价以学校安全管理为指引，安全管理的改变会影响评价价值，安全管理评价的价值取向应与安全管理一致。为此，梳理我国中小学校安全管理历史变迁，了解其发展路径，能够从中看到我国在过去对学校安全管理的不同侧重，为新时代中小学校安全管理评价改革指明方向。

一、我国中小学校安全管理的发展历程

自新中国成立以来，我国中小学校安全管理一直处于被忽略、被漠视的状态，直至 2002 年《国务院关于基础教育改革与发展的决定》中提出"把维护中小学校园安全作为一项重要任务"之后，我国中小学校安全问题才得到重视。然而，受多方面因素的影响，我国中小学校安全管理问题在很长一段时间内未能得到有效解决。为此，依据国家当前经济社会发展的时间段及官方政府部门所颁布的相关政策文件，梳理每一时间段中小学校安全管理的发展历程，了解其历史变迁，从而能更科学合理地看到进入新时代中小学安全管理的价值取向。

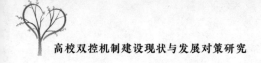

1. 中小学校安全管理进入萌芽期（1949—1978 年）

建国初期，受国情影响，学校安全管理主要集中在物质资源整合方面。由于当时国家财力有限，学校安全管理基本由政府投入，学校、学生无需承担校园安全责任。学校安全管理主体单一化。在国家成立之后，我国的经济快速复苏和发展，人们的生活水平有了很大的提升，直到改革开放初期，我国对于学生的安全问题也越来越重视。这一时期，中小学教师普遍实行"包工到组""包产到户"等责任制；学生也大都由家长接送或由家长陪读；在课程安排上，针对防灾预警工作也并未纳入，这一时期能够明显看到安全管理主体有发生一定的变化，但主要还是以政府相关部门管理为主。从整体上看，这一时期的学校安全管理方向重点集中于物质资源的供给与政府投入保护。

2. 中小学校安全管理的初步探索（1979—2000 年）

20 世纪 90 年代初期，随着我国社会的转型以及市场经济的深入发展，传统的中小学校安全管理问题日益凸显。为解决这一问题，各级政府开展了"学校安全工作大检查""学校安全隐患大排查"等活动，积极开展了各类安全管理活动，但这一时期的校园安全管理工作并未体现统一性，以单一性的管理方向为主。例如 1995 年 4 月，公安部和教育部联合下发了《关于加强中小学校交通安全工作的通知》，要求各地公安机关和教育行政部门将学校交通安全工作作为一项重要内容，有计划、有步骤地加强和改进中小学交通安全工作，并把交通安全知识作为中小学学生的一门必修课。这一时期的中小学校安全管理工作并未形成独立的管理机制，针对校园安全管理内容多体现在相关法律法规中。如《义务教育法》明确规定，学校应当维护学校教学设施设备的安全。

3. 中小学校安全管理法制化研究（2001—2012 年）

进入 20 世纪 90 年代以来，社会多元化程度不断加深，各种不安定因素对学校安全的影响逐渐扩大。在社会转型期，人们对利益的追求日益多样化，而利益又具有两面性，由此也带来了一系列社会问题，包括人身伤害、交通事故等。同时，我国教育体制的改革也在不断深入，其中既有政府职能部门的职能转变和完善，也有教育领域中各利益群体间的博弈与冲突。综合国家每年发布校园安全事故，我国中小学校安全问题出现了新特点，并呈现出诸多新问题，大多体现在"事故数量增多、学生人身伤害比例增大、校园暴力事件时有发生"等方面。党中央、国务院高度重视校园安全管理工作，多次提出安全管理理念，提高关注度，树立和强调以"学生安全为本"的办学理念；强调责任主体合作，不断界定校园安全管理的责任主体，多位学者也强调"在社会转型进程中，校园安全管理理应成为整个社会的责任，由整个社会来共同担负"。在学界，有一些学者已经开始将"大校园安全管理理念"提出来，也就是学校安全管理工作需要政府、学校、学生、家庭、社会等多种主体的参与，从而构建大校园、多元多级主体共同参与的安全管理体系。

为此，为了防止上述校园安全事故的发生、保障学生人身及财产安全，在这一时期，应急管理与风险管理开始纳入中小学校安全管理中，国家开始探索出台相应的政策文件，如 2004 年印发《关于进一步加强学校安全管理工作的若干意见》；2005 年发布《关于进一步做好中小学幼儿园安全防范工作的通知》；2006 年公布的《中小学幼儿园安全管理办法》（以下简称《办法》）等。进入"十二五"时期，教育部于 2014 年印发《中小学幼儿园应急疏散演练指南》，因这一时期环境的特殊性，可以看到大多数文件也仅为文件意见类，未能形成完整的管理体制机制。

4. 中小学校安全管理体系化研究（2013—2016 年）

在此期间，学校安全法律制度也在逐步健全。2013 年，《关于做好预防少年儿童遭受性侵工作的意见》由教育部、公安部、共青团、妇联等部门共同发布；2014 年教育部印发《中小学幼儿园应急疏散演练指南》；《中小学幼儿园安全防范工作规范》由公安部、教育部等部门于 2015 年发布；《关于防治中小学欺凌和暴力的指导意见》是由国家教育部等九部委于 2016 年发布的。与此同时，中小学校园安全管理也开始受到学术界关注，教育评价开始与学校安全管理相联系。王景英将安全管理评价归为校园管理的一环，强调安全管理评价包括组织机构和制度建设评价、管理队伍评价；袁贵仁强调建设人力资源强国，要求全面深化中小学校管理评价改革，对校园安全管理评价内容有更为细致描述。最后，着重指出要建立起中小学校园安全风险干预和防控研究体系，一些学者从中小学校园突发事件的风险识别机制、风险分析机制与风险评估机制的构建方面，对中小学校园突发事件风险预防性评估的内容进行了讨论，并给出了中小学校园突发事件风险预防性评估的具体操作流程，具体分为三个部分，分别是：前期准备、中期评估和后期报告。

总之，这一时期的中小学校安全管理理念与时俱进，管理机制得到不断优化调整，安全问题得到一定遏制。但因其发展历程较短，在这一阶段，学校安全管理仍然缺少科学化的指导，不管是教育行政管理部门，还是学校，都未能科学地制定学校安全管理中、长期评价。为此，学校安全管理评价体系比较混乱，规范化、制度化程度不够，在针对性和可操作性方面也存在不足。

5. 中小学校安全管理全面深化研究（2017年至今）

迈入新阶段，国务院、教育部、公安部、教育部办公厅等相关部门开始制定出台了一系列政策措施，从国家层面明确了加强学校安全工作的指导思想、工作原则和目标任务，提出了一些具体政策措施。同时，地方政府也将学校的安全工作作为重点工作来抓，制定出台了一系列规范性文件，明确了各级政府及各有关部门的职责分工。在中央和地方两个层面，逐步形成了各级政府齐抓共管的学校安全管理格局。如2022年6月1日我国开始实施《中小学、幼儿园安全防范要求》，在这一文件中，可以清晰地看到我国对于人力防范和实体防范、系统技术指标与新技术应用匹配协调等新型安全管理内容的重视，对于进一步完善校园安全防范工作规范体系、保障亿万家庭幸福、实现人民群众美好生活需要具有重要意义。同时，一些学者建议通过网络技术与平安校园相联系，建立"学校安全+网络"的模型；在提出要以网络、大数据、安全短信和亲情电话为基础，以安全短信和亲情电话为主要手段，实现对学校的有效管理，同时还建议建立一个"五位一体"乃至"多位一体"的联动和沟通机制，建立以校园警察为单位的校园警察、校警、校警和校外警察为主体的校园警察系统，进入新时代的中小学校安全管理相关研究取得实质性成效，大大降低了中小学校园安全故的发生。纵观不同阶段学校安全管理的发展方向与历史变迁，可以看到我国中小学安全管理经历了一个逐渐完善的过程，且是从无序到逐步走向规范的过程。

二、中小学校安全管理改革趋势

依据前文对我国中小学校安全管理历史变迁梳理，依据相关政策文件、查阅书籍文献资料可以发现，中小学校安全管理评价的价值取向出现了不同程度的变化。

1. 目标导向要求重视安全评价过程

2022 年，教育部、公安部印发了《中小学校安全防范工作规范》，提出"遵循'实用可行、科学先进、适度超前'的指导方针，以体现校园安全'人防、物防、技防相结合'为重点，以师生的人身安全为首要目标，从现实情况出发，加强问题导向，重视过程监督，在重点部位、重要措施、应急处置、技术支撑等方面，对有关的内容与技术规范进行改进，提高学校的安全管理水平"等目标任务。评价目的是学校安全管理评价的出发点，是一种价值导向，它直接决定着评价的性质、内容和方式等。新时代中小学校安全管理评价的目标变化具体体现在以下几个方面：

第一，坚持以人为本，培养学校主体的安全意识。安全教育是中小学校的重要工作内容，新时代的中小学校安全管理评价始终坚持以人为本，将师生的生命和健康放在第一位，通过加强安全教育宣传工作，加强师生安全意识，进而能提升其自我保护能力。

第二，注重提高安全管理评价的实际效果。2019 年，中共中央、国务院发布的《关于深化教育教学改革全面提高义务教育质量的意见》（以下简称《意见》）中提出"将校园安全纳入社会治理，完善校园安全风险防控体系"。

该《意见》对进一步完善学校安全风险防控体系提出了明确要求，要求落实安全管理按照"健全机制、严格监管、强化责任"的思路，不断完善学校安全管理体系建设，将过去唯"表面功夫的成绩"向"提升管理效率"转变。

第三，坚持科学性与实效性相结合。新时代中小学学校安全管理评价应立足于学生需求，适应时代发展的要求，符合教育规律，符合教育方法，符合学生的发展规律强调科学和实践的统一。

2. 安全评价内容要求构建综合指标

评价内容由单一性指标转变为综合性指标《中小学幼儿园安全管理办法》（以下简称《办法》）第四条强调，"学校安全评价的内容应包括校园及周边环境、学校安防设施设备、突发事件应急处置、校车管理等方面"。这一规定将中小学安全管理评价内容由单一性指标转变为综合性指标，反映出新时代我国学校安全管理评价的价值取向已由"以事为主"转变为"以人为主"。《办法》还首次将学生心理健康工作纳入学校安全管理范围，这是进入新时代校园安全管理中的首要突破；同时，评价标准由硬性约束转变为柔性约束，2017年国务院办公厅发布的《关于加强中小学幼儿园安全风险防控体系建设的意见》，提出要"坚持'预防为主、综合治理'方针，强化学校及周边风险防控机制建设，明确要求各地建立健全以地方政府负责、相关部门协同配合、学校具体落实的中小学校安全管理机制"；2022年《中小学、幼儿园安全技术防范系统要求》强调明确要求建立健全校园安全防范体系建设及学校安全管理的相关规定。此后，又根据不同地区实际情况分别制定了《中小学幼儿园安全防范工作规范》和《中小学幼儿园应急疏散演练指南》等标准。

3. 评价主体要求多方协同合作

目前，中小学校安全管理评价主体范围扩大，主要包括政府、学校、家庭、社会等。传统的基础教育学校管理评价主体是由各级教育行政部门和督导机构自上而下地组织实施督导和检查，学校作为被评价对象，只能被动地接受评价，无法获得自我评价和反思的机会。《办法》在总结实践经验的基础上，立足于学校安全工作的新形势、新任务和新要求，坚持问题、目标、结果导向，首次明确将学校安全管理绩效考核范围扩大到学校校长及其他负责人员；同时也首次规定各级人民政府及有关部门在依法维护中小学幼儿园和教职员工合法权益方面的职责要求，坚持"党政同责、一岗双责、齐抓共管、失职追责"的原则，严格落实教育行政部门及学校安全管理主体责任。新时代中小学校安全管理评价的价值取向，要求中小学校安全管理评价的主体由政府主导向多元参与转变，引导社会、家庭等多元主体参与到学校安全管理评价工作中。在新的发展阶段，要推进学校治理体系现代化，就必须落实学校作为治理主体、协调主体和发展主体的能动地位。推动形成"政府负责、部门协同、社会参与"的中小学安全工作格局，有助于促进多元参与主体实现优势互补、形成合力，共同提升学校安全管理水平；有助于推动形成全社会共同关心支持学校安全的良好氛围。

4. 评价方式要求定性定量结合

长期以来，我国中小学安全管理评价中都是采用定量的、单一的考核方法。其在对中小学校安全管理的绩效评价上，以国家或地区组织统一颁布的学校安全管理标准和规范为依据，通过对学生在校表现和教师工作绩效等方面进行定量考核，得出学校安全管理水平的高低。这种定量考核方式具有一定的科学性与严谨性，但是其对学校安全管理水平进行评价时却存在很大缺陷。在新时期，对中小学安全管理进行评价时，需要对其进行量化、定性的评价，能较好地反映出我国中小学的安全管理状况。

5. 评价结果要向综合运用转变

新时代中小学校安全管理评价结果运用变化，主要体现在四个方面：一是建立健全学校安全管理体系。强调"体系"与"机制"的建设，通过《办法》可以看出，国家对中小学校安全管理有了更为科学的要求和指引，也更加强调了从学校实际出发，实事求是，科学合理地建立健全安全管理体系；二是强调学校安全管理过程的评价，强调评价结果的运用。相关政策文件将中小学校安全管理工作的基本要求进一步细化、具体化。具体内容有制订工作计划、明确工作职责、建立并完善安全管理体系、建立健全安全工作网络；

三是提出完善学校安全管理体系建设的意见和建议。党的二十大报告提出"坚持全面依法治国，推进法治中国建设"，这为我国全面依法治国提供了战略指引和基本遵循。在法治框架下推进教育治理体系和治理能力现代化，进一步深化教育综合改革，充分发挥法治对教育发展的规范、引领和保障作用。四是强化结果运用。《办法》第六条强调的"对学校安全管理进行综合评价的结果，应作为政府履行教育职责评价、高质量发展考核以及教育督导评估的重要依据。"将学校安全管理评价结果作为政府履行教育职责评价和高质量发展考核、教育督导评估等的重要依据。

总之，中小学校安全管理评价是对学校安全管理的量化测量与评估，是衡量学校安全管理水平的重要手段。通过前两部分对我国中小学校安全管理历史变迁的梳理与进入新时代中小学校安全管理评价价值取向的归纳，可知当前我国新时代中小学校安全管理评价改革的主要趋势有重大转变：如评价目的向重视过程转变，评价内容向全面综合评估转变，评价主体向多方协作转变，评价方式向定性定量相结合转变，评价结果运用向综合运用转变等。更为具体的改革趋势主要表现在：以师生生命健康为核心，注重学校安全教育和管理；以多元参与为主要形式，注重增强学校安全风险意识；以管理评价为重要途径，注重提升学校安全管理水平。对学校安全管理评价的改革，关键在于形成科学、合理评价标准。这些方面的改革将使中小学校安全管理评价工作更加科学、规范和合理，从而有利于提高学校安全管理水平。

第五节　中小学校园安全治理

一、小学校园安全治理中存在的问题

1. 校园安全法治环境不健全

"法律是治国之重器，法治是国家治理体系和治理能力的重要依托。依法治国是实现国家治理体系和治理能力现代化的必然要求"。法制环境是法治的基础，是以民主为基础的国家政权所统治的区域，它在执法和依法办事的基础上，体现了社会对法律的信仰，维护了法律的权威，维护了社会的依法管理。在社会主义法治社会，一切都要依法办事。小学校园治安管理是社会公共管理的一项重要内容。目前，在我国中小学校园安全问题的法律控制中，必须建立在法制环境的基础上。目前，我国小学校园治安管理法制环境尚不健全，亟待改善和完善。学校周边安全环境治理的影响是多方面的，其中以法制为主，以规范为主；然而，在我国的飞速发展中，存在的问题越来越多，一些法规已经无法有效地处理好与之相关的问题。当前，国内有关小学校内外环境管理的法律、规章等方面的规定还很欠缺，立法滞后、法治建设还不健全。执行的细节和方法不够详细，缺乏完善的法治体系和有效的管理手段。要想真正有效地控制和化解学校安全问题，就需要营造一个良好的法制氛围，培育和强化学生的法制观念、民主参与的观念，以构建和健全社会主义法治制度，以加强学校周边安全管理工作，确保学校的安全稳定。

2. 校园安全管理制度不落实

许多校园安全事故的发生并非因为教育部门管理或学校管理存在制度空白，而是在有明确制度依据的情况下，在校园具体管理的活动中未能按章办事、依制管理，这种执行层面的过错和失误，是内生型校园安全事故的重要诱因之一。制度的缺陷首先表现为制度规划不系统，从我国校园安全管理规划现状看来，制度规划普遍存在以下几个方面的缺陷：一是制度制定的随意性大，滞后性和应急性明显，制度的事前预防功能无法发挥。许多管理者未能从全局出发制定系统的安全管理制度，往往就事论事，常在事故发生后，才引起重视，建立相应制度。二是内容不科学，视野覆盖狭窄。安全管理者对国家安全规章制度缺乏了解，制定的制度无法与国家相关安全举措相互衔接，缺乏科学性、专业性。而且狭窄的覆盖面使制度本身的前瞻性严重不足。三是存在应付现象，滞后补漏行为明显，致使规则制度之间规定屡屡存在重复规范或规范冲突情形。上级检查什么制度，学校就建什么制度，并未从全局出发，囊括学校面对的各类常见危险因素，且漏洞颇多。其次，制度内容不贴近实际制度的建立应该是来源于工作实际，符合实际需求，并能有效指导实际工作。部分学校制度的建立，并未针对学校安全工作现状做全面调研分析，并通过安全管理小组细致的研讨，也未做必要性和可行性论证，存在凭空而立或借鉴他人等现象，制度缺乏可操作性和适应性的现象比较普遍。因此，其制度的建立不够全面、完善，而基于此类制度上的安全管理工作，也难以切实有效。最后，制度建立与实施脱节。部分安全制度被建立以后，往往高高挂起，在实际教育教学活动中并未按章办事，存在制度执行不严格，落实不到位的现象。这种与实施脱节、形同虚设的制度，对学校安全管理工作没有起到制约管理作用。如：有的学校门卫管理制度明确规定：禁止外来人员随意进入校园，如有特殊情况，需提前联系被访者，并在门卫处查验、登记方可入校。可是，有的学校门卫人员因嫌麻烦，并未对所有来访人员一一按章登记，尤其在面对某些学生家长时，门卫仍存在随意放行的情况，且对其携带的物品也缺少查验过程，给师生安全带来隐患。

3. 校园招生管理不规范

学校的基础环境设施是学校工作正常开展的物质基础。《教育法》明确规定，设立学校必须具备的基本条件之一就是"有符合规定标准的教学场所及设施、设备等"。近年来，伴随着各地教育事业的快速发展，也出现了许多不容忽视的问题，有以下几个方面的表现：第一，学校规模容量不合理随着社会的进步与发展，许多地区城市化进程不断加快，大量流动人口不断涌入城市，导致许多城镇小学生源压力大，普遍出现了六十甚至九十多个学生一个班的严重超员现象，而学校的配套设施却难以及时跟进，现有的教学设施超负荷运转，这必将给学校安全工作带来隐患。人员过多导致某些学生不得不坐在讲台旁和后门边。这种情况，一是导致教室后门长期无法打开，万一出现紧急情况，学生都从前门蜂拥而出，极易发生拥挤"踩踏事故"；二是人员过多造成空气质量下降，易发生流行性传染病；此外，由于教室前后排学生距离黑板太近或太远，对视力也会有极大的影响。

4. 建筑隐患排查不到位

部分学校，校内建筑的安全配套设施仍存在诸多隐患，学校没有定期排查、消除潜在威胁，如：房屋渗水、墙体老化、通道狭窄等现象。安全配套设施不完善，如：安全标识不到位、灭火器已过期、这些现象必然使师生在校安全存在风险，尤其对安全防范意识薄弱的小学生来说，是极大的安全隐患。部分学校体育设施、消防设施、电路设施、实验设施等，存在管理不善、安装配备不规范、陈旧老化等现象，徒有其表却无法正常使用。学校安全管理者往往更多关注"人"的安全，而忽略"物"的安全。而学校对消防专用设施的忽视，将成为极大的安全隐患，一旦发生消防事故，将无法有效控制事故的损害程度。

5. 岗位管理不专业

学校的教师、学生、后勤岗位工作人员，都是相互依存、相互作用的，只有大家各司其职、各负其责，才能有效促进学校工作的健康持续发展。而当前学校安全管理中，仍普遍存在以下现象，值得大家反思：

（1）"重教学轻安全"现象。每年，我国各级培训部门对在职教师的继续教育培训内容丰富、形式多样，但其培训内容往往以学科性的教学科研、教学方法、教学经验为主，较少涉及专业性较强的安全知识与技能培训。因此，许多教师本身安全意识不强，安全知识不专业，在遇到突发状况时，不能在短时间内做出正确的处理，降低事故损害程度。

（2）"重学生轻教师"现象。有的学校领导片面重视发生在学生身上的安全事故，不断加强对学生的安全管理，高度重视对学生在校行为的监督。可是，教师的行为也屡屡带来的体罚现象、班级管理不到位现象，而引发校园安全事故，或对学生的身心造成难以弥补的伤害。

（3）"重设置轻培训"现象。后勤服务人员是学校教职员工的重要队伍，后勤服务人员的素质决定了师生生活的安全和质量。但许多学校在设置了相应的后勤服务岗位人员后，没有对他们建立起有效的约束考核机制。且许多后勤服务人员大多为学校自行聘请的社会人员，如：食堂厨工、门卫保安等，并未接受过专业岗位的培训。他们上岗后，学校也未执行对这一群体的定期培训与教育，因此，其服务意识和服务质量不强，安全防范意识和防范知识则更加缺乏。如果学校对这一群体未能充分引起重视，则极易成为校园安全防范体系的缺口，诱发各种内生型校园安全事故。这类事件在现实中层出不穷，因此，很有理论探讨的必要。

6. 学生管理不系统不完善

小学生由于其群体的特殊性，更需要学校安全管理者科学研究、全面关注、系统管理，减少甚至杜绝管理空白区，确保学生身心健康成长。当前我国学生管理方面的现状呈现出：管理详略不得当，管理力度的不均衡，管理范围失偏颇，管理方案不健全等不足之处。这些管理设计上的缺陷，在具体校园管理实践中突出体现为以下几点问题。

（1）重视课间管理而忽略课堂管理。学生课间活动范围大、管理难度高，学校管理者往往更多地关注学生的课间活动安全、课后行为安全，却放心地以为只要打铃进教室上课了，有老师守着，就可以把悬着的一颗心放下。殊不知，小学生由于自控能力差，课堂上的安全管理问题亦不容忽视。教师进入课堂首先应对全班学生的出勤情况进行检查，如有缺勤者或身体不适者，应及时向班主任汇报处理。除了体育课学生易出安全事故之外，美术、劳技等需要剪刀、小刀等特殊学习用具的课堂，课任老师应提前强调安全使用事项，并随时关注学生的行为。科学课等需要进行实验的课堂，科任老师应提前对实验器材做全面检查，并认真指导学生正确的使用方法。所有科任老师都应提高责任心和警惕性，避免因上课不及时到岗、提早下课或放纵课堂管理，而造成学生伤害事故。教导部门应加强课堂监管，通过巡堂等方式有效监督教师的工作。

（2）重视行为管理而忽略心理管理。学校管理者将主要精力放在学生的行为管理上，希望培养循规蹈矩的学生，以减少安全事故的发生。其实，思想意识对言论行为的影响不可小觑。因此，小学生的心理健康应该与行为规范同样受到重视，许多心理问题的存在往往是行为问题的根源。常见的小学

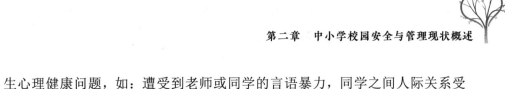

生心理健康问题，如：遭受到老师或同学的言语暴力，同学之间人际关系受挫，来自学习与考试的焦虑，来自父母的压力，等等。这些问题引发学生心理失衡、情绪激动、自尊受创，而易导致行为异常，如果老师不及时干预和疏导，就可能为校园安全事故埋下重重隐患。心理问题的隐蔽性强、潜伏期长、后果难测，需要专业的技术力量予以排查和缓解。这不仅对学校基础设施建设有要求，也对教师能力素质有要求。当前，未成年人思想道德建设工作受到上级高度重视，据了解，许多小学都开设了心理咨询室，但大部分小学心理教师都是兼职，不具备心理咨询资格，咨询不专业、不规范。无法准确监测学生心理健康状况，也无法及时发现有心理异状的学生，根本无法帮助学生进行有效的心理调节与疏导，也无法保障学生的身心健康成长。

（3）重视统一管理而忽略特殊管理。部分学校在安全管理工作中，普遍重视对全校学生的统一管理，而忽视了一个需要特别关注的群体——特殊学生。本书所指的特殊学生，主要包括特异体质、特殊心理、特殊家庭、少数民族四类学生。这些学生由于身体特殊疾病、心理特殊个性、单亲、离异家庭子女或留守子女、少数民族特殊风俗背景等特殊原因，使他们在生活、学习中与普通学生的思想、行为都有所不同，存在易使人忽视的事故诱发因素。学校需在思想上高度重视特殊学生的管理工作，全面建立特殊学生管理制度，分类建立特殊学生档案，并进行跟踪辅导和特殊关注，才能有效避免事故的发生。例如，由于学生体质、心理、家庭或民族等方面的特殊情况，可能会产生饮食习惯、生活方式或个性气质方面与一般同学有差别，教师职工应当在工作范围内尽量照顾，并在生活中适当关心，以防其因感觉孤立无助而产生极端性格。

7. 活动管理不严密

（1）交通工具审查不严。需要外出的活动，由于参与人数多、活动范围广，常需乘坐车船等交通工具，学校如果没有对租用的车辆进行谨慎审查，就可能引发安全事故。活动前，校方应仔细审核所租用交通工具的营运资格、年检资料、驾驶员资质等，并要签订正式的书面的租用协议，明确双方权利责任义务。在行车途中，始终与驾驶工作者保持有效联系方式，及时了解行车情况和相关路况，以确保外出活动路途上的安全。

（2）校方活动组织不当。组织校内外大型活动和师生集体外出活动前，学校原则上应当向上级教育行政部门申报批准，并认真制定活动详细方案流程安排以及安全应急预案，提前勘察活动场所，做好安全防范工作。活动中，要加强对学生的实时监管，确保每一位学生的人身安全和财产安全，具体注意事项包括：定时定点清点人数、组织进出场疏导、及时制止危险行为。

（3）安全宣传教育不够。在组织活动之前，学校应对老师、学生和家长进行安全知识宣传和教育，此三者缺一不可。如果对教师的安全动员不够，则不能达到强化其安全责任意识的作用。如果对学生的安全教育不够，则不能有效增强学生的自我保护意识和自我保护能力。如果对家长的安全宣传不够，则不能督促家长配合校方对子女进行相应的安全教育。因此，只有学校、家长及学生三方合力才能最大限度提高学生安全意识，减少校外活动事故中的危机。

（4）突发事件处理不当。活动中，万一发生突发事件，能否正确有效的处理，将直接影响到事故后果的严重程度。学校应高度重视活动前安全应急预案的制定和落实，全盘评估活动每一个环节的安全风险，一一制定应对措施。当突发事件发生时，立即启动应急处理程序，救治伤者、疏散学生、通知家长、寻求援助、汇报上级、配合调查、善后处理，避免因处理不当而导致发生严重后果和纠纷。

8. 校园安保缺乏充分的保障环境

现在，各个小学的安保工作仍处于"虚有其表"的状态，虽然每个学校都配备了保安，但大多数都是没有执照的，受年龄、身体状况等因素的制约。小学安全保障的公共服务还仅限于政府的文件。"公共服务的提供者通过竞争和优胜劣汰的方式获得了公共服务的供应，使社会的力量能够自由地进入和退出，各市场的参与者保持独立和平等的关系"。在《政法机关保留企业规范管理若干规定》、公安部《关于保安服务公司规范管理的若干规定》等文件中，都明确规定，必须建立公安机关，方可设立保安服务公司。保安服务公司是一家具有独立民事经济责任的法人组织，它在管理机构的指导和监督下，在经营安全服务活动中处于被动地位，因而失去了在市场上应有的竞争能力，从而影响到它在市场上的发展。保安服务公司是按规定在辖区内成立的，是以垄断的形式存在的，这就造成了其服务质量不高、服务态度差、缺乏经营活力、缺乏创新意识等问题。

二、中学校园安全治理存在的问题

1. 中小学校园安全管理的范围

中学校园安全治理是指对中学校园内的安全问题进行管理和保障的工作。中学校园是学生学习和生活的场所，为了保障学生的安全，中学校园安全管理需重视以下几个方面：第一，校园安全设施，中学校园应建立完善的安全设施，包括安全门禁系统、监控设备、消防设备等。这些设施能够有效地监控校园内的活动，及时发现并处理安全隐患。第二，校园安全巡查。学校应安排专人进行校园安全巡查，发现校园内的安全问题和隐患，并及时处理。巡查范围包括教室、实验室、图书馆、食堂、宿舍等各个区域。第三，学生安全教育。学校应定期组织学生参加安全教育活动，包括防火、防盗、防欺凌等方面的知识和技能的培训。学生应了解校园内的安全规定和紧急情况下的自救方法。第四，校园安全管理制度，学校应建立和完善校园安全管理制度，明确校园内的安全责任和管理流程。制度包括学生进出校园的管理、教职工的安全管理、突发事件的应急预案等。第五，安全事件应急响应，学校应建立健全的安全事件应急响应机制，包括安全警报系统、应急预案和演练等。在发生安全事件时，能够迅速反应和采取措施，保障学生的安全。

2. 中学校园安全管理存在问题的原因

（1）危机信息沟通不畅

中学师生危机管理意识不足的直接原因在于学校的危机信息沟通不畅，未能建立有效的内外部危机信息沟通机制。部分中学校园内，当校园危机爆发时，很多利益主体，如保卫处、后勤处、校长室以及学生处都未在危机爆发后的第一时间进行有效反应，与消防局、大众媒体、警察局以及相关学生家长的及时联系也并未做到，更谈不上去争取多方面的资源和力量共同进行危机处置，直接导致危机带来的负面影响和社会恐慌越来越多。大部分学校因未建立起内外部危机信息沟通机制，在危机爆发后无法与校外家长以及有关机构取得联系，而且在借助外部资源展开应急处置工作的速度也不够及时。

（2）缺乏社会联动机制

从近些年的危机事件演变趋势来看，抢劫、黑网吧、溺水以及校车翻车等危机事件已经成为威胁中学生生命财产安全的重要源头，这些事件大多发生在离学校不远的周边商贩或娱乐场所，是学校危机管理的薄弱环节，必须依靠全社会的力量展开联防联治，否则仅依靠学校的力量，很难保证学生的校内校外生活安全无虞。

以校车为例，校车危机事件近些年频频发生，这不仅与校方有关，也暴露出相关部门在校车管理中的不足。很多学校由于自身资源有限，往往满足于学生上学交通问题的解决，而对校车疏于管理，甚至有些乡镇学校运用改装车、马车、三轮车等简易交通工具接送学生上下学，但这种现象是否合规合法？校车出了校园就没有相关的危机管理机制了吗？这些在很多地方都没有给出明确答案。首先，从政策层面来看，部分地方对校车的使用管理并未做出明确规定，使得部分学校钻了法律的空子。其次，教育部门、交通部门以及公安部门在校车危机管理方面事权不明、责任不清，因此出现校车违规使用、人员超载以及未到有关部门办理备案登记手续，给学校师生带来严重的安全隐患，这些问题究其原因，均与政府机构的监管不力有关。其他事件，如未成年人去黑网吧、溺水事件以及校园外抢劫也同样暴露出政府部门的监管缺失，学校在校园以外范围的危机管理能力不足，因此校园安全环境的维护不仅要依靠学校，还必须联合政府、家长以及社会组织等相关力量，如由公安部门负责校园周边治安巡逻、文化部门负责网吧合规检查、交通部门负责设置警示标语在水库或野生池塘周边，以减少危机事件的发生概率，引导青少年加强自我保护意识。

中学校园安全必须构建、学校、政府、社会以及家庭多方参与的校园危机管理体系，群策群力、联防联治，才能切实保护好学生安全，达到预期的校园危机防治效果。但现实情况是，由于学校长期以来实行纵向管理和封闭式管理，与其他组织机构的沟通联系较少，导致政府、社会组织以及家长无法介入学校危机管理工作，校园危机社会联动机制难以形成。

（3）缺乏完善的危机响应机制

校园危机全过程管理被划分为事前预测、事中处置应对以及事后完善等重要环节，其中在事前预测阶段，学校应该结合实际情况做好危机管理预案，组建危机管理应急领导小组和响应机制，加强对整个危机事件的全面管控，在事中处置应对阶段，学校要依托危机管理沟通机制、监督机制以及应急机制，与校内校外的相关机构取得联系，联合各方面力量共同化解校园危机，减少师生伤害；在事后恢复阶段，学校应该及时总结经验教训，加强对危机管理的评价和反馈，推动危机应急处置能力的持续改进。从上述分析中可以看出，危机响应机制是危机预防和应对的重要手段，通过建立危机响应机制，能够实现对危机事件的快速处置，危机负面影响将得到有效控制，而当前中学对有关危机管理工作的资源投入和关注度还远远不够，大部分学校只发布了几份标准文件，挂上了标牌，并未形成科学有效的危机应急响应机制，一旦危机事件爆发，校方只能依靠经验判断部署相关工作，没有明确的机制为牵引，因此造成危机管理过于被动，再加上事后缺少必要的总结和分析，危机管理目前只能停留在喊口号阶段，形式化问题突出。

（4）危机恢复管理体制较为薄弱

危机恢复和重建是强化危机管理能力，完善危机管理系统的重要环节，对于防止危机事件蔓延以及再次爆发具有非常关键的作用，而目前很多中学对于危机恢复工作并未引起高度重视，危机恢复管理机制非常薄弱，这具体表现在以下几个方面：第一，很多受害者在经历过危机事件后身体或心理会受到不同程度的创伤，严重者甚至会产生创伤后遗症等心理疾病，如不及时接受心理指导和救助，后果不堪设想，但学校对于相关方面没有建立心理帮扶机制，对于受害者的心理健康问题关心不足；第二，从危机管理绩效评价的角度来讲，学校危机管理约束激励不足，未能建立危机量化管理的意识，这种情况下危机管理人员缺乏足够的动力进行危机反思，主动提高自身的危机处置能力，以减少此类事件的重复发生概率。基于以上两点，中学的危机恢复管理工作还有待加强，可以尝试引进外部专家小组或专业人士展开危机管理绩效评价，客观反映学校的危机管理水平，帮助学校总结经验、查漏补缺，以更好地应对新形势下危机管理要求。学校应该结合实际情况做好危机管理预案，组建危机管理应急领导小组和响应机制，加强对整个危机事件的全面管控，在事中处置应对阶段，学校要依托危机管理沟通机制、监督机制以及应急机制，与校内校外的相关机构取得联系，联合各方面力量共同化解校园危机，减少师生伤害；在事后恢复阶段，学校应该及时总结经验教训，加强对危机管理的评价和反馈，推动危机应急处置能力的持续改进。

三、中小学校园安全治理策略

中小学安全治理是非常重要的，旨在保障学生的安全和健康。以下是一个详细的安全管理计划，涵盖了各个方面的措施和建议。

1. 法规落实

党和政府高度重视校园安全工作，已经出台了一系列有关校园安全的法规、文件。新修订的《义务教育法》明确规定了保障校园安全的相关内容；《学生伤害事故处理办法》对学生在校期间所发生的人身伤害事故的预防与处理提供了具体规范；《中小学幼儿园安全管理办法》系统地总结了近年来新出现的学生安全事故的原因和特点，有针对性的对学校安全管理措施作了具体规定；《中小学公共安全教育指导纲要》对于分年级阶段对学生的安全教育主要内容进行了纲领性安排，并对其实施途径、保障机制进行了规定。此外，教育部还发布了《关于进一步做好中小学幼儿园安全工作六条措施》《关于开展中小学校园周边环境专项检查工作的通知》《教育系统事故灾难类突发事件应急预案》《教育部办公厅关于针对当前天气变化，做好中小学安全防范工作的紧急通知》《关于加强中小学教师培训安全管理工作的通知》等一系列相关文件，而各省、市、地方下发的校园安全相关文件就更加不胜枚举了。而在此番三令五申之下，小学校园安全事故仍然接连上演，校园安全管理漏洞颇多，学生安全教育流于形式，这意味着这些法律法规的落实情况仍亟待加强。各级各类学校的管理者，必须高度重视校园安全法律法规的落实，树立依法治理的观念，使校园安全管理走向科学化、规范化、法制化。在教育教学方面：可以按照《教育法》《义务教育法》《教师法》等相关法律，要求教师按质按量完成教学任务，规范自身言行，树立师德典范。在学生管理方面：可以按照《未成年人保护法》《预防未成年人犯罪法》《学生伤害事故处理办法》《中小学幼儿园安全管理办法》《中小学公共安全教育指导纲要》等相关法律，去保障学生的合法权益。在服务保障方面：可以按照《食品卫生法》《学校卫生工作条例》《学校体育工作条例》《学校消防安全管理规定》等相关法律法规，去保障生活服务质量，给师生安全健康的生活保障。学校只有根据相关法律法规，做到制度健全、设施安全、管理到位、教育经常、救助及时，才能最大限度地避免安全事故发生，降低事故损害程度。

2. 制定安全管理政策

学校应该制定明确的安全管理政策，并确保所有教职工和学生都了解和遵守这些政策。以下是一些可以考虑的政策内容。（1）明确学校的安全责任，包括学校管理层、教师、学生和家长的责任。第一，安全标准和指引，制定一套详细的安全标准和指引，涵盖课堂、实验室、操场、食堂等各个场所的安全要求。第二，安全培训和教育，规定所有教职工必须参加安全培训和教育，提高他们的安全意识和应对能力。第三，事故报告和处理，规定所有事故必须及时报告，并制定相应的处理流程和措施。第四，家长参与，鼓励家长积极参与学校安全管理，提供反馈和建议。（2）建立安全委员会。学校可以成立一个安全委员会，由教职工、学生和家长组成，定期讨论和解决安全问题。以下是委员会的职责和工作内容。制订安全管理计划，安全委员会负责制定学校的安全管理计划，并定期评估和更新计划。安全巡查和检查，委员会成员定期进行校园巡查和安全设施检查，确保校园的安全和卫生。安全培训和教育，委员会组织安全培训和教育活动，提高师生的安全意识和应对能力。安全事件处理，委员会负责处理校园的安全事件，制定相应的处理措施和预防措施。家校合作，委员会与家长组织合作，共同关注学生的安全问题，并提供相关的建议和支持。

3. 专项安全治理策略

（1）中小学校园交通安全治理

中小学交通安全问题是一个需要重视的问题。通过加强交通安全教育、建设安全过马路设施、加强交通管理和执法等措施，可以提高小学校园周边的交通安全水平，保障学生的安全出行。第一，提高学生交通安全意识。学校可以开展交通安全教育活动，向学生普及交通规则和安全知识。通过讲解、游戏和模拟演练等方式，提高学生对交通安全的认识和意识，培养良好的交通行为习惯。第二，加强交通安全宣传教育。学校可以与交通管理部门合作，开展交通安全宣传教育活动。可以邀请交警来校进行交通安全讲座，制作交通安全宣传材料，提醒学生和家长注意交通安全。第三，建设安全过马路设施。学校可以与相关部门协商，争取在校园周边建设安全过马路设施，如斑马线、红绿灯等。在校园周边道路上设置明显的交通标志和标线，引导车辆和行人的通行方向，提醒车辆减速慢行，可以方便学生和家长过马路，减少交通事故的发生。同时也可以为行人创造安全通行环境，加宽人行道，设置人行横道、过街天桥或人行隧道，引导学生安全过马路。第四，加强交通管理和执法：交通管理部门可以加强对小学校园周边交通的管理和执法力度。对学校周边道路进行交通管制，限制机动车辆通行或设置固定时间段限行，减少校园周边交通压力，确保学生的安全。加大对违反交通规则的车辆和行人的处罚力度，净化交通环境，提高交通安全水平。第五，鼓励绿色出行：学校可以鼓励学生和家长选择绿色出行方式，如步行、骑行等。通过减少机动车辆的使用，可以减少交通拥堵和交通事故的风险。

（2）中小学犯罪安全问题治理

第一，加强校园安全管理。学校应加强对校园出入口的监控和管理，确保陌生人无法随意进入校园。同时，学校可以增加安全巡逻人员，加强校园的安全防范措施。第二，实施学生安全教育。学校应加强对学生的安全教育，包括教授学生如何辨别陌生人、如何应对欺凌等知识和技能。通过开展安全教育课程和活动，提高学生的自我保护意识和能力。第三，建立家校合作机制。学校和家长应建立密切的联系和沟通渠道，及时了解学生在校内外的安全情况。家长可以关注学生的日常表现，教育学生提高警惕性，遇到问题及时向学校报告。第四，增强网络安全意识。学校可以开展网络安全教育，教导学生正确使用互联网，并告知学生如何防范网络诈骗和骚扰。家长也应与学生共同学习网络安全知识，引导学生正确使用互联网。第五，加强社会执法力度。公安机关应加大对校园周边的巡逻和治安管控力度，提高犯罪嫌疑人在校园附近活动的风险。同时，对校园内的犯罪行为进行严厉打击，保障学生的安全。

中小学犯罪安全问题需要学校、家长和社会各界共同努力来解决。通过加强校园安全管理、实施学生安全教育、建立家校合作机制、增强网络安全意识和加强社会执法力度等措施，可以提高小学生的安全保障水平。

（3）中小学校园周边安全治理

小学校园周边安全治理可以从以下几个方面进行。第一，设置校园边界标志，在校园周边设置明显的校园边界标志，限制校园周边的出入口，防止外来人员随意进入，确保校园安全。第二，增设栅栏和围墙。在校园周边设置坚固的栅栏和围墙，防止外部人员闯入，确保学生的安全。第三，安装监控设备。在校园周边和关键区域安装监控摄像头，实时监控校园周边的情况，及时发现和处理安全问题。第四，加强照明设施建设。增加校园周边的照明设施，保证夜间校园周边的亮度，减少安全隐患。第五，加强安全警示标识的设置。在校园周边设置安全警示标识，如禁止吸烟、禁止乱丢垃圾、禁止闲杂人员进入等，提醒人们注意校园安全。第六，定期检查。学校应定期对周边建筑物进行安全检查，发现问题及时整改。可以委托专业机构进行建筑物安全评估，制定整改计划。第七，加强沟通与合作。学校应与周边建筑物的业主、管理部门保持密切联系，共同关注学生的安全问题。及时沟通建筑物的安全隐患，争取得到相关方面的支持和合作。第八，安全警示标志。对存在安全隐患的建筑物，可以设置安全警示标志，提醒学生和周边居民注意安全。第九，加强交通管理。学校应与交通管理部门合作，加强周边道路交通安全管理。例如设置交通标志、行人过街设施，引导学生安全通行。第十，增加安全设施投入。学校可以增加安全设施的投入，例如设置防护网、围挡等，确保学生在校园周边的安全。通过以上措施的实施，可以有效减少小学校园周边建筑物安全问题，保障学生的身体健康和安全。同时，学校和家长也应加强安全教育，提高学生的安全意识和自我保护能力。

4. 加强隐患排查

学校作为人员密集的场所，及时排查各种能引发安全事故的隐患，是预防安全事故的积极方式。学校应该安装监控摄像头，学校应在关键区域安装监控摄像头，如入口、教室、操场等以便及时发现和处理安全问题。学校可以设立一个监控控制中心，负责监控摄像头的运行和录像存储。安全巡逻队。学校可以组建安全巡逻队，定期巡视校园，加强对校园安全的监控。学校定期进行隐患自查，对校园周边不安全因素进行梳理，制定出可行的隐患排查工作方案，确定领导小组，明确工作职责。发现隐患后对发现的隐患进行整理汇报，制定相应的整改措施，及时对安全工作中的一项薄弱环节进行整改。整改后，对发现的安全隐患再次进行复查，检查所有隐患是否——整改到位，将不稳定的因素继续完善好。解除隐患，达到有效遏制安全事故的目标。普及安全常识，加强安全演练建立常态化、制度化的隐患排查机制。

5. 建立应急体系

正所谓"百密也有一疏"，校园安全事故的发生往往防不胜防，我们必须"居安思危"，才能做到"有备无患"。如何在事故发生后立即做出正

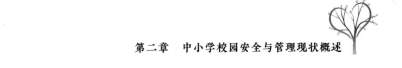

确的处理，最大限度地减少事故损害程度，则需要学校具有完善的安全应急体系。

完善的校园安全应急预案体系一般可以分为四个层次，即综合应急预案、专项应急预案、现场应急预案和临时活动应急预案。综合应急预案是学校应急体系的总规划。专项应急预案是针对特定的安全事故制定的，如：学生走失事故应急预案、食物中毒应急预案、暴力侵入事故应急预案，等等。现场应急预案是针对某些风险较大的活动场所制定的，如：图书馆安全应急预案、实验室安全应急预案，等等。临时活动应急预案是针对学校组织的某项临时活动制定的，如：春（秋）游安全应急预案、运动会安全应急预案，等等。"在制定突发事件应急预案时应当以时效性、可行性、可操作性为基本标准。预案在反复研讨论证后，一经制定，必须要及时组织师生进行预演。通过仿真模拟情境，使师生了解一旦事故真正发生，应该采取哪些措施应对，并在预演中发现遗漏和不足的问题，及时修订预案，使预案更具合理性，在突发事故后发挥积极作用。学校应定期组织火灾逃生演练、地震避险演练等，确保师生们能够在危险情况下正确应对和逃生。以下是一些演练措施：学校应定期组织火灾逃生演练，包括火灾报警、疏散逃生等环节。学校应定期组织地震避险演练，包括躲避、保护头部等应对措施。学校应根据演练情况，及时更新应急预案，提高应对突发事件的能力。

6. 制定责任追究责任制体系

"责任落实到位，避免浮在表层"，这是做好学校安全工作的重要保障。学校应根据实际情况，在全面落实安全工作目标的前提下，细化分解安全工作责任，建立"横向到边，纵向到底"的安全工作责任落实和追究制度，并严格施行，落实到位。首先，事故发生前，执行"安全工作责任制"，层层落实安全工作目标责任制，层层签订安全工作责任状，做到定岗、定责、定人。明确校长为学校的安全工作第一责任人，对学校各项安全工作负总责；分管安全的副校长对学校安全工作负主管责任；安全部门行政对学校安全工作负监管责任；其他中层行政，按照工作分工，对所分管的业务范围内的安全工作负领导责任；各年级主任、办公室负责人及班主任对本年级（室）、本班级的安全工作负直接管理责任；任课教师对所任教（辅导）的课堂内或所组织的教育教学活动中的学生安全工作负直接责任；当天的值周领导负全部责任，值周班级老师对当天值日内的安全工作负直接责任。因疏于职守、未尽到安全职责而引发安全事故的，要承担相应的法律责任。其次，事故发生后，执行"事故责任追究制"，如果没有事故发生后的"事故责任追究制"，那么，事故发生前的"安全工作责任制"就会被架空，所签订的"安全工作责任状"就会成为一纸空谈。因此，学校应根据实际情况，制定相应的"事故追究责任制"，在事故发生后，根据制度进行责任倒查，追究相关领导及工作人员的责任，才能加强全体教职工的安全责任感和紧迫感，最大限度地预防内生型校园安全事故的发生。学校方面，也要严格执行"事故责任追究制"，对事件的原因和责任要一查到底，对因疏于管理、措施落实不到位造成事故的领导和责任人要严肃查处。

7. 建立校园安全教育，加强师生安全意识

学校应开设校园安全教育课程，教育学生如何保护自己，预防事故和伤害。学校应教育学生正确使用过马路、乘坐公交车等交通安全知识。学校应教育学生如何正确使用电器、防止火灾等防火安全知识。学校应教育学生正确饮食习惯、食品卫生知识等食品安全知识，学校应教育学生如何正确使用互联网、防范网络欺凌等网络安全知识。学校应定期组织安全知识培训，提高师生的安全意识和应对能力。学校可以组织安全培训课程，邀请专业人士或相关机构进行安全知识的培训，如消防员、医生、警察等。学校可以组织安全演讲比赛，鼓励学生发表演讲，分享安全知识和经验。学校可以制作安全宣传海报、视频或小册子，将安全知识传达给师生和家长。学校可以定期组织安全应急演练，让师生模拟应对紧急情况，提高应变能力。

8. 加强家校合作

学校和家长之间的紧密合作是保障学生安全的重要环节。学校可以组织家长会和安全讲座，向家长介绍学校的安全管理政策和措施。学校可以邀请

家长参与安全巡逻、安全教育等活动，增加校园的安全监督力量。学校可以编写家庭安全指南，向家长提供家庭安全的建议和指导。学校鼓励家长提供安全反馈和建议，及时解决问题和改进安全管理措施。小学学校方面的安全管理是一个综合性的工作，需要学校、教职工、学生和家长的共同努力，有效提高学校的安全管理水平，保障学生的安全和健康。

第三章　高校校园安全与
管理体系概述

　　高校是国家人才培养的重要基地，大学校园的安全稳定是社会长期发展与稳定的重要组成部分，是大学校园可持续发展的前提和基础，对大学校园自身改革发展意义重大，必须引起足够的重视。在高校这一特殊群体中，校园安全正面临新的问题。受国内外、校内外多种因素的影响，我国大学校园安全风险治理面临一些新形势、新问题、新挑战。近年来，随着网络和信息技术新时代的到来，我国高校不断变革和高等教育发展趋向复杂多变，大学的校园环境发生了翻天覆地的变化，校园的安全问题日益突出。新时期的大学交通事故涉及电信诈骗，网络借贷，实验室安全，精神卫生甚至刑事案件等诸多领域，具有事故因素众多，隐蔽性，潜在性和突发性的特点。从发生原因来看，高校由于校园规模庞大，校内教学、科研、生活服务设施满负荷运转，易产生安全隐患，引发火灾、盗窃等事故的发生。不仅如此，大学校园因其开放性已成为层次复杂的公共场所，人员多，人流大，人员素质不一，法律意识参差不齐，校园安全管理困难。与此同时，大学生作为成年人集中于使用网络，网络虽给学习和生活带来了便利，增强了交流沟通，促进了学习，但同时其不稳定因素也一定程度影响了学生的身心健康，各类电信诈骗、网络暴力、侵犯隐私等事件频发，严重影响了学生正常学习和生活。由此可见，加强大学校园安全管理与治理成为一个重大的现实课题。

第一节 高校校园安全与管理概念和相关内容

一、高校安全与管理相关概念界定

1. 高校安全

高校安全是指高校校园及周边没有危险，或者不存在危险与隐患的状态。从主体的角度，高校安全包括大学生群体安全以及教职工安全，但关键和核心是大学生群体的安全；从内容的角度，高校安全涉及教学、科研与管理的方方面面，小到寝室管理、大到违法犯罪，都属于高校安全的领域；从性质的角度看，高校安全可以分为积极的高校安全和消极的高校安全，等等。

2. 高校安全管理体系

高校安全管理体系在概念上并没有明确的界定，大多将其等同于高校安全管理或者高校安全管理机制。可以将高校安全管理体系界定为以维护校园安全稳定为目标，通过建立安全管理机构，制定安全管理计划，对学校可能的和现实的危险因素进行预防、应对、组织、控制及协调的系统化工程。

二、高校安全管理主要内容

1. 高校安全管理主体

安全管理主体，是高校安全管理体系中最重要的构成要素。它可以是单个安全管理者，也可以是由安全管理群体组成的安全管理机构。高校安全管理主体作为高校安全管理的实施者和参与者，具有社会性、多样性和广泛性等特点，决定着体系各项功能的发挥。为实现协同治理，多元主体要加强合作与沟通，形成分工负责、齐抓共管的局面，真正形成治理合力。

一是高校党委。在我国现行行政管理体系中，党委政府是高等教育活动的组织者和管理者，起着组织领导，统筹协调的重要职责，是高校治理现代化的可靠政治保障。二是高校保卫部门。高校保卫部门是专职进行高校保卫工作的职能部门，是高校行政组织的组成部分之一，在高校党政领导下进行工作，同时接受公安机关的指导与监督，承担着政治稳定、治安防范、交通管理、消防管理、安全教育等基本职能。三是公安机关。公安机关作为社会治安综合治理的核心主体，是维护社会治安秩序稳定的重要力量。大学生作为国家和社会未来发展的基石，也是公安机关保护的重点对象，因此公安机关应着力打击侵害师生权益的违法犯罪，保障师生生命财产安全。四是校属其他单位及师生。校属其他单位及师生既是高校安全管理的对象，同时也是重要的参与主体。面对当前保卫力量紧缺的现状，高校师生在高校安全管理体系运行场域中发挥了重要的基础性作用，日益成为安全管理力量的补充。五是社会力量。除高校自身以外，社会组织、企事业单位等社会力量也可以成为高校安全管理的主体。社会力量参与高校安全管理，是满足高校公共需求多元化的需要，符合公共安全治理的新思路，发挥了化解矛盾、排忧解难的作用，实现了对高校及周边不稳定因素的预防与控制。

2. 安全管理对象

高校安全管理对象也称为高校安全管理工作的客体，主要是指高校安全管理主体直接作用与影响的对象，包括人、物、环境等多个方面，高校安全管理客体有特定的内涵，也有不同的特点。

第一，人。与其他要素相比，人是安全管理体系中最为活跃的要素，是各类不安全行为的实施者。实际上，作为高校安全管理客体的人，不管是保卫部门还是师生员工，其作为主体和客体都是相对的。高校师生对于学校教学设施来说，他们是主体，但他们必须接受高校保卫部门的监督管理，因此他们又是客体。高校保卫部门是管理师生员工的主体，同时又是高校党委领导的客体。在个别情况下，作为客体的高校师生可以参与到高校安全管理中去，促使其更加科学高效，此时高校师生既是主体也是客体。

第二，物。物作为高校安全管理的客体，是指由高校保卫部门予以保护、限制以及取缔的物品，主要包括：一是易成为不法侵害对象，需要予以重点保护的物，如高校科研设备等。二是容易造成高校安全事故的工具，如管制刀具等。三是易诱发违法犯罪行为的物，包括非法录音录像、书籍等。

第三，地。地是指高校安全事故、治安灾害事件频发的区域，具有一定的空间属性与特征，针对稳定程度的不同，可以将地分为一般地区与重点地区，一般地区是指各要素能够稳定运行的区域，重点地区是指需要重点控制的区域，主要包括高校实验室、操场、体育场馆乃至学生宿舍。

第四，事件。在高校安全管理客体体系中，人是"事"的主体、时间和空间是"事"发生的时空、物是"事"发生的载体、信息是"事"的内容。因此，作为高校安全管理客体的事，是指高校内外表现出的与校园治安秩序和治安问题有关的各种事态、事情，具体表现为治安案件、刑事案件、安全事故以及群体性事件，等等。

第五，环境。人与物的运动都是在环境中运行的，环境因素的扰动，往往是产生校园安全事故的诱因。环境作为安全管理体系的构成要素之一，是存在于社会组织内部与外部的影响管理实施和管理效果的各种力量、条件和因素的总和，包括内部环境和外部环境两种，主要指内部环境。针对校园环境的治理，应当根据实际情况，利用科学的手段对可能存在的风险进行分析，从而制定相应的改进方案，防患于未然。

第六，信息。信息是事物运动的状态和方式以及关于事物运动状态和运动方式的反映，具有共享性、存储性、传输性、时效性等特征。作为高校安全管理客体的信息，是指关于高校安全管理工作及其有关事物运动状和方式的反映，既具有信息的一般属性，又具有自己的特殊属性。为了维护稳定的校园秩序，防止危害行为的发生，高校保卫部门应重视对治安信息的收集、处理、分析等，力图做到防患于未然。

3. 安全管理手段

安全管理手段是高校安全管理主体为实现安全管理目的，对客体施加影响的一系列行为、方式、方法、措施的集合，既包括安全防范设施等硬性手段，也包括校园安全文化等软性约束，共同推进校园和谐稳定目标的实现。

第一，安全防范措施。安全防范措施包括人防物防技防以及管理制度等方面，人防是传统的安全防范手段，担负着门卫、巡逻、接警和事故处理等职能，同时还承担着对技防和物防的管理和应用。技防是及时发现、防范犯罪活动的有效措施，也是实体防范与实物防范的延伸和加强，能够增强安全防范的科技含量，延伸高校安全管理的时空范围。物防包括教育教学设施及相配套的安全设施建设，主要作用是通过构建实物防范设施，有效预防重大灾害事故的发生，提高犯罪分子的入侵成本。人防、物防、技防各有所长、各有所短，都是预防违法犯罪所需要的，只有协同起来，相互配合，才能保障校园内部的长治久安。

第二，信息管理系统。信息管理是对师生安全有关的数据和信息进行收集、整理、储存、分析和利用的过程。建立高效、协调和可靠的信息管理系统是构建高校安全管理体系的驱动力和关键环节。具体方式包括：首先，信息的获取是信息管理系统运行的第一步，因此通过各种渠道收集可靠全面的信息是信息系统工作的基础。信息的质量和信息系统的工作质量在很大程度上取决于所收集信息的真实性和完整性。其次，信息管理系统不是数据仓库，还需要对收集的信息进行综合地分析、处理。完善的信息管理系统除了信息收集完整，还应具备深入开展数据分析和研判的功能，能够对高校安全形势进行评价，对校园安全风险进行预警，并进一步分析确定主要风险源和风险危害程度，从而提出化解安全风险的对策和建议。

第三，校园安全文化。校园安全文化是教育文化、教师文化和学生文化相互作用的综合，是开展心理防范的重要手段。塑造良好的校园安全文化，有利于营造"我要安全"的文化氛围，奠定平安校园建设的软环境。从文化的结构层次来看，校园安全文化可分为精神、制度和物质三个层次，它们是互为表里、不可分割的整体，精神层是制度层和物质层的思想内涵，是校园安全文化的核心和灵魂；制度层制约和规范着物质层和精神层的建设，是校园安全文化的骨架，没有严格的规章制度，安全文化建设就无从谈起；物质层是校园安全文化的外在衍生物，是精神层和制度层的物质载体，体现了校园安全文化的发展程度。

4. 安全管理内容

安全管理内容包括安全政策、安全风险管理、安全保证三个方面，贯穿于体系运行的各个阶段，是体系构建的基础性要素。

（1）安全政策

安全政策作为体系的基本构成要素，是校园安全工作的指导与依据，也是体系功能的集中体现。良好的安全管理政策是保证各要素沿着统一的方向与目标行动的关键。

第一，安全管理目标。美国管理学家彼得·德鲁克在《管理实践》一书中提出了目标管理的概念。对于组织来说，目标是管理活动的出发点，也是管理活动的归宿。因此要实现高校安全管理工作合理与有效，制定目标时应注意以下几个方面：首先，要注意目标的战略性、层次性。既要有宏观的长远目标，又要包含阶段性的目标；其次，各层次安全管理目标要建立在科学分析的基础之上；最后，要将总目标按照组织体系层次和部门逐步下达，逐级展开，直至每一个具体人员，包括部门目标、班级目标、岗位目标等，从而形成一个自上而下的目标体系。

第二，安全管理政策。政策是组织为实现一定的任务而制定的行为准则。在落实安全方针、实现安全目标的过程中，安全政策对制定法规、规章和措施起着指导和规范的作用，法规、规章反过来也对政策起着制约作用。政策应随着形势的变化而随时调整，否则便不能发挥指导作用。因此，科学的、适时的安全政策对于指导和帮助高校开展安全管理工作、制定安全管理计划具有重要的作用。

第三，组织体系。合理设置组织内部的机构并明确管理机构的职责是组织成功运行并实现目标的根本保证。健全的组织体系应具备合理的组织机构以及确定的责任体系。由于组织管理层次受到组织规模和管理幅度的影响，它与组织规模成正比，在规模已定的条件下，与管理幅度成反比。管理层次与管理幅度的反比关系决定了两种基本的管理组织结构形态：扁平结构形态和锥形结构形态。高校安全管理组织结构的设计要尽可能地综合两种基本组

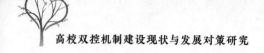

织结构形态的优势，克服它们的局限性。

第四，制度合规性。制度合规性是指高校制定校园安全管理制度，并确保其符合法律法规的要求。制度是高校安全管理的理念以及把这种理念变成现实的各种制度安排和组织结构。按照内容来划分，高校安全管理制度主要包括户籍规章制度、治安规章制度、交通规章制度、消防规章制度等内容。高校安全管理制度是一个动态的概念，以上几个部分只是规范校园安全的普适性制度，随着时代发展，其内涵和外延必将不断丰富和发展。

（2）安全风险管理

风险管理是高校安全管理体系实施和运行的灵魂和核心，是体系最主要的管理手段，其他要素建设与运行的最终价值无不都在论证是否需要开展风险管理。在风险管理的实施方式上，主要包括危险识别、风险评估、风险化解以及持续监控四个步骤。

第一，风险识别。风险识别是对可能影响校园安全的因素进行识别的过程，高校应建立和实施有效的风险识别方案，针对各部门的活动，识别所有对师生安全有影响的危险或隐患。风险识别应从人、物、环境、信息等客体入手，运用各种措施，分析各种可能影响安全的因素，发动各部门随时、随地、随机进行隐患排查和报告。风险识别还应做到考虑全面，以岗位、班组、科室、部门为单位，层层识别存在的危险，并对识别出来的风险分门别类进行动态监控和管理。

第二，风险评估。风险评估是安全管理人员对风险可能影响校园安全的程度进行分析的过程。它要求从风险发生的可能性和严重程度等方面入手，确定风险等级，判断高校的风险承受力，为正确选择风险的处理方法提供依据，同时它也是一种系统地利用信息的方法，通过对信息数据进行收集研判，选择分析模型做出推论。

第三，风险化解。高校保卫部门应监督风险防控方案的落实，通过引进安防设备、教育培训等多种措施消除风险，同时也应考虑残余风险，即方案实施后未处理、未消除或新产生的风险。对于本单位无法化解的风险与矛盾，

应报上一级主管部门，由上级主管部门协调解决。

第四，持续监控。风险化解后，高校保卫部门还应持续监控风险，检查应急预案的落实情况，确保校园没有不可接受的风险。风险监控的方法包括安全信息挖掘、安全形势分析、事件调查、查阅相关记录，等等。

（3）安全保证

安全保证是为保障高校安全管理体系的持续改进，采取有效措施进行监督、检查与总结，以及时发现系统的缺陷与不足，从而实现体系不断完善、持续改进，不断提升到新的水平。

第一，安全教育培训。教育是一种人类道德、科学、技术、知识储备、精神境界的传承和提升行为，能够增加人们的知识和技能，影响人们的思想意识。培训是一种有计划、有目标、有步骤的学习活动，它的目的在于使人们的知识、技能、工作态度、工作方法以及价值观得到改善和提高，从而发挥出最大的潜力，实现组织和个人共同发展。高校应重视开展安全教育培训工作，定期组织和安排高校安全管理人员进行教育和培训，使其具备必要的技能，胜任工作的要求。此外，还应加强经费投入与保障，确保安全教育和培训工作持续进行，做到有计划、有检查、有总结。

第二，安全绩效管理。安全绩效管理是制定安全绩效指标、实施绩效考核，并将绩效融入高校日常管理活动中以激励各部门持续改进并最终实现安全目标的监督方式。高校党委负责安全绩效的考核，会同保卫部门制定安全绩效考核办法。一般情况下，可以采用安全绩效指标来测量，绩效指标应根据实际效果及时进行调整，使其能够最大限度地反映高校安全整体形势。安全绩效考核结束后实施考核的部门应对考核结果进行分析，找出目前存在的主要问题并进一步改进绩效，提高绩效考核的效用与效益。

第三，安全监督检查。监督检查是指高校有关部门和人员依据岗位所赋予的监督职责对校园各单位治理校园安全的情况进行的检查活动。其中，对校园安全管理制度执行情况的检查是监督检查的重要任务。随着高等教育的发展，校园安全管理制度不断得以完善，确保学校安全管理制度和规范的正确执行，成为高校安全管理制度建设的重要内容之一。监督检查一般分为常规性和抽查性两类。常规性监督检查主要是校内各单位，按照有关实验室安全、消防安全和信息安全等要求所开展的例行检查工作，常规性监督检查是实现校园安全稳定的基础。抽查性监督检查一般是校、院二级分管领导针对一个时期内某一项安全管理工作的要求对相关单位与部门进行突击性检查。开展监督检查，应制订安全检查计划，明确安全检查的任务、目的、范围、方式等，采取现场检查、记录检查、录音录像抽查和意见征询等形式，对监督检查中发现的安全隐患、违法违规等问题，检查人员应当要求被检查部门当场予以纠正或者限期改正。

第二节　高校校园安全管理现状分析

一、大学校园安全管理挑战

我国高校正经历深化改革的重要阶段，面临的安全风险种类多，纷繁复杂。传统安全风险并未完全解决，新形势下又出现安全风险，新旧安全风险交织在一起，给大学校园安全风险防治增加了难度。

1. 高校传统安全风险依旧突出

维护师生生命财产安全是高校可持续发展的前提和基础，也能够为"双一流"高校建设保驾护航。作为国家人才培养的重要基地，进入新世纪以来，高校保卫部门不断加大对各类安全事故的预防与处置，完善校园安全管理制度和应急预案，创新校园安全管理方式，有效化解了校园及周边存在的风险隐患，使得校园治安环境得到很大程度的改善，传统的安全方面如消防事故、实验室安全事故、食品安全事故等这类传统安全问题上虽做到日常检，但还是经常有所发生。火灾、交通事故、暴力伤害、诈骗、学生自杀等传统安全问题依然十分突出。

2. 高校新型校园安全问题频发

高校大学生的自我意识比较突出，遇见事情极易冲动，由于同学之间交往不当产生冲突，导致校园暴力事件发生。因为同学之间普通言语冲突、性格不和而引发极端恶性案件，极具危害性，如继云南某大学马某某事件之后发生的上海某大学寝室学生投毒案、2020 年成都某大学毕业女生毕业典礼持刀砍人事件。高校人员密集，学生群体具有特殊性，大多思想较为单纯，较少或者没有社会经历，极易被骗，尤其是到开学季、毕业季，诈骗、传销、盗窃等安全问题不断显现，一些诈骗分子专门在开学季以推销宽带、学习资料等为由，骗取新生的学费、生活费；开学季大部分新生对环境不熟，忙着办理各种手续，安全风险防范意识不足，一些盗窃者趁着人多混乱进入学校盗窃学生财产，比如现金、电脑等；另外由于毕业季大家着急找工作，有些未找到工作的学生病急乱投医，误入传销组织。这样的安全问题每年都有发生，在访谈中，好几位同学都提到自己或同学在开学季被骗过或丢失过东西。这些传统安全问题依旧突出，给高校秩序带来不利影响，影响了高校师生正常的学习和生活。

3. 高校意识形态问题严重

在多元文化背景下，国际交流互动频繁，带来机遇的同时也对我国社会意识形态安全造成了一定冲击。大学生意识形态不稳定，加上国外意识形态冲击，极易使他们对我们国家的文化自信和民族自信产生质疑，对我国主流意识形态安全产生影响，也加大了高校意识形态安全管理的难度。校园内不少宗教组织打着文化交流的名义，对高校师生大肆宣扬唯心主义世界观与方法论；以西方政府为后盾的一些"学术机构""基金会"等，打着学术交流、学术报告、项目资助等旗号，不断加强对我国高校的渗透和影响，严重威胁高校的意识形态安全。例如 2020 年 3 月，中国医科大学公派留学生许可馨多次在社交平台上辱骂同胞，发表关于疫情的不当言论；2020 年 6 月，中国科学院大学硕士生季子越在国外社交平台发表"恨国"言论，造成了恶劣的社会影响，也引发了公众对大学生思想政治素质的担忧与思考。一方面，各国在经济文化交流过程中互相渗透，为了自己国家的利益，不少反华势力扰乱社会秩序，散布传播谣言，试图对我国大学生进行欺骗或者洗脑，另一方面，互联网给高校师生带来便利的同时也带来一些挑战。面对海量的互联网信息，如何进行准确识别值得我们思考，如果不能鉴别有害信息，会损害学校和国家利益。例如 2018 年厦门某大学"洁洁良"精日事件引起轩然大波；2020 年湖北某大学博导多次公开发表不当言论。

4. 高校失泄密事件多发

随着我国国际地位与综合国力的与日俱增，国内外敌对势力加紧了反华活动，为窃取我国的国家机密，利用各种技术手段对国家重要项目与单位开展间谍活动，使得我国的保密工作面临着很大的风险与挑战。作为国家行政事业单位的组成部分，高校承接了许多国家科研项目以及人才培养的任务，每天不仅接收到政府部门的各级机密文件，而且还产出很多机密文件，因此高校是接受、制作、保存国家机密非常集中的单位。高校在进行对外交流的同时，经常会涉及政治、经济、科技等方面的国家机密，由于一些涉密人员的保密意识薄弱，所以敌对势力往往将他们作为窃取我国国家机密的重点对象。如 2018 年 9 月，中央电视台《焦点访谈》专题节目《危情谍影》介绍了国家安全部门破获的台湾"军情局"等情报机构针对大陆学生的策反间谍案，在这些案件中，台湾间谍人员通过色诱、金钱收买等手段向大陆学生刺探高校科研机密，对我国国家安和两岸关系造成重大影响。此外，随着办公自动化程度的提高及电子化设备的普及，大量科研信息和数据资料被存储于电子计算机之中，但由于网络技术发展不够成熟完善，使得这些电子设备易受病毒和黑客攻击，增加了高校机密信息泄露的途径和隐患。

5. 高校网络舆情防控难度加大

互联网时代下，相对宽松的网络环境，个人言论表达更加自由，以互联网为载体的新兴媒体发展起来，成为了高校舆情形成与发展的助推器。据 2020 年第 45 次中国互联网络发展状况统计报告，截至 2020 年 3 月，互联网已达到 64.5%的普及率，我国网民规模达 9.04 亿，其中高校群体占大部分，用户群体巨大。互联网时代下，网络环境相对宽松，个人的舆论表达更加自由，使得以互联网为载体的新兴媒体，特别是微博、微信等自媒体，逐渐成为了高校舆情形成与发展的放大镜，而校园、教室等场所的舆情空间属性相对弱化。高校学生多为社会阅历少，经验不足、分辨能力较为薄弱、价值观还未成熟，容易被舆论误导，甚至盲目跟从。由于自媒体平台的门槛低，有些道德素质淡化的大学生，常借此宣泄个人情绪，逐渐养成了不理性分析和思考、或任意评论、随意转发等不良习惯，成为虚假网络言论的推动者、传播者，成为虚假网络言论的推动者、传播者，经过网络舆情风波事情被越闹越大，形成校园网络舆情，一些针对学校的负面信息扩散到网络中，会对社会大众产生误导，使得对高校的负面影响短期内无法及时消除。如"翟天临学术不端"事件、北大录取通知书"内外有别"事件、"海南某大学禁止外卖入校"事件、"宁波某大学一副教授被曝性骚扰女生"事件、"上海某大学副教授骚扰女学生"事件、"沈阳某大学研究生因奖学金被刺案"等网络舆情事件，均对社会和高校造成了恶劣影响。

6. 高校网络诈骗事件频发

由于互联网信息技术的发展，诈骗的手段也在不断增多，尤其是电信诈骗、网贷，究其原因还是防范意识不足，学生信息泄露，使诈骗分子有机可乘。全国多地警方统计显示，高校电信诈骗事件呈相对高发态势，高校已经电信诈骗受害"重灾区"，刷单诈骗案件发案数量最多，此类案件的高危群体便是大学生群体，高校被电信诈骗的人数多、金额大、危害大，如 2016年大学生徐玉玉学费被电信诈骗后心脏骤停去世事件。2019 年，重庆渝北警方对辖区近三年电信诈骗案进行梳理后发现，此类案件高发于大学生群体，主要是因为社会阅历不高、安全防范意识不足，处置能力相对薄弱。受骗人群中，大部分是大学生，被骗的方式主要以微信、电话为主，如 2018 年杨浦区某高校大三女生王某某被骗事件、2019 年某高校博士生吴某接到自称是天猫客服的陌生电话被骗事件。与此同时，由于对这种网络平台缺乏必要的监管，一些非法网贷平台通过网络联系大学生群体，假借利息低，放贷快等

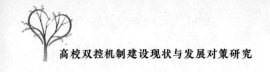

方式诱骗学生进行贷款，导致很多因裸贷被曝光、无法偿还高额利息而自杀的情形发生。

7. 大学生安全管理难度加大

随着高校招生人数不断增加，办学规模不断扩大，与师生利益密切相关的问题也日益增多：一方面，个别管理人员的服务态度差，教师教学水平低，教学条件不能满足需要，一些高校的虚假宣传等，都有可能成为引发高校内部不稳定的重要因素；另一方面，学生个体的差异也给高校安全管理带来挑战。由于大学生心理、生理不成熟，学习、经济和就业压力比较大，导致心理问题增多，如果不能及时疏导，长久以往则有可能酝酿成严重的校园危机。其次，我国高等教育质量和竞争力不断提升，涌现了来华留学的热潮，庞大的规模和复杂的国籍构成亦加大了校园安全管理的难度，由于外国留学生在教育背景、学习经历、民族文化、宗教信仰等方面与国内学生有较大不同，在中国学习生活的过程中，易产生认知偏差、误解，进而与同学产生矛盾，如果不及时调和，可能会引发留学生和本国师生的冲突。再次，少数民族学生招收规模的扩大，由于少数民族学生在文化、语言、习俗、信仰等差异而产生了不同的心理特征，加上就业、学习、情感等因素的影响，若不加以重视和引导便会产生矛盾冲突，引起一些暴力事件，从而破坏民族团结和影响校园安全稳定。

二、高校校园安全管理防治中存在的问题

大学校园安全风险防治总体上取得的成效不错，但在实际治理过程中仍然存在一些问题。高校对自身所处的环境认识不足，在组织结构体系、治理队伍水平、风险预判、风险处置等方面存在问题，难以对安全风险产生的危害进行控制，影响着高校的安全稳定。

1. 组织体系结构不完善

大学校园安全风险治理工作往往涉及的主体比较多，组织结构也较为复杂，在实际治理工作中，存在组织体系结构不完善、协调困难等问题，不能

很好地满足协同治理的现实需要。

（1）组织结构不合理。大学校园安全风险治理组织结构体系不健全，在安全风险治理决策和实施过程中信息沟通不畅，纵向、横向协调困难。虽然很多高校在安全风险治理工作中加强了统筹协调，但还存在一定的问题。比如未形成完善的安全风险治理体系、有关安全风险治理部门的职责分散、各个部门间的统筹协调力度不强、统筹治理机构不健全、治理团队整体水平不高、专业化程度低等问题，不能对大学校园安全稳定进行很好的保障。在我国高校内部，安全管理工作职责比较集中的部门是学校保卫部门、后勤部门、学工部门、宣传部门，它们各自负责分管工作领域内的安全管理工作，对于那些复合性强，跨部门和跨领域的安全风险管理和突发事件处置，缺少一个综合性的专门机构负责，表现出碎片化的特点。在高校发生重大风险或突发事件时，大多数学校的解决办法是，临时组建成一个风险处置小组或是突发事件领导小组，由临时抽调的各相关部门行政管理人员组成，主要工作是对已经发生的、特定的风险进行分析评估与处置，此类小组成员的专业知识不强，安全风险管理知识储备少，开展工作大多是凭借经验，同时流动性强、管理松散，专业化程度远远不够。在风险处置结束任务后，又回到各自的岗位上，没有形成固定的组织机构人员。其他风险一旦发生，这个机构就不能发挥作用了，这样的临时组织机构不利于大学校园安全风险的平时预防与管理。

（2）权责不明晰。按照权力与责任的关系来说，大学校园安全风险治理主体的多元化会带来责任主体的多元化，但高校多部门协同治理过程中产生了"责任边界的模糊性"问题，没有将治理责任落实到部门，落实到个人，导致实际治理中出现权责不明晰的问题。当高校发生的重特大综合性突发事件时，需要不同部门和层级主体协同处置，由于法律法规、规章制度并未对参与主体责任进行明确的界定，在实际处置过程中就会出现多头管理的问题，最终导致一系列问题，如政出多门、相互推诿、效率低下等，最终会影响风险的处置效率，造成了人力物力资源的浪费，不能及时有效地解决高校

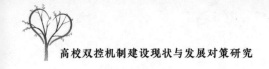

所发生的突发性事件，甚至导致事件扩散，损失增加，危害加剧。

2. 管理队伍水平不高

大学校园安全风险管理队伍存在组织不完善，兼职人员多，人员流动性大等问题。此外，高校不少人员将安全风险管理工作片面视为高校保卫部门的工作，与其他部门、机构的联动性不强，大学校园安全风险管理的整个队伍水平不高。

尽管高校在不断加强安全风险管理队伍建设，但还存在一些问题。主要存在安全管理团队人员数量不足、基层部门一般没有专职安全管理人员，管理队伍的不稳定，不利于学校安全风险与应急治理体系建设。一是从学校层面来说，学校尚未形成负责统一指挥，统一协调的管控队伍；即便成立了相关组织，组成人员专业知识不丰富，大多是从不同部门抽调组成，专业知识方面素养参差不齐；校级有关安全管理部门大多是临时组成的队伍，人员流动性强，各自权责也不清晰。因此，大学校园安全风险管理的队伍建设有待加强。二是从学院层面来说，学院属于二级部门，各自负责本学院的安全风险管理工作，其主要工作由老师与辅导员承担，老师主要负责课堂安全，辅导员任务相对更重一些，负责学生安全和学院整体安全保障。学生数量多，老师和辅导员的管理幅度大，导致管理工作不到位；老师有自己的教学任务，辅导员有自己的行政工作，学生人数多，老师和辅导员人数少，人手短缺，管理跨度大，管理工作存在一定的难度，很难形成良性管理模式。在大学校园安全风险治理的过程中，由于高校辅导员的流动性大，学院层面的管理队伍人员不够，管理幅度大，加上职责划分不明确，尚未形成学院层面的管理队伍，加大了学院安全风险的治理难度。三是从学生层面来说，高校没有重视学生群体在大学校园安全风险管理中的作用。在安全风险治理过程中，把管理工作主要视为学校、学院的工作，在学生群体中有关的宣传教育少，没有形成自觉加入到安全风险管理工作的意识，学生自主安全风险管理团队较少，学生群体组织参与度不够。

高校保卫部门作为大学校园安全管理主体的重要组成部分，在大学校园安全风险治理体系运行中发挥着重要的作用。在对保卫处人员进行深入访谈后发现，安保人员的素质总体水平有待提高，人员的流动性很大，不符合大学校园安全风险治理的现实需要。第一，高校安保队伍编制设置不科学，专职保卫人员占比较小，工作方式也停留在传统层面，比如站岗、巡逻等方面，难以应对现阶段严峻复杂的大学校园安全问题；第二，高校保卫队伍建设力度不够，在专业素养和专业知识技能方面都还存在缺失，很难形成一支专业化的队伍；第三，保卫队伍中文化水平总体偏低，拥有本科学历的保安人员所占的比例很小，在安保队伍中严重缺乏高层次人才，队伍整体素质不高。

3. 安全风险识别能力不强

大学校园安全管理人员数量储备不足，人员专业性不强，缺乏先进的设施设备，导致风险治理存在一定问题；另外，大部分的安全风险具有隐蔽性的特征。因此，如何有效地识别安全风险显得尤为重要，需要更新风险识别方法，提高风险识别能力，发现潜在风险。

近年来，受到国内国际复杂形势、高校内部管理体制改革、西方思潮入侵等一系列因素的影响，大学校园安全事件发生的诱因增加，更加多元化。高校新旧安全风险问题交织，内外因素产生叠加影响。一方面，存在治安、盗窃、火灾等传统安全问题；另一方面，随着国内外形势日益复杂，意识形态、网络舆论、电信诈骗等影响安全稳定的问题时有发生，高校面临的局面复杂，必须加以把控，维护大学校园安全稳定。例如意识形态安全风险，国外反华势力、间谍分子利用涉世未深的大学生做出危害国家安全的事情，窃取论文和机密资料，侵犯我国利益，影响国家安全稳定。

高校的安全风险在不断增加，识别难度也在提升。在社会生活中，有多重客观风险的存在，高校的安全风险有其自身的特殊性，要根据高校自身的特点进行风险识别。要对大学校园安全风险加以防范，要提高对"黑天鹅"事件、"灰犀牛"事件的识别能力。如信息安全风险、师生关系风险、学术不端风险、大学生心理健康风险等，这些安全风险与时代发展息息相关，一旦发生对高校的声誉和社会的冲击影响甚大。只有对大学校园安全风险的特

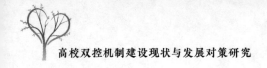

点进行系统全面的把握，对风险进行准确识别，才能更好地对大学校园安全风险进行防范及处置。

4. 应急预案不完善

高校应急预案的编制存在一定的问题，应急预案编制形式化严重。近年来，高校根据教育主管部门提出的要求，编制相关的应急预案，由各个职能部门抽调相关人员进行编制，接着汇编整理，最后上报给教育主管部门。实际而言，预案的编制具有很强的被动性和随意性，高校各个部门之间是缺乏详细的沟通，在职能划分、权责划分、应急管理机构的设置上存在很多不足。另外，应急预案制定后，长期束之高阁，未做修订处理，对预案也未做后期的完善，更多是流于形式。应急预案的更新调整缓慢，如应急管理工作的人事变更，由于应急领导小组成员工作变动，已离开学校，但应急预案未得到更新调整。应急预案难以指导实践，并未根据发展的实际情况进行相应的更新调整，导致高校各部门之间统筹协调力度不强，对接缺乏有效性，发生推诿扯皮现象。应急管理不到位，增加沟通方面的成本，信息传递滞后，导致高校管理层对突发事件不能及时做出正确判断，应急救援滞后，增加应急工作处置难度。

应急预案可操作性差。不少高校应急预案并未根据自身实际情况制定。此外，在应急预案制定后，并未进行实践，没有开展必要的演练活动，很多部门对自身的职责和处理流程并不清楚。高校师生群体对应急预案了解程度不高。在高校范围内，相关的安全管理部门很少组织开展应急管理相关的宣讲，也很少开展应急管理实际演练，比如举办火灾、水灾、地震等突发性事件的应急演练活动，这就造成了应急预案制定后鲜有人了解，未解决实际问题。应急预案的实用性不强，在高校突发事件发生时很难起到指导作用。在近年来高校发生的舆情事件中，出现这样的情况，学校某一问题在网络上已经发酵好几天，学校有关部门却不清楚事件缘由或不了解事件发展态势。在舆情发生后，学校相关主体主动公布事故信息的意识薄弱，也没有组织相关管理部门或者公关团队发声，应对舆情的能力薄弱。舆情不及时处理往往造成重大社会影响，事后处理给学校形象带来严重损害。

5. 信息共享程度不高

信息是系统运转的驱动力，在安全风险防治中发挥着重要作用，是安全风险治理的前提。在实际安全风险治理工作中，信息化建设不完善，导致有效的信息共享程度不高。

一方面，信息共享性不强。从纵向看高校一般设有校级、处级和科级三个层级机构，从横向看设置若干个职能部门。高校内发生的突发事件，大部分需要涉及多个部门，部门协同是必须存在的。大部分学校的各个部门都已建立信息数据系统，但是标准和程序缺乏统一，各个系统之间相互独立运行，很难实现部门之间的互联互通，导致信息共享困难。高校各类安全相关的数据分离，分别由不同的部门管理，这样一来在信息收集与整合上就会遇到无权指挥和调动其他部门和院系数据的情况。因此，信息在传递与沟通上呈现出封闭状态，"信息孤岛"现象严重。在访谈中，某大学学生处长说："有时学校的工作部门和院系会做一些重复性的工作，学校的信息管理系统一体化程度是不太高的，每个部门都强调自身工作的特殊性和保密性，导致信息沟通不畅。举一个例子，开学季，学校学位办对学生的基本信息已经统计录入系统，但是这些信息不能共享，学生工作处还要再进行录入，结果就是做了很多重复性的工作。"

另一方面，高校与社会的信息管理平台缺乏对接互联。我国在大学校园安全风险协同治理模式上，高校没有与政府、非政府组织、社会媒体等主体形成有效的多元主体联动治理机制，存在各参与主体信息沟通不足、信息不能及时共享，各主体参与意识不强等问题。在信息技术快速发展的今天，高校和社会各个主体都有自己的信息系统，但是没有健全的信息共享平台，各个信息管理系统建立都是以主体自身业务为基础的，不同主体之间对数据使用的理解存在偏差，缺少统一的平台管理规范，信息利用度低，导致信息资源浪费。突发性事件具有突发性、信息分散等特点，不能及时准确地传递信

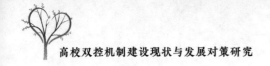

息，给信息化建设增加了难度。

三、高校校园安全管理存在问题的原因分析

在大学校园安全管理与风险防治中，存在组织体系结构不完善、管理队伍水平不高、安全风险识别能力不足、信息共享困难等问题，主要从规章制度、评估机制、应急协同机制等方面分析原因。

1. 大学校园安全风险管理规章制度不完善

高校教育已经呈现出信息化和个性化趋势，不断出现新情况、新问题，传统的管理制度不再适应现实需要，使得大学校园安全更加脆弱。实际上，高校更加注重教学与科研，对其他有些方面重视不足，这就导致大学校园安全风险治理存在一定的问题。不少高校在发展过程中，没有形成完善的安全风险管理规章制度。有些高校建立起了安全风险管理制度，但也存在一些问题，比如制定的制度不符合自身实际。在制度制定过程中，依照国家或者地方部分涉及风险管理的内容而制定，没有与自身的实际情况相结合，制定出的大学校园安全风险管理制度不符合校情，有的高校就只是为了完善学校相关制度体系而制定，形同虚设，对于实际工作并没有指导意义。因此，只有完善大学校园安全风险管理制度，才能及时有效地应对各种安全风险。

大学校园安全风险管理配套制度不完善。教育部出台了一系列文件，如《关于加强高校实验室安全工作的意见》《普通高等学校学生安全教育及管理暂行规定》等，各高校虽然依据这些规章制度开展学校安全管理工作，但是在实际工作中，大学校园安全风险管理配套制度尚未完善，大学校园安全风险治理细则不健全，各职能部门与各基层单位各自形成的相关文件，系统性和统一性严重不足。各部门有自身相对应的安全风险管理制度，主要是围绕各自工作内容和性质开展工作，导致在安全风险治理工作中容易各行其是，各个部门间协同性不强，在处理大学校园安全问题时不规范、不到位。因此，及时制定和完善有各个高校特色的安全风险管理配套制度，这对于安全风险防治意义重大。

2. 大学校园安全风险评估机制不完善

风险评估工作是风险治理的前提，也是风险治理的核心。这是从广义上的风险评估进行分析的，是将风险识别、风险处置囊括在内的。风险评估是风险治理一个重要的环节，可以量化的考核标准对风险评估极其重要，风险评估往往需要对风险量化考核标准进行科学合理的设置，要将定性分析与定量分析方法相结合，才能解决实际问题，满足风险评估工作需要。事实上，大部分大学校园安全风险评估的量化考核标准缺乏科学合理性，在安全风险治理工作具体开展的过程中，采用的标准不合格，往往只是选用定性分析方式，仅仅凭借主观经验或既有案例进行评估，出现的结果有一定误差，这可能导致评估结果存在主观性、缺乏科学合理性。这种情况是普遍存在的，大多数高校在安全风险治理中还没有建立完善评估方法，收集信息、传递信息、学生表达诉求的途径没有进行完善，评估工作很难展开，不能进行科学的风险评估工作。高校还需要健全信息网络体系，不断更新充实数据库，开通更多信息搜集渠道，采用合理方式进行风险评估，得出有效结论，从而促进风险治理的高效运行。另外，有些学校在理论层面构建了风险评估制度，但是在实践中没有加以落实，加上可供借鉴的经验也较少，风险评估其实处于搁置状态。在实际安全风险治理过程中，高校需要构建具有科学性、全面性的综合安全风险治理体系，必须要完善风险评估，为评估选择合理指标，采用科学的模型严谨方式，对指标加以确定，选取核心指标，然后采用量化标准进行考核，进一步提高风险治理的科学化水平。

3. 高校应急协同机制不健全

高校应急协同机制主要表现在两个方面，一是学校与社会主体的协同，二是学校内部的协同。高校与社会协同方面，协同机制不健全。高校应急管理仍然存在单一主体的问题，学校与其他主体的沟通缺乏有效性，如与政府部门、社会媒体、公众等联系不强，没有形成有效的应急联动机制。主要表现在：一是各参与主体信息共享不足，各主体自觉参与管理的意识不强，各主体沟通存在信息壁垒；二是没有健全应急管理信息的共享平台，高校和社会建立有各自独立的信息系统，存在突发性事件信息分散的问题，导致决策不

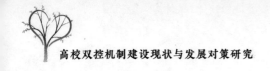

及时，影响处置效果；三是没有建成综合统一的调度平台。高校的应急资金主要投入在预防阶段所需的设施设备上，一般只具备处置轻微事故的能力，如重特大突发事件只能依靠当地政府临时调度。实际上，各地应急物资、设备共享平台尚未建立，高校部门与社会协调存在问题。

高校内部应急协同方面。高校是高度行政化的事业单位，一般在纵向上设置校级、处级与科级三个层级机构；在横向上设置若干个职能部门。往往校内发生的突发事件涉及多个部门，需要协同，然而高校应急协同不能与应急管理工作的需要相适应。一是各组织机构间平时协同不足。高校应急指挥机构成立于事发后，在事件发生后发挥作用，但要注意的是作为大学校园安全风险治理工作的一部分，应该重在平时，将预防和应急相结合，需要组织校内各部门开展平时预防与演练活动。二是应急预案的协同功能不强。应急预案主要是指导事后工作，是处置突发性事件的依据方案，高校按照教育主管部门要求相应编制出应急预案，这样的预案存在很强的被动性，学校各个部门间沟通不足，在进行职责划分上存在不足。而且应急预案制定后，长期没有进行修订完善，应急预案更新调整不及时、人员流动更新不及时，如由于工作调动，应急领导小组成员已离开，但应急预案仍未调整更新。应急预案由于实际操作性不强，难以满足实践需要，各部门间也缺乏统筹安全和有效对接，权责规定不明晰导致出现推诿扯皮现象。三是应急力量分散，应急联动性不强。近年来，高校招生扩大，扩大校区，导致出现多个校区并存的现状，管理幅度不断扩大，但是管理人员不够，导致应急管理存在问题，很难开展应急协同工作。

第三节　高校安全管理体系建设现状与对策

一、高校安全管理体系建设现状

随着"平安校园"建设标准的不断深化，高校安全管理体系建设也因地

制宜，有的放矢，取得了显著的成效，一定程度上实现了"平安校园"建设的目标，有力地维护了校园的和谐稳定，增强了师生的安全感与满意度。

1. 安全管理理念不断更新

校园安全关系着每一个家庭的幸福与和谐，也对国家安全与社会稳定产生重要影响，构建安全和谐的校园环境，是学校的重要职责。随着高等教育的发展，高校安全管理工作大致经历了新中国成立初期、"文革"以及改革开放等时期，在每一个阶段高校大致都能根据校内外安全形势以及党和国家的需要，及时更新安全管理理念，以指导新时期的安全管理工作，使高校能够在保持教育竞争力快速提升的同时，不断提高师生安全感。总体来说，我国高校安全管理工作已经从最初被动的事后管理，逐步转变为主动预防的风险管理、系统管理、协同治理，努力实现全校师生由"要我安全"到"我要安全"的转变。

2. 安全教育水平有所提高

安全教育作为"平安校园"建设工作的重点，是校园安全文化建设的重要途径。由于安全教育具有成本低、形式灵活、参与度高、效果突出等优势，因此受到不少高校的重视，部分高校将安全宣传教育列入教学计划，并增加了应急避险、紧急救助等操作与实践环节的比重。此外，由于高校历来重视安全教育工作，尤其是思想政治教育工作，因此思想政治教育在提高师生安全文化素养、增强安全意识等方面日益发挥着关键作用。

3. 校园安全文化稳步发展

校园安全文化是师生主体对安全健康的意识、观念、态度、素养和能力等的综合，其对师生安全素质的提升具有重要意义。校园安全文化作为校园文化的重要组成部分，其形成和发展离不开校园文化长期历史的积淀，也是随着校园安全管理各项工作的开展而不断深化和丰富的过程。以北京大学为例，从 19 世纪建校初，经过百余年风雨的洗礼和发展，积淀出了具有悠久历史底蕴的北大校园文化。伴随着校园治安保卫工作机构的建立到后勤安全保障、校园文化建设、安全宣传教育等各项工作的逐步开展，北京大学经历了校园安全管理的初创建设阶段、综合治理阶段和安全保障阶段三个发展阶段，学校安全文化建设不断发展，对文化内涵的理解也更加深入。因此校园安全管理的发展历程也就是校园安全文化建设工作逐步积累的过程，积极向上的校园安全文化自然而然地在其间悄然形成。

4. 防范措施逐渐完善

技防、物防、人防有机结合，是提高学校治安防范能力的重要手段，是校园综合防控体系的重要组成部分。传统校园安全管理侧重于发挥人防、物防的作用，以此来预防重大灾害事故的发生，提高犯罪分子的入侵成本。随着技术进步，高校保卫部门不断加强对科学技术的应用，通过建立视频监控、门禁管理等技防系统来开展治安防范工作，大幅提高高校安全管理的效率和效益。与此同时，高校更加重视发挥心防的作用，通过安全宣传教育，建设安全文化，更好地释放"软环境"的约束作用，逐渐形成了集"人防、物防、技防、心防"为一体的校园治安防控体系，提高了风险防控的效率与水平。

二、高校安全管理体系存在的问题

1. 组织体系结构不畅

高校安全管理体系即是按照科层制的原则来组织和运作的，在提高自身管理效率的同时，其内在弊端也自然嵌入了体系的具体运作过程之中，造成组织体系结构不顺、协调困难等困境，不能很好地满足协同治理的现实需要。首先，组织结构不合理。由于高校保卫部门的弱势地位，在决策过程中也存在着信息沟通不畅，横向协调相对薄弱的问题。其次，责任划分不明确。当前高校多部门合作治理的模式打破了原有的单一责任主体状态，也产生了"责任边界的模糊性"问题，出现权力冲突与问责困境，甚至导致治理失灵。

2. 队伍建设水平滞后

高校保卫部门作为高校安全管理主体的重要组成部分，在高校安全管理体系运行场域中起着非常重要的作用。尽管当前高校安全管理队伍建设比较完备，但与现实需要之间还存在一定的差距。首先，高校专职保卫人员数量不足。随着高校校区扩大，师生人数增多，给高校舆情管理、后勤服务等工作带来极大的压力，也提出了更高的要求，但由于编制设置不科学，高校专职保卫人员占比较小，工作方式也停留在传统的巡逻，站岗等方面，难以应对现阶段严峻复杂的高校安全问题。其次，高校保卫队伍建设力度不够。大多数高校的保卫队伍是由保卫干部、校卫队、保安人员三部分组成的，由于不是科班出身，缺少相应的经验和学习经历，也缺乏专业知识和技能。再次，保卫队伍中拥有本科学历的保安人员占比很小，文化水平低，高层次人才比较缺乏，使得队伍整体素质不高。此外，由于保卫岗位待遇低，工作环境差，导致保卫人员流失较严重，影响了保卫队伍的稳定性和专业化发展。最后，教育培训制度不完善。由于高校保卫队伍大都是半路出家，文化素质参差不齐，也没接受过专业训练，因而加强教育培训对提升整个队伍素质是十分必要的。然而，教育培训工作还存在缺乏针对性与计划性、重理论轻实践的问题，培训流于形式，效果欠佳，很大程度阻碍了高校保卫队伍在安全管理体系运行场域中的功能发挥。

3. 信息沟通效率低下

在人类历史发展的长河中，信息活动迄今为止从未间断过，始终在发挥着至关重要的作用。信息作为驱动整个系统运转的动力，是风险管理的前提，发挥着关键作用。然而在实务工作中，安全管理信息化建设不够深入，缺乏有效的信息共享。主要表现在：一是信息协同性不强。德国科学家哈肯提出了"协同信息"的原理，并认为协同信息在系统发展变化中发挥着重要作用，高校作为一个系统集合，因此协同信息在高校安全管理体系中同样会产生重要影响。当前大部分学校及部门都建立了本单位的信息数据系统，但这些系统缺乏统一的标准与程序，相互独立运行，因此无法实现互联互通与信息共享。例如学校教学、管理、服务、科研等相关的数据都是分别由不同的部门进行管理，由于高校保卫部门与其他二级学院同属一个行政级别，在信息收集与整合上保卫部门无权指挥和调动其他部门和院系，因此信息在传递与沟通上呈现出封闭状态，"信息孤岛"现象严重。二是缺少统一的信息管理平台。各系统在建立之初是以各部门的业务为基础独立构建的，不同部门之间对数据定义、数据来源、数据用途及其相互关系的理解存在偏差，缺少统一信息管理平台来规范和协调数据的收集、分类和分析。即使有校级的信息管理系统，其对数据利用也只停留在手动保存和简单统计层面，信息利用程度比较低，缺乏对信息和数据科学客观地分析、统计与处理，这既是对信息资源的浪费，也不能起到应有的矛盾纠纷预防与舆情分析作用，给高校安全管理信息化建设带来了困难。

4. 考评激励效果薄弱

评价，即价值判断，通过考核的方式对评价对象某方面进行价值判断，以鉴定其所取得的成绩，并据此划分等次或予以奖惩，进而激励评价对象不断进步。尽管当前人们不再关注对评价对象的评等定级，但其中固有的无形激励却依然存在。实际上，考评已经成为控制的一种有效手段，也是管理的一种有效方法。正因为如此，考评在许多领域已广泛应用，在高校安全管理体系建设中引入考评机制，则是体系迈向规范化、科学化的关键。然而在实际工作中，不少人对考评公正性持怀疑态度，反映出考评机制存在的一些现实问题。首先，在绩效指标设置上还不够科学。以北京市教工委出台的《首都高校"平安校园"创建基本标准》为例，在 8 个一级指标以及 24 个二级指标中，笔者发现这些绩效指标大多属于客观性的测评要素，缺少主观性测评要素；且考评重结果、轻过程，以是否发生高校安全事件作为评断标准，片面注重对结果的考量，忽视了对过程有效性的考察。其次，考核评价主体比较单一。多元化的考评主体能够保证评价的准确性与合理性，但在实际的评价主体构成上，各级政府综治委、安全稳定工作领导小组几乎是唯一的评价主体，缺少高校与政府以外其他组织和个人的参与，使得考核评价的公正性和科学性有待加强。最后，考核评价的流程与方法不够规范。虽然在实践中已存在"平安校园"考核评价的大致步骤和流程，但由于缺少相应的法律法规进行规范，其在考核组织、步骤、方式、手段等方面基本上是无章可循。就已出台的相关政策来看，对考核评价的规定也只是原则性的要求，内容过于简单，不够细化，使得最终的评价结果容易出现主观性强、随意性大等问题。

5. 应急处置工作乏力

高校突发事件是指在高校内突然发生，对学校教学、工作、学习和生活秩序造成一定影响和冲击的事件。妥善处理高校突发事件，提高应急处置能力，是平安校园建设的重点工作，是保障师生生命财产安全的长久之计。但实践中，高校应急处置能力还有待提升，具体表现在：首先，应急预案可操作性差，大多数高校和校属单位没有根据自身实际情况制定针对性的应急预案，大都大同小异。而且，由于缺乏必要的演练，很多部门并不清楚自己的职责和处置流程，对于师生群体而言则更加陌生，造成应急预案制定完成后被束之高阁的现象。其次，在传统观念的影响下，一些学校领导出于维护自身发展考虑，主动公布事故信息的意识薄弱，偶尔会出现"报喜不报忧"的情况。有些部门甚至会进行刻意地隐瞒与封锁，对师生和群众的质疑采取回避的态度，使得校园网络舆情频发；同时，一些高校领导与管理人员对于舆情的研判和预警意识薄弱，往往造成重大社会影响后，才匆忙采取一些补救措施，给学校形象带来了不可挽回的伤害。最后，从师生的角度看，高校师生作为高校突发事件的直接利益相关者，如果学校不与他们沟通，不让他们了解事件的真实情况，那么他们就会不理性地看待事件本身，增加对学校的不信任感，甚至会引起新一轮的校园安全危机，使高校突发事件更难解决。

6. 科技支撑保障不足

科技水平是国家综合实力与科研能力的集中体现，对于高校来说，科技的应用可以为体系建设提供有力支撑。此外，科学技术的本质就是创新，通过建立技防体系，可以实现管理方式的创新发展。但由于高校安防工程建设起步较晚，投入不足，科技含量也不高，使得技防体系对系统运转的支撑力度还很薄弱，与平安校建设的目标要求仍有差距，主要体现在：首先，安防设施比较落后。作为体系的一部分，科学技术与资源配置等要素存在密不可分的关系，二者是相互依存、相互促进的。由于资金投入力度不足，大部分高校依然采用传统的模拟监控系统，这些监控设备传输速度慢、可靠性低、通用性差、扩容升级困难、维护复杂，更无法进行人脸识别与智能分析，使得数据处理工作变得极其耗时。在高校安全形势整体严峻复杂的情况下，这些传统的监控设备已经难以满足校园安全管理与预防预警的现实需要。除了硬件设施，在软件平台的开发方面，囿于高校对信息化建设的重视程度不够、对大数据的重要性认识不足，导致信息管理平台的建设工作相对滞后，信息管理系统相互独立，无法实现对信息资源的有效整合与利用，制约了风险管理工作的有效开展。其次，安防工程规划不到位。随着平安校园建设的稳步推进，高校在技消防工程建设方面取得了明显的成效，也建立了比较完善的安全防范系统，但受制于资金限制，大多数高校在建设方式上，一般会采取分步实施的方式。由于没有充分考虑当前以及未来安防建设的需要，存在对安防系统的设备安装缺少统一规划与合理论证，安防项目盲目上马，缺少前期调研等突出问题，加上有些安防设备标准、协议、归口不一，导致系统之间独立运行，资源整合不畅，无法集成到整体系统当中。既不能实现人、财、物的统一指挥调度，也增加了安防工程的运行成本。

三、完善高校安全管理体系的路径选择

高校安全管理体系建设，无论在理论层面还是实践层面，都取得了显著的成果，对于巩固校园长治久安的局面发挥了积极作用。但为解决体系存在的问题，实现高校安全管理体系转型升级，需要进一步优化与完善。

1. 打造高校安全治理共同体

在治理理论分析框架下，多元主体合作治理是人类社会治理模式的全新形态，它强调治理的系统性、整体性、协同性。高校安全管理体系注重多元主体的协同与合作，因此与创新社会治理的思想观点有所契合。打造高校安全治理共同体，是维护高校安全稳定的重要路径，也是创新社会治理的需要。

（1）培育多元主体，促进合作治理

在当代中国，建立社会治理共同体是经济、政治、社会和文化深刻变迁

的产物，它打破了政府对社会管理的垄断，标志着我国社会治理模式逐渐由单一治理模式向政府、公民、社会等主体参与的多元治理模式转变，进一步创新了社会治理机制。基于"社会治理"理论，多部门合作机制也逐步成为政府与高校在解决校园安全问题时所考虑的一种策略，为学校安全风险防控提供了一种新的思路。因此高校应积极培育多元化的参与主体，确保真正实现协同治理。

首先，保证市场化主体介入顺畅。公共治理理论认为，政府和社会治理都存在局限性，无法实现资源配置的帕累托最优，因此需要新的市场主体参与协同治理，使得市场、政府、社会"各尽其能，良性互动"。引入市场化主体参与高校安全管理，不仅可以提高人财物等资源的配置效率，而且还可以在治安产品的提供上引入竞争机制，满足不同群体的治安需求，充分体现出高校服务师生的理念转变。市场化的保安服务企业既是新型的服务企业，又是民间治安防范组织，是维护社会治安的一支重要力量。因此，保安服务企业要坚持市场导向，以"社会效益第一，经济效益第二"为经营原则，提供多样化的保安服务，在高校安全管理体系运行场域中发挥好自己的价值与作用。

其次，充分发挥学生自治组织的作用。学生自治组织是高校学生为了实现自我管理、自我教育、自我服务而成立的行政性管理组织，既包括学生会，也包括其他自治团体。为克服当前高校师生参与意识不强，共治氛围不浓的困境，有必要充分发挥学生自治组织的作用。一是发挥学生干部的主导作用，积极带头做表率，提高学生们的责任意识与参与热情。二是要注重发挥学生党员的先锋模范作用，发挥朋辈教育优势，通过搭建学业指导助理平台、学生党员网格化制度、学生党员责任区、离退休支部和学生支部共建等学生党员平台，促进党员密切联系和服务广大师生，通过党员骨干"以点带面"做好高校学生的安全教育工作。如对外经贸大学根据师生的实际需求，搭建党员维稳平台，划分党员学生责任区。

最后，加强与政府职能部门的合作。为实现"平安校园"的建设目标，高校应加强与公安、消防、城管、工商等单位的联动协调，定期开展校园治安综合治理。联席会议制度作为综合治理的主要形式，包括以下内容：第一，建立联席会议办公室。联席会议办公室主任可以由正副校党委兼任，副主任由保卫处处长兼任，负责主持联席会议的召开和维持会议秩序。第二，确定联席会议会商的事项范围，主要包括上季度各单位在联合治理中取得的成果和不足；介绍其他地区校园安全管理的经典案例；分享具体工作开展过程中总结的成功经验；安排下季度开展联合整治的重点工作等。第三，联席会议由办公室主任负责主持召开，也可委托副主任主持召开。通常每季度举行一次例行会议，根据实际工作情况，也可举行临时会议，等等。

（2）完善机构设置，加强组织保障

管理学家巴纳德认为，组织是有意识地协调两个或两个以上的人的活动或力量的协作系统，由于人类生理的、心理的、物质的、社会的限制，为了实现共同的目标，就必须合作，形成组织。在组织机构设置上，建立专门的领导机构是保证各部门协同联动的关键。针对组织机构不稳定、工作内容不够系统、多头管理等突出问题，笔者根据与对外经贸大学保卫处的访谈，认为应在原有的校园治安综治委员会的基础上，成立高校安全工作委员会（以下简称"安委会"），全面治理各类校园安全问题。"安委会"以"教育为主，打防并举，标本兼治，重在治本"为工作方针，下设两类机构：一是设工作小组，由安全保卫、维稳、应急、综合管理及意识形态等相关职能机构组成，作为委员会下设办事和执行机构，对委员会负责，受委员会监督；二是设办公室，挂靠在高校保卫处，作为信息枢纽和一般性事务的协调机构，办公室负责人由保卫处处长兼任，组织部、宣传部等部门负责人为办公室主要成员，整合卫生、心理、网络等方面专业人员提供技术指导和支持；三是各学院建立院级安全工作领导小组，由学院书记任组长，副书记或副院长任副组长，各系和有关科室负责人为成员。各学院办公室为该院领导小组的办事机构，负责管理日常工作，同时定期对不稳定因素进行分析与上报，保证上传下达，信息畅通。该组织机构具有以下特点：一是全覆盖。全面覆盖意识形态、治安管理、突发事件、信息安全等各方面的工作内容。二是信息灵。上级机构部署的工作任务、各类安全事故信息均第一时间汇总到办公室，并传递到相关领导和机构。三是责任明确。理顺了各部门的工作职责，完善了统一领导、分工负责的责任体系。四是效率高。在信息畅通的基础上，校园安全事故根据实际情况可分为三级预警模式分类处理，红色预警由安委会主任召集成员立即处理；橙色预警由相关二级机构处理的同时，安委会成员随时予以关注、指导；黄色预警由二级机构独立处理并即时上报后续处置情况。

（3）理顺组织结构，明确管理责任扁平化

组织结构的形成是实现协同治理的必要条件，高校安全管理体系涉及多方面的内容，针对组织结构复杂、多部门协调困难、效率不高等问题，高校应积极推动体系内组织结构的重组与再造，实现基于帕累托改进的组织优化，以克服组织结构性障碍，形成协同共治的治理格局。具体方式包括：

第一，高校安全工作委员会作为指挥中心和工作枢纽，负责全面统筹学校安全管理工作。作为高校安全管理组织体系的核心，对内通过协调二级学院、学生工作处、保卫处等部门间的关系，打破各部门各自为政的体制机制壁垒，引导各部门朝着共同的目标联合行动，提高应急反应效率；对外负责与政府、教育部门、社会组织、公众以及新闻媒体加强信息沟通与交流。

第二，二级学院、学生工作处、保卫部门等部门负责正确执行与落实学校制定的各项规章制度。二级学院、学生工作处、保卫部门等部门在高校安全管理组织结构中，具有相应的法律地位和权力，也需要承担与其权力相对等的职责。不仅要通过制定工作方案、实施计划等把学校安全管理制度付诸执行，同时要负责收集各类风险信息，及时进行汇总分析与反映报告，还要加强宣传教育，引导教师、学生、学生自治组织等主体积极参与进来。

第三，教师、辅导员，学生会等其他组织和人员作为组织中最活跃的管理主体，他们的参与水平决定着高校安全管理水平，与学生群体的联系最为密切，承担着教育、管理、服务学生成长成才的职责，往往能够及时发现学校存在的治安隐患，觉察到危害师生安全的各类风险，在高校安全管理体系运行场域中发挥着重要的基础性作用。四是通过层层签订安全管理工作责任书，明确划分各部门职责与权限，减少权责交叉与多头管理，实现组织结构的规范与协调。

2. 健全高校安全管理体系运行机制

运行机制是指在高校安全管理体系构建过程中，各主体相互耦合、共同协调，以使系统达到最优状态，它是高校安全管理体系得以协调、有序、高效运行的基础。实践证明，建立健全运行机制，是提升高校安全管理体系整体效能的前提与保障。

（1）信息共享机制

信息共享是协同治理的前提，只有保障各主体获取充分的信息，才能理性、有效的参与到治理过程。针对当前信息管理不统一、协同性不强的困境，高校必须进一步完善信息共享机制，拓宽各部门信息沟通交流的渠道。具体包括以下内容：一是加强信息管理。高校信息管理平台的建立是推动安全管理信息化建设的有效手段，借助于大数据、云计算、物联网技术的支持，该平台是顺应高校安全管理体系运行场域所需的集信息共享、宣传教育、服务师生、研判预警等功能为一体的综合信息应用平台。鉴于高校各部门都建有自己的数据信息系统，因此在具体构建方式上，首先应以现有的信息管理系统为基础，由校党委牵头，将保卫部、教务、科研、学生、网络中心等单位掌握的信息系统集成到同一平台上，并根据这些数据信息的特征进行统一管理和应用，实现对信息资源的动态控制；其次是注重新技术的引进，选择专业处理软件，有针对性地对采集到的信息资源进行选择和处理，通过对信息数据的深入挖掘，实现对校内人、地、物、事、组织等重点防控对象和防控队伍、预案、措施的信息化管理，不断提高安全管理信息化水平。二是运用双向信息沟通方式。协调沟通是跨部门活动中各部门协调合作的基础，而良好的沟通方式不仅有利于各部门打破隔阂，而且还是优化组织结构的前提与保障。我们应该基于高校安全管理实践，倡导采用"双向沟通"方式。双向沟通强调信息沟通是一个双向的互动过程，包括传递与反馈两个基本阶段组成。一方面，通过信息传递能够推动信息自由流通，提高信息利用效率，实现信息资源的沟通共享；另一方面，"双向沟通"还具有反馈的功能，通过对风险信息进行研判分析并采取措施予以解决，同时将处理意见反馈给系统的各环节，实现信息在主客体之间畅通互动，有效解决信息断层的问题。

（2）联防联动机制

《关于深化学校治安综合治理工作的意见》强调要进一步深化学校治安综合治理工作，健全综合治理责任制。当前多元主体协同治理意识比较薄弱，彼此之间缺少合作与配合，各自为政现象比较突出。为了使多元主体真正形成合力，打造协同共治的工作格局，就应通过整合各方力量，构建系统性的联防联动机制。

首先是高校内部主体间的联防联动，主要包括高校保卫部门与师生及校属其他部门的联动。一方面，高校安全管理不仅仅是保卫部门一家的职责，其他单位也应承担重要责任，因此各单位要与保卫部门在网络安全、师生心理疏导、后勤服务等方面加强支持与配合；而保卫部门也要加强对各单位内保工作的指导与检查，督促各单位配齐安全防范设施，落实安全管理责任。另一方面，高校师生作为校园安全的利益相关者，各部门也要注重引导师生员工积极参与，通过挖掘高校内丰富的人力资源，确保高校师生参与到安全管理的各个阶段，培养良好的校园环境与共治氛围。

其次，高校与外部管理主体的联防联动。维护高校安全不仅是学校的职责，更是政府与社会的责任，从根本上解决校园安全危机的途径在于全社会的共同关注与努力。因此，高校应加强与属地公安机关的治安联动，以获取公安机关的大力支持。一方面，公安机关要加强对高校安全管理工作的指导与监督，对侵犯师生合法权益的犯罪行为加大侦查和打击力度；另一方面，高校要经常性地向公安机关反映校园治安动态与工作中存在的问题，以积极争取支持与帮助。与此同时，也要加强与城管、工商、教育、卫生等职能机构的联防联动。在开展联席会议的基础上，围绕会议中总结的治理难题，通过定期对学校周边的娱乐服务场所进行清理整顿，确保校园周边治安环境稳

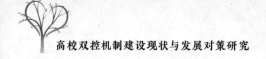

定和谐。

（3）考核评价机制

建立什么样的考核评价机制，对于安全工作的开展具有明显的导向性功能。对高校来说，来自主管部门的考核评价有利于安全管理工作有思想、有目标，从而有利于形成安全稳定工作长效机制。针对当前高校考评机制存在的指标设置不科学、评价主体不合理的问题，高校应根据组织目标，建立健全考核评价机制，努力增强安全管理工作的客观性与有效性。

首先，完善考核评价指标体系。绩效指标作为考核工作质量的重要标尺，在具体设置上，应建立综合性的考核评价指标，创设适合于高校实际情况的考评内容，把考核指标细化，使得责任更明确，每个人都清楚知道自己应该做什么、怎么做；在考核方式上，可以采取定量考核、定性考核、能力考核和实绩考核等多种方式，不仅要追求考评指标的客观性，还要通过民意测验等方式了解师生主体的主观评价，如安全感、满意度等内容。

其次，改进考核评价方式。高校安全管理体系运行效果好不好、校园治安环境有没有改善、师生安全感满意度如何，师生员工感受最真切，评价最真实。因此要以扩大考核公开性与透明度为方向，促进考核评价主体多元化，除了进一步加强自我评价、上级评价、部门评价之外，还应不断引入第三方评价主体，广泛推行实绩公示、公议制度，探索完善民意调查等方式，注重听取师生群体等利益相关者的意见与建议，以客观公正的体现评价结果。

最后，加强考核评价结果运用。依照考评结果对安全管理工作进行经验总结和借鉴，对相关机构与主要责任人进行奖惩，是达到考核评价目的的关键。在实行市场经济的当下，作为职业个体的高校安全管理者也有"经济人"理性追求的一面，将安全稳定工作履职情况纳入年度考核，对考核结果优秀的相关责任人进行奖励，对因不重视安全管理工作而引发事故的责任人员，在评选评优、选拔任用等方面予以一票否决，有利于激发他们的工作积极性，使考评真正成为促进体系健康有序发展的内在驱动力。

3. 提高高校安全管理体系科技水平

科学技术是社会发展的最终决定力量，可以说科技和社会发展到今天，社会中的任何一项生产活动都离不开科技的支撑，它是体系可持续发展的必要条件。对于高校安全管理来说，问题不在于是否需要科技支撑，而是要更好的建立和完善科技支撑体系的内容和运行机制，使之发挥更大的作用。

（1）引进智能化视频监控系统

传统的视频监控系统在精确度、实时性方面存在一些缺陷，与此同时，海量视频的沉淀也给实时监控报警与视频数据的有效使用带来挑战。智能视频监控系统以嵌入式技术为依托，由智能分析技术与视频监控相结合而产生，通过对视频序列进行实时自动分析，实现对目标的定位、识别和跟踪，有效提高监控效率。完整的智能视频监控系统主要由图像采集、视频图像处理、数据通信、决策报警以及传感器控制与服务系统等部分组成。图像采集模块通过摄像机等前端设备采集监控区域的光学图像，经转换输出数字视频图像，为视频图像处理提供数据。视频图像处理模块通过数字图像处理技术对视频图像进行分析、处理，以实现对目标轨迹监测与识别；传感器控制与服务系统通过对云台或摄像机进行反馈控制来实现目标的自动跟踪及行为分析，由决策报警模块根据视频图像处理的结果和预定的报警规则，完成启动报警的判断与决策，在报警的同时对监控图像进行存储。由此可见，智能视频监控系统具有以下功能：一是可以利用该系统对前端监控点传送的视频进行智能分析，并在此基础上开展其他相关工作。例如对校园出入口的监控点传来的车辆视频进行分析以实现车牌捕捉；对高校各个出入口人脸识别和比对以实现人员标签化管理；二是实现无人值守。通过嵌入在前端摄像机和云中心的智能视频模块对所监控的画面进行不间断分析，实现全天候防控，以达到替代人工监控目的，提高了防控效率。三是实现事前预警。通过高效的智能分析规则与算法，实现对重点目标的智能监控，一旦目标物体触发预设规则即可联动报警，这种方式使得事前预警真正得以实现，有效降低了校园安全事故的发生率。四是高效的智能检索取代人工检索。传统的检索方式主要是依靠人工视频回放的方式，对于上百小时视频图像而言，是非常繁琐和复杂的。智能检索则可以根据目标特征对监控视频进行快速检索和筛查，从而大幅提高检索效率。因此，高校应加快建立安防设施投入保障机制，通过采用市场化手段，吸引安防企业为高校量身打造符合当前以及未来长远规划的智能视频监控系统，为体系发展注入不竭动力。

（2）提升大数据技术应用水平

大数据是指无法在一定时间范围内用常规软件工具进行捕捉、管理和处理的数据集合。在顶层设计上，大数据平台的设立可以有效地提高校园安全管理水平。如美国联邦政府设立的"统计中心"，在大数据技术的支持下，数据的收集、储存、分析都较先前更为简单有效，而强大的数学分析模型更能够在一定程度上预测风险的发生范围和概率，有效提高校园安全风险的防控效率。2015 年，国务院颁布《促进大数据发展行动纲要》，意味着大数据发展正式成为国家战略，高校的各项工作也基本形成了由大数据来支撑运作的基础。大数据驱动下的高校安全管理体系，具有以下优势：

一方面，有利于校园舆情的监测和引导。利用大数据技术对学校的校园网站、微信、微博、学生 QQ 群等平台所产生的海量数据信息进行收集、整理、分析、挖掘，可以掌握这些数据背后所隐藏的舆情价值，了解学生的思想动态、兴趣爱好以及个性需求，乃至情绪波动变化等情况。一旦出现网络舆情苗头，可以及时进行思想引导与干预，从而增强思想政治工作的针对性与有效性，提高高校的舆情分析与风险防控能力。

另一方面，为高校预防预警奠定技术基础。借助于大数据技术，可以克服信息分散度高、获取性差的缺陷，实现对学生基本情况、消费记录、门禁出入等数据的大量采集，并对采集到的信息数据进行深度筛选与分析，充分挖掘数据之间的关联性，使杂乱无序的信息数据通过技术分析后得以量化，反映出学生们的安全指数。例如通过校园网站与社交软件产生的数据信息来了解学生的心理状况、价值取向以及行为轨迹，及时研判分析异常情形，预防化解矛盾冲突，从而提高安全管理的实效性与前瞻性。因此，面对大数据技术广阔的应用前景，高校要积极转变管理理念，提高对大数据技术的重视，通过引进新技术，升级改造原有的技防体系，更好的为师生安全保驾护航。

（3）推进技防系统集成与联动

21世纪以来，随着大数据技术的深入发展，促进了科技创新，高校技防系统的集约化、智能化已成为未来发展的趋势。针对高校安防工程缺少前期调研与总体规划，资源整合不畅等问题，高校应树立向科技要战斗力的理念，制定科学合理的安防工程发展规划。在学校总值班室、技防中控室的基础上，通过规范标准与接口，将地理信息、电子门禁、视频监控等系统以耦合方式集成于统一的综合管理平台，实现各系统的资源共享与信息互通。同时保证集成后各子系统均独立运行，特别是当集成设备或平台出现故障时，各子系统均能独立正常工作，不影响其他系统的运行。例如对外经贸大学的平安校园管理服务中心，就是以技防中控室和校园"110"系统为基础建设而成的，具有消防报警、视频监控等多项功能。当学校发生火灾时，该平台自动将电子地图定位到该区域，弹出多分屏显示该区域的监控图像，显示疏散路线以及门窗开关情况。保卫人员可直观进行确认，如果发生火灾，则立即启动火警疏散师生群众，联动消防系统进行灭火等。此外，由于高校安全管理信息化建设还没有被纳入公安机关情报信息工作的发展轨道，因此与外部主体的集成联动也是必要的。如高校购置的监控平台、监测网络以及数据库等，应当允许其接入公安机关数据平台，实现资源整合与功能优化。公安机关通过管理与调取辖区内各高校的视频监控系统，可以全面了解高校的治安状况；还可以对学校的云台、室外球机等户外设备进行控制，有效掌握校园警情的发展态势，及时调度相关责任人员跟进处置。因此，提高科学技术的应用水平，必将进一步实现平安校园建设的目标。

4. 加强高校安全管理体系队伍建设

高校安全管理体系的主体构成具有多元化的特征，不仅包括保卫部门，还包括师生主体、社会组织等力量。加强队伍建设，仍是未来一段时间内提高校园安全管理效率的有效举措。

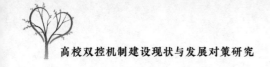

（1）拓宽培养渠道

人才在经济社会中发挥着重要的引领与推动作用，是推动历史进步的重要力量。针对高校保卫队伍专业性人才结构性短缺的问题，应当从相关的机制、政策上寻求保障与支持，以增加安全管理人员数量，提高队伍素质以及稳定性。

首先，要发挥高校自身在专业人才培养方面的主渠道作用。一是搭建依托高等院校培养人才的平台。利用高等院校师资力量、学科专业、教学组织、场地设施等优势，与保安服务企业共建培养基地，通过在职培训、继续教育培训等方式，努力拓宽队伍教育培训渠道。二是委托开展短期培训。委托警察学院等高等院校开展针对保卫干部、业务骨干的业务培训班，定期更新专业知识，进而提高队伍整体素质以及运用新技术、新方法的能力。

其次，要积极利用社会力量培训安全管理人员。高校要积极为社会力量依法有序开展安全培训搭建平台，支持改造、建设人员培训基地与设施，构建多元化、开放式的教育培训体系。高校保卫部门要加强与保安公司、保安协会的联系沟通，定期开展合作培训人员联席会议，健全完善人员培养机制。学校也应结合实际，联合周边高校，研究大学生安全教育实训基地建设的可行性，推进校际间安全教育资源共享，不断巩固和提升校园安全教育整体成效。

（2）注重教育培训

随着高等教育事业的发展，各层次教育培训制度已初步建立，为高校保卫部门输送了大量专业人才，但保卫队伍技能水平与安全意识还有待提高，教育培训制度与发展需求之间的矛盾依然突出。因此要主动迎合实际需求，以提高保安员的专业能力为目标，加强队伍教育培训。

首先，完善教育培训标准，确保教育培训质量。由于长期以来，针对保安服务人员的教育培训缺少统一权威的标准，造成培训针对性不强，与实际工作脱节，培训效果欠佳等问题。2019 年《国家职业技能标准》为保安员培训提供了一个统一的标准与规范，因此培训单位要严格遵照规章标准与培训大纲，严格训练标准，严格考核工作，确保培训质量，建立和完善长效培训机制，加强教育培训的研究，以提高培训内容与实际需求之间的关联性。一方面，要以需求为导向，根据各部门工作特点，设计有针对性的培训课程，提高培训的针对性与时效性；另一方面，及时掌握国内外先进的培训方法与理论，加强理论学习、能力培养和工作考核，不断提高队伍素质与能力。

其次，培训对象要覆盖全面，讲求方法。教育培训作为提高人的安全意识与安全素质，防止不安全行为产生，减少人为失误的重要途径，应该根据当前的校园治安环境，针对不同的对象、不同的情况采取不同的方法，因材施教，这样才能取得良好的培训效果。一是站在总体国家安全观视角下，将大安全教育纳入学校教学管理体系，对学生进行安全培训和必要的应急演练，不断增强安全教育的实效性和实操性，努力做到学生安全教育的全员覆盖。二要加大对教师队伍和领导干部的安全培训，引导教师既关注教学科研，又关注安全，发挥教师在高校安全稳定工作中的主导、示范作用。只有分出层次、用对方法，才能达到预期的教育培训目标。

（3）完善准入标准

校园管理工作的实践表明，安全管理是高校管理的重要一环，队伍建设则是高校安全管理的重中之重。针对高校保卫队伍整体素质不高的现状，一方面要通过改善行业待遇提高对优秀人才的吸引力；另一方面，要通过提高准入标准来保障新入职保卫人员拥有较高的能力与素质。

首先，严格招聘标准，改革聘用制度。由于当前保卫人员存在数量少，队伍不稳定、待遇差等问题，因此在聘用标准与制度上也显著低于同层次其他岗位。笔者认为，高校应树立"不拘一格降人才"的理念，制定全面配套的聘用制度，科学合理地设置聘用标准和人员编制，保障保卫人员的合法权益，在待遇和分配上做到公平公正，通过市场化手段，吸引更多专业的优秀人才补充进来，以不断优化保卫队伍的年龄结构与学历层次。

其次，有计划地加强对聘用人员的培训。由于保卫队伍的不稳定，流失率高，因此无论是高校，还是保安服务公司，都不愿意在保安员培训上投入太多人力、物力和财力，培训有名无实现象普遍存在，反过来又造成了队伍素质持续低下的恶性循环。因此针对当前培训的乱象，高校要转变理念，高度重视，通过建立实用的培训体系，深入介入培训的各个环节，以保证培训的专业性和有效性，为体系建设做好充足的人才准备。

5. 完善高校突发事件应急管理机制

突发事件应急管理机制是高校建立的一整套应对突发事件的预防、准备、应急、恢复的机制以及运行体系的总和。实践证明，完善应急管理机制，可以有效提升高校的应急处置能力，妥善处理各类校园风险与危机，确保校园和谐稳定。

（1）加强预案制定与演练

应急预案又称应急计划，是为应对突发事件而预先制定的行动方案、行动指南、行动向导。它是在辨识和评估潜在重大危险、事故类型、发生的可能性、事故后果及严重程度的基础上，对应急机构职责、人员构成等方面预先做出的具体安排。现阶段，应急预案已经成为应急管理体系中得到普遍运用的政策工具，完善应急预案，是应急管理工作的核心内容。

首先，校园应急预案要以国家法律为依据，结合高校自身实际情况进行编制，明确规定信息披露、应急决策、处置协调、善后处理等环节与内容，并定期修订完善，不能一成不变。其次，要针对各类突发情况，建立详细具体的、具有操作性的专项预案。如保卫部门针对具体情况要制定预防、处置突发体性事件预案、各类大型联欢等活动的安保应急预案等。最后，开展突发事件应急演练或者推演，特别是消防逃生，火灾疏散撤离、医疗自救急救等方面的应急演练，使得高校各部门以及师生员工，能够真正了解在突发事件发生时，自己的职责和处理流程以及应该注意的事项，通过演练或者推演，不断完善应急预案，提升应急处置能力。

（2）做好善后处理工作

突发事件应急处置结束后的恢复重建，主要是指秩序恢复和心理恢复两个方面。而做好善后处理与恢复重建工作，不但可以消除突发事件产生的根源，还可以增强师生群体和社会公众对高校的信心，保证学校重树良好形象。首先，在秩序恢复方面。一是要尽快修复因校园突发事件被损坏的教学设施和生活设施，恢复正常的教学、生活秩序；二是尽快清除因校园突发事件残留的隐患，消除师生的心理顾虑，例如，发生传染病事件后，应对校内所有场所进行消毒处理；三是加强说服教育，尽量减少突发事件对师生情绪造成的负面影响。其次，在心理恢复方面。一是要积极引导师生正确认识突发事件的真相，及时公布学校开展隐患排查的情况，并重点说明学校整改隐患的进展情况，教育师生提高突发事件应对能力，增强师生应对突发事件的心理承受能力；二是要成立心理疏导小组，做好事件波及人的相关工作，除当事人外，也要高度关注相关人群的心理动态，对因突发公共事件而产生较大心理问题的师生及时给予心理疏导。

（3）重视舆情干预引导

做好突发事件舆情的监控、研判和干预，是高校舆情管理工作的重要环节。建立畅通的信息发布机制，做好突发事件信息发布工作，有利于引导舆论，将有可能酿成重大舆情危机的不稳定苗头化解在萌芽状态。因此高校党委宣传部门作为统一的官方部门，要及时发布相关信息，确保信息的权威性、真实性和一致性。具体方式上，要综合利用传统媒体和新媒体。一是要通过新媒体发布权威信息，采取短、平、快的方式，迅速组织好网上新闻报道，利用互联网平台，及时向公众公布事件真相以及采取的措施，表明官方的立场和态度，让正面声音主导网络舆论。二是要积极利用传统媒体发布信息，通过举行新闻发布会等方式，第一时间客观公正地发布全面、详细的信息，利用传统媒体权威性、真实性强和覆盖面广的优势，使得事实真相得到最广泛的传播，牢牢把握舆论主动权。

第四章 校园安全双重预防风险分级管控系统概述

第一节 校园安全风险的含义及现状

一、校园安全风险的含义

1. 安全

安全，指没有危险的状态。主要包括三类，首先，物的伤害程度能让人承受的状态；其次，人在生活和生产中，不会受到破坏与损毁，并且免受危险的状况；最后，人在活动过程中不会受到人体危害或财产损失的情况。从这三种比较具有代表性的关于安全的概念中可以看出，较为典型的关于安全的定义大都以人的生产生活和财产安全为中心。但是随着经济社会的高速发展和人类文明技术水平的提高，人类对心理和精神上的安全更加重视。

2. 风险

风险是指在一个特殊的情景下，出现某种情况并造成某种特定损失的可能性。《现代汉语词典》将风险解释为有可能会发生的危险。德国的杰出社会学家乌尔里希·贝克，通过对风险进行全面细致的研究后，他指出现代化风险也有时代特性，区别于早期风险，是在风险社会中解决现代化所带来的不安全感和风险问题的系统方法，现代化带来的后果也是未知的，而风险则是指在某种特殊的情景中，理论预测结果与现实结果之间会产生相应的偏离，而风险的程度则由现实结果和风险之间偏离的程度反映，它是不确定性的，无法被完全预测的。

3. 安全与风险的关系

安全与风险既是对立又是整合的，两者之间可以转换。在安全环境中，危险的产生是新的安全状况的必然结果。在安全状态下，潜在的风险集中于具体的目标和要素，从而构成了一个潜在的风险来源。如不能及时清除或对其进行有效的治理，就有可能演变为一种真实的风险事故。风险若不能得到及时有效的处理，就可能引发更多和更为严重的风险。一旦风险得到遏制，负面效应便会逐渐消失，回归到"安全"的境地。可见，在安全管理活动中，风险是重要的环节，安全治理是以防范、减少和消除风险、降低突发事故和风险的概率为基础的。从安全风险的角度来看，校园安全风险是一种较为广泛的安全隐患。当前，学界对安全风险的界定主要是指事故的发生概率、某种危险因素和可能导致的结果。针对民办高校存在的"风险因素"，学者们普遍认为学校存在着某些潜在风险，即在"未接触到'危险'之前造成人身伤害或疾病"的情况，这种认识存在着一定的偏颇和局限，无法适应新时期民办高等学校的"安全风险"。

4. 校园安全风险

风险是客观存在的，目前风险通过多种方式"渗透"校园，导致学校安全事故频发。校园安全风险按照传统的风险定义，从发生区域上进行了区分，可以指教师和学生校园内和校园外日常生活和学习中受到的人身、健康、财产或自然灾害等时间的可能性，优点类似于工厂风险、商场风险等。按照风险的类别，校园安全风险是错综复杂的，主要包括突发事件的风险、处置不当的风险、媒体公关的风险、内部管理的风险和基础设施的隐患等五类比较严重的风险。因学生是校园的重要主体，校园安全重点阐述的也是学生在校园内外的安全，因此本研究中将校园安全风险划定为影响学生校园安全面临的一切内在和外在可能性因素。面对校园安全风险，需要通过构建起全方位、多元化和综合性的实施战略体系，科学开展校园危机管理，减少危险的发生。发现校园安全风险具有以下特征：

（1）突发性。校园安全事故往往是突然发生的，一旦发生，就会对校园产生强烈的冲击和破坏，如果高校安全管理人员不能及时采取有效的措施应对风险，将会带来更为严重的后果。这一特性就要求高校安全管理人员提前做好应急预案，以便在风险来临时第一时间采取措施，将损失降到最低。

（2）威胁性。校园安全风险不仅会威胁到校园内个体的人身和财产安全，还会威胁到校园安全稳定，进而影响到正常的校园秩序。

（3）不确定性。由于校园安全管理人员只能预估风险发生的概率和可能造成的影响，是无法准确获取到关于校园安全风险的全部信息的，所以校园安全风险往往是不确定的，未知的。

（4）隐蔽性。校园安全风险分为已经发现的风险和未知的风险，未知的风险就是指那些潜藏在师生生活学习环境中的，尚未爆发的风险，是校园威胁性最大的安全隐患。所以就要求高校安全管理人员能够采取相关的措施有效识别风险，及时消除风险或者提前做好应急预案，以备不时之需。

（5）公共性。高校是社会组成成分中的一个重要分支，高校校园安全风险事故不仅仅会对学校造成影响，还会引发社会舆论，对社会公共安全产生影响。

二、校园安全风险的现状及问题

随着社会外部环境和校园内部环境的风险状况的变化，学生自身生理、心理等发展变化，影响校园安全的风险多，影响大，各类事故发生率高，校园安全风险呈现出日益复杂化的显著发展趋势。

1. 校园安全风险因素多，事故成因复杂

威胁学校安全风险的因素逐渐增多，传统因素如自然灾害、公共卫生、食品安全等风险之外，还增加了各种非传统因素如校车、校园欺凌、校园及周边环境、学生溺水等风险也在增多。很多校园事故的发生都是因为这些风险的存在而导致。据统计在我国各类的中小学校园安全事故中，溺水、交通、踩踏、一氧化碳中毒、意外事故等事故灾难占比达到59%；斗殴、校园伤害、自杀等社会安全事故占比达到31%；地震、暴雨、洪水、塌方等自然灾害占

比为 10%。在这些事故中溺水占比为 31.25%，主要集中于中小学生。第二多的则为交通事故占比为 19.64%，不仅如此，学生食物中毒的事故有所增多，占到年度各类学校突发的公共卫生事故的 31%。除此之外，在一些校园中因不完备的学习设施和危险建筑发生了倒塌，火灾等意外性事件。在中小学中因楼道、通道、台阶、校门等处发生的人多拥堵、挤压造成的突发性事件。在高校同学关系不好，饮水投毒，或因男女关系打架等偶发性事件。近几年随着人口流动性等的加剧，部分地区社会治安状况严峻，校园频发恶意伤害案件，例如一歹徒身藏刀具混入某中学，趁该校师生正在做操时，突然抽出砍刀对在场师生狂砍乱刺，由于情况紧急，在场师生猝不及防，导致多名师生严重受伤，造成了极其恶劣社会影响。以上这些都说明，社会矛盾引发的冲突扩大了校园风险的类别和致害后果，引起了更多的偶然性、突发性、意外性安全事故甚至发生恶意伤害案件，使得校园安全事故发生原因变得复杂，已不仅仅是单一因素而已。

2. 校园安全风险意识淡薄，安全预防不足

据统计，在各类安全责任事故中，有 45% 的事故是因为学生安全意识的淡薄而发生，有 18% 的事故是因为学校管理存在问题而发生，有 27% 的事故是由于社会交通、治安等原因而发生。因此，学生安全意识的淡薄和自我保护能力的不足是校园安全事故发生的重要原因。不仅如此，由于学校缺乏对学生进行保险和风险预防等知识的专业系统的培训，因此学生甚至老师的保险和风险预防意识都比较淡薄，缺乏风险管理意识，也缺乏保险意识，因此面对客观存在的风险缺乏应对能力。有学者提出，政府应该健全法律法规，应根据我国实际国情和社会环境，因地制宜，建立适合我国长效发展的校园安全法，同时加大部门协作和安全教育投资等，并且学校、家庭和社会应该共同努力开展安全教育工作，加强多边联动，采用更多实践性的途径比如演练、宣传、服务、观摩等，进行安全教育培训，增强学生，家长，学校的安全风险意识。

校园风险变得日益复杂，种种校园安全事故的发生也说明了校园安全风险的预防不足，无论是学校管理者，还是学生本身，还是家长与社会，预防风险发生前的意识比较淡薄。在一些学校中有的热衷于学校办学规模的盲目扩大和招生人数的迅速增长，特别是教学工作中偏重学生的智育工作和升学率的提升，以致忽视学校安全工作，面对安全风险没有提前做好预案，校园安全采取的防范措施不力，校园安全制度纯属虚设，对学校的安全保卫工作也缺乏有效的监督保障措施，使得一些本来可以避免的校园伤害案件也不断发生。再比如，有的学校对于风险防范工作不够重视，从而造成一定的安全隐患，像学校建筑物、教学设施等保养维修不及时，发生一些意外事故造成学生受伤。在很多学校确实有安全管理制度，但是执行不到位，制度落实缺乏责任心，因此难以为学生的安全提供足够的保障。对于学校学生人身伤害事故多发的体育课，采取的安全措施往往不到位，学生进行体育活动时，由于运动导致身体受到伤害可能是无法避免的，但是由于场地问题、体育器械问题、体育老师疏于指导和保护等导致学生受伤的事故。不仅如此，很多学校的教学设施缺乏正常修缮，有些教学楼，娱乐设施，运动器材，实验器材宿舍电源，高校中的充电桩等都得不到及时地修补和更换，导致设施存在着不同程度的安全隐患。尤其是农村地区的学校或者私立的一些学校，教室甚至是危房，学生们正在上课时竟会发生天花板突然脱落或者墙壁突然倒塌等的事故，导致多名学生被砸伤。这些管理不足，安保不到位的做法，都在无形中增加了校园安全事故发生的概率，给学生的身心健康带来严重威胁。在安全预防管理方面，很多学校存在着在重大活动举办中缺乏有效管理。在学生上学、放学途中，上课、下课时，参加聚餐、集会，或参加学校统一组织的课外文体娱乐活动等情况下，由于处于人员较为密集，如果学校老师组织教育或者管理不到位，可能会发生相互推搡、拥挤、嬉闹追逐等情况，导致人身伤害事故的发生。这不仅仅是风险意识不足的表现，更是风险管理缺失的呈现。因此，校园安全管理中增强学校的保卫工作，不断在学习和生活中进行安全教育和传播，建立学校安全治理的长效机制、建立多元主体共同参与的协同治理体系、完善校内安全治理机制。

3. 校园安全应急措施不足，风险转移不充分

在众多校园安全预防中，很多校园对于应急处理中都存在应急措施不到位，处理结果差异大等情况。安全事故发生后，缺乏有效的学校应急预案，或者应急预案形同虚设，对于突发事件的处理、人伤的救治等方面采取的措施不当或者不及时，导致事态的扩大或损伤的加重。学校甚至为了创收而忽视应急管理工作。比如，尽管《义务教育法》明确规定了学校不可以擅自出租学校的宿舍、场地等，但部分学校仍然出租学校部分区域用于创收，增大了学校的应急管理难度，给学校风险管理带来更高的要求。学校事故处理的关系复杂，难度较大，而且各地区或学校具体操作标准又不一致。目前虽然有《学生伤害事故处理办法》（教育部第 12 号部长令）、《中小学幼儿园安全管理办法》（教育部第 23 号部长令）两部部门规章明确规定了学校伤害事故的具体处理办法，但是由于学校伤害事故涉及的关系复杂，一般牵涉到学生本人、学生的监护人及其亲属或者社会关系，学校领导层，相关老师或者学生等，还涉及教育主管部门、公安部门、检察院、法院等多方处理机构，因此关系复杂，涉及多方利益。还有一些学校法制观念淡薄，对法律知识的理解、掌握和运用不够。或者顾及名誉或者社会影响等，对于采取法律手段解决争议等采取回避的态度，往往使得事故的处理陷于被动，常常采取息事宁人的态度解决问题，导致事故的责任承担等方面不够客观、公正。学校在处理学生伤害事故时，尤其是较严重的人伤事故时难度很大，经常采取协商解决的方式进行，一般都是凭各个地区或者学校的过往处理经验等来协商赔偿额度等，导致各个地区或者学校的赔偿标准差异性大，具体赔偿标准难以统一。

利用保险手段转移风险可以补偿学校和学生因发生安全事故所带来的损失，有助于短时间内化解矛盾，维持良好的校园教学秩序。随着国家和社会的不断发展，法律环境趋于健全，公民的维权意识不断提高，对于包括着校园安全事故等造成人身伤害事故的赔偿要求和赔偿标准不断提升。意味着相应的保险需求呈不断扩大趋势。其中，校园风险的种类复杂化，致害后果

呈上升趋势，对校园保险的需求也是不断扩大的，但从校园保险发展情况来看，仍处于有效需求不足的状况。当然，对于校园保险供给而言，仍存在着产品较单一、服务还不到位等一些问题，还难以真正完全满足校园保险需求。很多学生家长，甚至学校对保险的作用认识不够，难以意识到校园保险的重要意义，对于应该如何购买保险，应该购买的险种等不够专业，不会主动利用保险手段来防范风险，来保障自身或者学校的利益。往往在学校统一购买时，学生主动性很差，主动购买保险的意识不强，购买比例不到 3 成。在一些学校中，也发生了校园保险管理机制不到位情况，经济相对发达，法制相对健全的地区校园保险发展较快，经济发展落后，教育水平发展落后的地区校园保险的发展相对落后。使得我国校园保险需求的实现较为缓慢和不均衡。还有学校收取了学生的保费后没有及时交付保险公司以出具正式的保单，而是挪作他用，甚至自己充当保险公司的角色，采取出险后自己出钱赔付，但大额赔偿学校难以承担，受伤害学生家庭就无法获得保障，也影响到了校园保险的声誉。

4. 校园安全风险识别不够，风险评估欠缺

"风险识别就是发现、辨认和描述风险的过程"。进行风险识别的目的在于：识别可能存在什么危险隐患，可能会发生什么危害事件。在校园安全风险治理进程中，风险识别是前提和关键。这就要求事先理性识别可能产生的风险及其风险源，在风险酝酿之初就及时采取策略，监测识别风险源，将校园安全风险遏制在萌芽状态。同时需要在对校园安全风险进行理性分析的基础上，尊重风险事件发生发展的规律、秩序和规则，进行合理有效的应对。首先，在风险识别机制中，危害要素和风险源是关键因素。综合运用科学方法找出危害要素和风险源，是建构校园安全风险识别机制的先手。然而目前很多学校，从小学到高校，从管理层面到个人层面，对风险识别的方式和方法都非常单一，只是做一些常规检查，如对于预防火灾方面，很多学校对于住宿生都会进行宿舍易燃易爆物品进行检查，但关于潜在的电源老化，电路连接过多，电源负荷等都没有进行潜在识别。校园风险评估是指在校园风险

识别的基础上，通过对大量详细损失资料加以分析，估计和预测校园风险发生的概率和损失程度以及可能对学生、家长、学校、社会等各层次，生活、财产、生命等各方面造成的影响。然而现在很多学校对风险评估渗透不深，对于不同类型的风险缺乏分别，评估等级不足等。由于社会风险向校园的渗透与交融，导致每个学校的风险类型错综复杂。很多学校针对常见学校安全风险类型，并没有根据事故严重程度对风险进行分级，面对日益严峻的风险态势，很多学校也没有设定风险标准，面对校园风险时统一采用同样方法，教条主义过多，各种条条框框的规定及分级别上报要求政策等限定了风险识别的范围和覆盖面。因此，校园安全风险，应从管理层面入手，运用科学的识别方法，筛选出学校安全风险源，以降低风险发生概率，减少可能造成的损失。

第二节　校园风险的类别

根据校园安全可能出现风险特点，校园风险主要体现在人身风险、财产风险和责任风险。人身风险主要包括学生、教职工等与校园有关的人群的人身方面的风险；财产风险主要包括学校的财产所面临的风险；责任风险主要指学校必须承担的法律责任带来的责任风险。

一、政治稳定风险

最近几年来，国内和国外的政治局势日益复杂化，导致形势动荡不安，此现象逐年上升，这些因素也干扰了各校园安全工作的稳定性，尤其在各高校中，学生网络使用自由无限制，接触各类网络信息广泛，然而很多大学生思想并不稳定，缺乏一定的判断力，好奇心较强，容易受外界干扰。例如，外部网络上发表的虚假言论、制造负面舆论、煽动高校学生参与言论。现阶段大学生具备高涨的政治情操，急于参与国家政治，可是因为年龄小，缺乏阅历和经验，无法深入研究问题，一旦受到各方面的不良影响，就极容易被

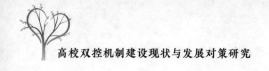

他人利用，激发不必要的集群活动。如果有关部门处理、控制不当、不及时，就会演变成高校学生群体滋事事件，危害自己、高校以及社会的稳定性和安全性。

二、人身安全风险

1. 学生人身风险

学生的人身风险可因不同年龄段分为几大类型。对于幼儿阶段，因学生在幼儿园内，常见的人身风险包括园内摔倒，磕碰等受伤，或者突发性疾病，或者在园内走失的可能性。在中小学阶段，学生具有一定的思想和自我行为，常见的校园安全人身风险重点包括课间及课外活动中各类身体，心理等事故，校外主要为自然灾害或意外事故风险。大学阶段的学生已经属于成年人，人身风险已与中小学有所不同，面临风险较为复杂，如盗窃，凶杀，自杀等事故。在高校中，人身外界风险较多。现阶段社会虽然治安良好，但还是存在部分不良因素，很多社会闲杂、无业人员由于自身工作技能差、综合素质比较低，从而长久游荡在社会这个大环境之中，给高校学生的安全带来了隐患，为了能够谋取生存，就会利用大学生安全防范意识弱的因素，对其进行人身攻击或伤害。

2. 教职员工人身风险

这类风险主要包括：教职员工在学校内或者工作场所内从事工作期间遭受意外伤害事故造成人身伤害的事故，也包括上下班途中遭受交通事故，因公外出或者参加教育部门统一组织的活动期间由于工作原因遭受意外伤害等事故，也包括职业病。

三、网络安全风险

1. 网络使用安全风险

学生在使用网络中，可能会发生网络黑客恶意攻击，攻击网络盗取学生基本信息，随后实行诈骗或其他行为。冒充合法用户，利用各种假冒或欺骗的手段非法获得合法用户的使用权限，以达到占用合法用户资源的目的。网络使用中计算机网络病毒，破坏数据的完整性，使用非法手段删除、修改、重发某些重要信息，以干扰用户的正常使用。网络软件存在漏洞等风险，导致计算机损害的风险。数据缺乏必要的备份，数据是整个网络的核心，网站里面存储的重要的数据、档案或历史记录，不论是对学校，还是对个人用户，都是至关重要的，一旦不慎丢失或是被恶意篡改、删除，都会造成严重的损失。如果没有完善的备份机制，有些数据是根本无法重建的。

2. 新媒体不良传播风险

新媒体时代，互联网平台逐渐成为高校思想政治教育的主阵地，但新媒体平台仍存在诸多风险因素。新媒体在思想政治教育中的应用，虽然拓展了思政教育的功能性，但是也带来了一些挑战和冲击。一方面，面对网络多元文化的冲击，自控力弱的学生往往沉溺于虚拟化的网络世界，易造成行为失范，长此以往，容易造成学生道德和心理迷失。当前多元文化和社会思潮等借助新媒体平台大肆传播，冲击处于正统地位的思想政治教育话语。年轻人出于猎奇心理，往往对于新媒体平台中良莠不齐的信息不加以辨别，被西方国家的思想文化、价值观渗透，从而对本该学习社会主义核心价值观产生抵触情绪。另一方面，新媒体便捷的搜索功能让学生遇到问题往往不假思考，表现出较强的"搜索依赖"，对于思想政治教育内容的深度难以把握和理解。同样在精神环境上，由于新媒体平台中的信息展现出真实与虚假、正面与负面、感性和理性等对立性特征，往往易造成学生思想道德意识淡化，自我认知偏失等现象，造成精神世界的空虚，极易被错误的价值观所影响。

3. 不良网贷风险

校园贷作为一种新兴信贷业务，其名称多样且种类繁多，很多学生为了追求金钱或虚荣心会在网络上寻找贷款，看似帮助学生解决难题，然而不良校园贷对学生造成的伤害或危害是直接且显而易见的，网络贷款后学生背负沉重的心理压力，极易产生严重的心理疾病。同时因为背负巨额的经济压力，极易走上非法犯罪道路。有些非法团体为获得更多利益诱使深陷其中大学生为他们宣传与从事校园非法借贷"一线人员"。不仅如此，不良的大学生校园贷对社会的危害看似是非直接的，但其危害的深度及影响力不容忽视，不良网贷增加社会治理与管理的难度，极易引发治安或刑事案件。大学生面对不法分子或团伙的诱导极易走上违法犯罪的道路，这就无形之中增加了社会治理的难度。个别极端大学生也会给社会制造不和谐的因素。不良大学生校园贷本身因为存在欺诈等行为，让学生身心备受打击，一旦遇到家庭困难或心理有问题的学生，校园贷极易可能成为诱发非正常大学生的产生"厌社情绪"，从而产生破坏心理，尤其是当不良校园贷与网络电信诈骗、"黄赌毒"等非法活动的结合，易引起社会恶性事件的发生，为和谐社会增添不稳定性因素。

4. 网络诈骗风险

网络诈骗是指以非法占有为目的，借助于网络信息系统采取虚构事实或者隐瞒真相的欺骗方法，使受害人陷于错误认识并"自愿"处分财产，从而骗取数额较大的公私财物的行为。随着大数据、云计算等互联网高新技术的发展，"互联网＋金融"已经渗透到人们生活的方方面面。实体"校园卡"已经逐渐被取代，支付宝、微信等第三方支付方式成为大学生日常消费的主要支付形式。人人都在使用网上银行。花呗、分期乐等借贷平台为大学生超前消费提供了极大的便利，已经成为大部分学生必不可少的借贷平台。基于这样的时代背景，大学生网络金融风险逐年增大，大学生网络诈骗案件屡禁不止。近年来，大学生网络受骗现象主要呈现出发案率高、形式多样、不良劳动价值观和消费观诱导产生等特征。主要包括冒充 QQ 好友、购买游戏装备、网络兼职刷单、电商购物、网络赌博、扫码返利、游戏币充值、网络投资等。

四、食品安全风险

近年来，随着社会经济的快速发展和人们物质水平的日益提高，食品安全问题愈来愈受到社会的广泛关注。校园食品安全风险是多样化的，它存在于原材料采供、保鲜、加工、切配、销售、设备维护及人员管理等餐饮服务的各个环节、各个方面。然而校园食品安全风险不仅仅表现在食品本身，还有校园食品安全管理的不足。目前学校中食品安全问题虽有所减少，但一旦出现危害极大，校园食品安全管理管理主体的管理行为因技术手段和专业能力的限制，习惯依赖于惯性思维和既有经验，常常会忽略危险源或者对风险初发信息熟视无睹，导致安全管理存在潜在风险，造成风险源辨识不充分或者判断不到位。同时，从业人员不具备相关的风险识别能力。相关安全管理负责人不具备相关的风险评估专业知识，不能对食品安全管理中识别出的风险做出正确的分析和预判。即使发现了食品安全问题的存在，但往往食品安全管理主体由于选择的应对策略不当，有可能造成风险恶化的结果，这也在无形中额外增加了食品外的风险。

五、学生心理健康风险

现阶段，在校学生绝大多数为家庭独生子女，习惯以自我为中心，喜欢彰显自我个性、但是遇到事情缺乏理性思考问题的能力，物质条件优越，但是内心孤独、缺乏安全感，自尊心强大、但是敏感好强，极度渴求自我独立、但是抗压抗挫能力弱。面对现阶段社会的激烈竞争、严酷的就业趋势、较多的学业学习、复杂的人际交往中的感情问题，许多学生不能正视相关问题和正确处理问题所在，进而导致心理健康出现问题，产生焦虑、紧张、失眠、强烈孤独感、适应困难和社交困难、自我认同缺乏、学习困难等问题，严重者形成心理疾病，甚至产生自杀心理。这样的情况之下，就会导致各种各样的事故和问题频繁发生，而且逐步呈现上升形式的发展。

六、学生体育比赛运动的风险

学校通过组织春秋季学生运动会、教职工运动会，通过体育运动精神激励，达到师生锻炼身体的目的，通过对田径比赛中的赛前、赛中和赛后的风险识别、预防达到安全举行竞赛的目的，以最低成本使运动风险降到最低。在高校运动会中，出现的运动风险是多种多样的，这需要对赛前、赛中、赛后场地、队员、器材等进行风险识别，风险评估是风险识别、风险分析和风险评价的全过程。风险评估旨在为有效的风险应对提供基于证据的信息和分析。建立赛事办赛风险评估机制，从源头上预防和减少风险因素，对于提高各级各类路跑赛事运营单位维护人民群众生命健康权益、赛事声誉权益与赛事财务权益的自觉性具有重要意义，同时对有效降低办赛风险具有指导意义。

在田径运动会中易出现的风险分为几类：第一，自然天气风险。在田径运动赛事中，天气一直是备受关注的，不好的天气在一定程度上会影响运动员的成绩，还会威胁运动员的安全，尤其在短跑项目中风速也会影响运动员的成绩。第二，赛场秩序风险。良好的赛场秩序是保障运动员和观众安全的第一要求，良好的秩序促进比赛的顺利进行，高校的比赛场地主要在田径场，是开放性的场地，不可控因素较多，赛场秩序混乱，不仅影响运动比赛，严重时还容易出现踩踏事件，导致人员伤亡，赛场秩序不容忽视。第三，场地器材管理使用风险。高校田径运动会中，项目种类繁多，使用器械也种类较多，运动员不懂合理运用器械，容易影响人身安全，比如铅球、标枪、跳高等项目，合理地管理和使用器材是至关重要的。第四，医疗保障风险。医疗保障至关重要。对于高校大学生来说，绝大部分没有专业练习的底子，都是普通学生，参加高强度的比赛有可能会造成身体不适，或者受伤等情况，所以医疗保障安全对于高校大学生运动员来说是至关重要的。第五，赛场冲突风险。在比赛的秩序管理以及比赛过程中，运动员因为一些原因可能会与裁判发生争执冲突，这也导致运动员与裁判、观众与裁判、观众与运动员等也发生冲突事件，等等。

七、学校责任风险和教育行业财产风险

学校责任风险是指由于学校的疏忽或过失造成的学生人身伤害或财产损失，依法应该承担的经济赔偿责任。教育部《学生伤害事故处理法》（第12号部长令）明确规定了导致学生人身伤害或财产损失事故需要学校承担全部或者相应部分的赔偿责任的 12 种具体原因。除了教育主管部门规定的原

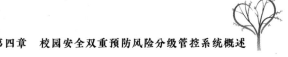

因外，实践中学校也会面临着其他的经济赔偿责任。教育行业所面临的财产风险与普通行业的财产风险相似，不存在特性，主要是指固定资产、机器设备、办公设备所可能面临的自然灾害风险和意外事故风险而导致的财产的损坏或灭失，也涉及自有的机动车辆、船舶、航空器等运输工具的损失风险。

八、其他风险

随着我国教育行业的发展，近几年出现了新的行业性风险，主要包括：金融风险，主要是指学校的负债经营情况严重，尤其是民办学校，多数存在银行贷款压力，出现财务危机的风险有所增加；高校学生就业结构性失衡风险，是指由于高校专业设置不能充分适应社会各界对于人力资本的需求，有的行业人才存在供不应求的局面，但有的行业却已经是供过于求，导致很多专业的毕业生就业难，一毕业就失业的现象有所增加，导致教育体制的改革压力日趋严重；办学风险，是指学校生源不稳定带来的风险，除了九年制义务教育外，高中、大学的费用不断提高，农村生源或者城镇经济困难家庭都无力缴纳学费的现象比较严重，靠助学贷款等的方式仅仅解决一部分困难生缴纳学费的问题，高额的生活费用等依然会造成学校生源不稳定，出现办学风险；高科技风险，是指高等学校科技成果产业化过程中存在的各种风险。建筑物安全风险，主要指教学楼、办公楼或宿舍楼建筑、修缮及设施陈旧、老化和设置（包括出口是否通畅等）或使用恰当与否等方面因素有潜在的安全风险。

第三节 校园安全风险管控概述

风险管控是对危险源进行辨识，对风险进行分析及评估，对辨识出来的风险实行管控措施以及再持续循环改进的过程。学校安全风险管控的基本原则是"防重于控"，其要解决的核心问题是如何对校安全风险进行识别、预警与削减，根据辨识出来的风险等级以及所需的进行管控的资源、能力、措施等因素，确定不同风险的控制级别，风险控制方式和控制责任，从而采取相应的管控策略，最大限度地减少风险发生的可能性或危害后果，确保学校师生身心、财产不受侵害，维护教育系统安全稳定的管理过程。

一、理论基础

1. 风险社会理论

风险社会理论于 20 世纪 80 年代提出，是研究风险问题的主导理论范式。风险社会理论揭示出风险的解决是对现代制度的反思和变革，强调避免付出更大的经济成本与社会代价，而不是对风险的消除和推翻，是分析当代风险问题最直接的理论基础。关于风险社会的特点，将其归纳为四点：第一，危害性。某些制造风险的主体和从现代技术中受益的主体也必然会遭受到风险。在社会发展过程中，风险具有长期性和持久性。即使社会地位较高或有丰富物质基础的群体也无法完全避免各种各样的风险。第二，不可预测性。传统工业社会是通过制度来控制风险的范围和程度，以达到可以预测的地步，但社会的现代化发展带来的一系列的问题会削弱传统工业社会通过制度预测风险的能力和水平，风险变得越来越不可预测。第三，隐蔽性。现代科技社会的发展日新月异，人类是无法对所面临的风险进行准确的预测，虽然当前社会的科技水平和生产力是不断发展的，但是与之相伴的各种风险也是不断变化发展，人类是对于风险变化的形式的认知是滞后的。第四，建构性。文化感知在风险的真假性、识别重大风险方面起到了关键的作用，文化感知下的全球风险逐渐呈现出两大特性，即真实与非真实性。学校安全风险是指发生在学校这一特定环境中，学校和师生所面临的、某种突发事件发生的可能性和事件导致后果的严重性的组合。随着社会经济的发展和交流日益频繁，现代社会中的风险能够超越时间和空间的局限，影响范围和程度都进一步加深。校园安全作为社会稳定发展的重要一环，社会风险与校园安全风险是一体的且相互影响与作用。如今的校园风险是外部风险与内部风险共同作用下的结果，也是可控风险与不可控风险共生的产物。学校是社会系统中的一个子系统，学校的稳定和发展离不开社会的影响和制约，从这个角度来看，风险社会理论可以为处于风险社会背景下的学校安全管理提供理论基础和依据。针对风险具有的危害性、不可预测性、隐蔽性、建构性等相应特征，因此对校园风险的识别、评估和控制需要根据风险自身的特点进行分析，只有全面把握校园安全风险的特点，才能为校园安全的防范及化解奠定理论基础。

2. 应急管理理论

在风险社会背景下，应急管理研究因其"面向风险进行知识生产"的特点正在成为"显学"。中国应急管理历经实践，实现了从传统"灾害管理"向"应急管理"的转变，最终建立了当前的应急管理体系，即在突发事件发生时政府和其他公共机构在事件的预防、应对、处置和善后的全过程中，所建立的一系列应对机制和措施。由于引发危机的根本原因是风险，因而针对突发事件的应急管理体系只能控制事态，无法从根本上解决危机问题。因此，解决学校安全风险问题，需要依据学校安全风险（即突发事件）的特征，对可能出现的突发事件进行信息收集、分析整合，根据分析的结果进行判断、预警，采取措施加以防范，实现学校安全风险管理与应急管理的共同目标（即控制风险），保障民众安全，维护公众利益，推动社会和谐稳定发展。

3. 风险管理理论

风险管理理论最早的理论研究是在金融和投资领域，其目的是解决经济亏损问题，帮助投资者实现更高的投资收益。风险管理的主要目标是减少长期风险造成的固定成本损失，在意外损失后迅速恢复财务稳定和业务活力，并有效地利用必要资源。伴随着中国经济国际化进程的加速以及金融服务科技的持续发展，风险管理工作也越来越成为了公司运营活动中不可忽视的重要环节。风险管理理论，作为一个崭新的管理领域，各国学者也开始对其展开了深刻的研究。风险管理是研究风险发生规律和风险控制技术的一门新兴管理科学，风险管理是社会组织或者个人通过各种管理手段和方式规避风险、弱化风险和处置风险的过程。通过前置的风险识别和风险评估工作，并在此基础上选择与优化组合各种风险管理技术，以达到有效防范风险以及化解风险事件后果和影响的目的，从而实现校园的风险管理活动。风险管理主要分为风险识别、风险评估、风险控制三个环节。基于风险管理理论对校园安全风险进行防控，主要体现在防控体系和机制的构建之中，在校园安全风险的防控过程中，在风险事件发生之前就要对各种可能引发风险的因素进行识别，区分各种风险因素的威胁性大小以及风险可能诱发的原因，根据不同种类的风险提前制定相应的应急处理措施，做好未雨绸缪的工作。对各种识别出的风险进行评估，跟人们能接受的威胁程度相衡量，确定高、中、低不同的风险等级，评估出不同风险发生的可能性与危害性，为风险控制工作提供决策依据。针对已经发生的风险事件，校园安全管理责任人根据风险控制各种措施对风险进行化解，降低风险事件带来的损失。从以上三个方面减少校园风险事件发生的概率，维护高校师生的切身安全。

4. 全面风险管理理论

20 世纪 90 年代以后，全面风险管理作为一种全方位、全新思维的风险管理方式，在国际上备受关注。相对于风险管理理论，全面风险管理理论增加了目标设定、事项识别和风险应对三个要素，完善了内部控制和风险管理，将传统的风险管理视角扩展到了组织的外部环境，风险管理主体由组织内部控制者扩展到组织的所有利益相关者，弥补了风险管理忽略外部环境、仅注重单一风险类型的缺陷，实现了内外部环境的统一，更突出了"全面"的含义。全面风险管理理论应用于中小学校安全风险管理机制中，为有效指导学校安全风险管理工作的开展提供理论基础。

5. 公共治理理论

公共治理理论，它是对中国传统的公共行政理论反思与批判得到产物，是将新公共管理思想和新的公共服务理论中的核心思想进行整理与结合后得到的产物，它的中心思想就是主张利用协调、联合和伙伴关系确立共同的目标，从而达到对公共事务的高效治理。他们二者的主要区别是，公共管理常指的是"政府及其行为"，而"公共治理"则指的是"政府与社会的合作关系"。公共治理具有以下特点：一是主体多元化；二是以公众为中心；三是注重发挥市场的作用；四是重视沟通和协调；五是倡导文化多元。我国正处于社会转型的重要时期，建设信用型政府是实现现代化管理的唯一途径，公民应该主动地行使其主体地位，自觉参与到公共事务中去，公众的参与和决策是解决公共问题的核心，行政管理人员的职能也应该转变为协助公民表达利益、实现共同利益，而非对公民进行管制或指导。公共治理还特别强调促进公民参与和加强社区中介组织作用的重要性，重点是公共利益、公共参与和社会研究。公共治理是一种公共机构和私人机构协同管理公共事务的模式，是政府和民间社会组织以及其他非政府组织，公共机构和私营机构在市场、公共福利和互认原则方面的协作，公共治理的最终目的是促进公共利益并最终实现公共利益。

二、风险管控流程

1. 收集基本数据

收集相关数据并确定评价的目的和范围，以便进行危险源辨识和风险评价。对相关法律，法规和规范进行理解；有关设备和设施的安全检验报告；详细的设备说明书和机械使用的流程图；设备试运行方案，设备操作的基本步骤，维护设备采取的措施，应急处理的管控措施；危险化学品安全技术手册；学校及相关领域的安全事故等。

2. 风险点确定

风险点按照划分规模、独立、便于管理、范围明确的原则主要分为静态和动态两类。学校风险点应包括教学、科研、实习、实训等所有常规和非常规状态的教育教学活动。静态风险点主要包括设施、设备、场所、区域，如学校教学用房、宿舍、餐厅等人员密集场所，消防安全疏散通道，校内雕塑、人工湖、围墙等设施，体育场地及器材等。动态风险点主要是指师生行为、教学活动导致的风险点或潜在的隐患，如校车、校园欺凌、实验室操作等。根据各级各类学校特点，可以将每个独立设施设备或区域设为风险点，每个房间或区域可以有多个危险源；也可将教学、科研、实习、实训等教育教学活动作为风险点。

3. 危险源辨识

进行风险辨识工作的第一步，是选择合适的风险辨识方法，其次是要明确风险辨识的范围。学校在进行风险辨识的过程中应当本着积极、主动的精神，在明确风险区域、范围的前提下对风险进行系统、全面的辨识。风险识别的方法如：故障树分析，事故树分析，安全检查表，故障类型和影响分析等。通常将会造成人员伤亡、经济损失以及环境破坏的根源叫做危险源，它本质上是一个载体，包含能量物质或者危险物质，当在一定条件下，达到触发阈值，造成能量以及危险物质的释放，从而发生事故，危险源可以是多种类型的存在，例如物质、空间等，触发危险源的因素同样也是危险源之一，也就是说只要能够造成事故发生的因素都属于危险源。基于危险源的作用进行分类，可以分为第一类危险源和第二类危险源。发生事故的根本原因就是危险物质和能量，因此将其和对应载体叫做第一类危险源。触发危险发生的因素叫做第二类危险源，这些因素可以是人为的、环境的以及设备自身的。

危险源辨识就是辨识出可能导致系统发生事故的风险因素，这是实现安全管理的前提条件，需要经验丰富、熟悉系统的人员根据相应的方法进行分析调查，然后得出存在危险的位置以及影响因素，对其危害程度及后果进行评判。利用危险源辨识能够有效的预防事故发生，提升安全管理工作的水平，在整个过程中能够针对性地提出相应的管控措施以及预防措施。

危险源辨识首先是要辨识第一类危险源，其次再辨识第二类危险源。辨识危险源时应包括教学，科研，实习和培训中涉及的设施，教学方法，教学环境，教育活动和人员行为，其中要考虑相对应的环境。在辨识内容中找到物体存在的不安全状态，环境以及安全管理存在的缺陷和人的不安全行为。对于危险源的辨识需要对应的辨识方法，针对不同的情况选取最合适的方法，方法包括检查表法、HAZOP（危险与可操作性分析）、故障类型与影响分析法、预先危险性分析法、事故树、事件树等很多方法，任何一种方法都有其优缺点以及应用范围，因此，单一地选用一种方法有时候很难进行危险源的全面辨识，需要多种方法的配合应用。多种方法的综合可以弥补单一方法的缺陷，并且综合多种方法的优势，让辨识结果更加细致全面。

表 4-1　学校常见危险源范围

序号	分类	辨识项目	辨识评估范围
1	第一类危险源	设备设施	仪器设备、辅助设施、安全装置、特种设备、电器仪表、避雷设施、消防设施、体育运动设施等
2		物料材料	危险化学品、包装材料、储存容器材质等
3		教学科研实习环境	校园周边环境、各建（构）筑物、生产场所、作业条件、安全防护等
4		自然条件	地震、泥石流、洪灾、冰雹、雷击等自然灾害
5		基础条件	生均建筑面积、班额比、护栏标准等
6	第二类危险源	校园组织管理	安全管理体系、管理组织、责任制、管理制度持证上岗、应急救援措施、岗位安全规范等
7		教学科研手段	教学手段、授课方法、教学设备、操作流程等

4. 风险识别

在校园安全风险治理进程中，风险识别是前提和关键。导致学校安全事故发生的根本源头是风险源，因此风险识别是风险管理的起始环节，这就要求事先理性识别可能产生的风险及其风险源，在风险酝酿之初就及时采取策略，监测识别风险源，只有充分识别风险，才能持续发现、及时预知新风险，明确其对学校的影响程度，有针对性地制定措施和选取应对手段，进而有效规避、化解风险，将校园安全风险遏制在萌芽状态。故在风险识别机制中，危害要素和风险源是关键因素。综合运用科学方法找出危害要素和风险源，是建构校园安全风险识别机制的先手棋。从风险识别程序上来看，校园安全风险识别要遵循发现、辨认、描述和清单化输出的完整流程，发现具有危害要素和风险征兆的风险源之后，要归纳风险类别、辨认风险特质、描述风险点位，从而进行清单化输出，以便为风险识别和后续研判与应对提供可行的标准和素材。

风险识别方法有很多，目前常用的主要有头脑风暴法、德尔菲法，还有

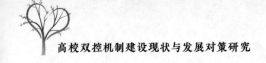

一些其他方法，如工作–风险分解法、流程图分析法、情景分析法等。

头脑风暴法，是由美国人奥斯本首创，这种方法要求准确掌握项目信息，之后邀请项目工作组，业界权威专家，在正常、融洽以及不会受到任何限定的氛围中通过会议的形式展开探讨，各抒己见，充分发表自己的观点。这种方法旨在通过集体的创造性思维，总结得出综合性的创新性的意见。

德尔菲法，将所要解决的问题以通信方式分别发送至每位专家手中，征求意见，回收汇总并整理出综合意见。然后将该综合意见和预测问题再分别反馈给专家，再度征询意见，将专家们的修改意见再次汇总。如此反复多次，逐步获得较为一致的预测结果。德尔菲法采用匿名方式发表意见，专家之间不得接触，不能互相讨论，仅与调查人员联系。通过多轮调查，将专家对问卷所提问题的看法反复征询、归纳、修改，最后汇总成专家基本一致的看法，作为预测的结果，这种方法具有广泛的代表性，较为可靠。

其他风险识别方法也被广泛应用于各类项目中，如 WBS-RBS 法是将项目工作分解成 WBS 树，风险分解形成 RBS 树，然后以工作分解树和风险分解树交叉构成的 WBS-RBS 矩阵进行风险识别的方法；流程图法是指风险管理部门将生产过程的所有环节系统化、顺序化，制成流程图，从而发现企业面临的风险情景分析法通过对环境的研究，识别影响研究主体或主题发展的外部因素，模拟外部因素可能发生的多种交叉情景分析和预测各种可能前景。

5. 风险分析

在风险识别后要进行风险分析，根据风险识别结果，利用专业风险分析工具和方法，对风险进行深入分析要考察每一个危险风险的可能性和后果，以便我们辨别活动和项目的风险水平，因此，风险识别工作为后续的风险分析工作提供分析方向。风险分析的主要任务是确认风险的类型、特征、原因、可能性及后果，对识别出的风险进行定性和定量分析，为风险评价和风险应对提供依据。风险分析应包括可能性分析和后果分析。风险分析的目的是确保可以有效控制风险。对于新辨识出来的风险，要分析风险的类型和发生的

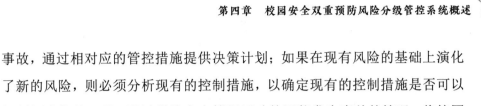

事故，通过相对应的管控措施提供决策计划；如果在现有风险的基础上演化了新的风险，则必须分析现有的控制措施，以确定现有的控制措施是否可以控制新演化的风险。通过学校安全管理活动的可能发生事故的情况，将校园危险因素分为：火灾、爆炸、泄露、自然灾害、倒塌、拥挤踩踏、校车、交通、淹溺、中毒、食物中毒、传染病、触电、灼烫、高处坠落、机械伤害、物体打击、校园欺凌及暴力、其他伤害、管理缺失等。

6. 风险评估

风险评估，即对可能发生的事件作出相应的评估，预估它的危险性，并且有针对性地提出预防此类事件发生的相关措施以及一旦发生应该采取的应急、应对措施。近几年，各类学校突发事件发生率逐年增长，宿舍使用违规电器失火、教学楼发生踩踏事件、因为学校护栏设置不当导致学生意外坠楼等事件比比皆是，人们也越来越关注校园各类风险。所有的突发事件解决得好不如预防得好，将所有的不良因素都控制在管理范围之内，才能够有效地降低不良事件的发生率，要更注重潜在风险的评估。风险评估是做内容是整理汇总风险辨识环节中辨识出的每一条风险，确定风险的程度、危害范围，并评估造成事故风险的可能性以及所发生的安全事故，为后期风险治理建言相应预警和防范措施的一套系统的方法和流程。风险评估主要通过将风险分析结果与风险准则进行比较，以确定风险和其影响程度的可接受或可容忍的过程，通过分析事故可能造成的后果，提出相对应的风险管控措施。通过确定风险等级，做出风险应对的最佳决策，即在综合危险性分析和脆弱性分析的基础之上对风险因素给学校环境以及师生带来的影响程度差异进行再次评估的过程，以确定学校安全风险水平及分布状况，即在综合考虑各类学校面临的各类灾害、突发事件、安全隐患和学校自身应灾能力的基础上，评估哪些风险比较高。

7. 风险管控

在学校安全风险评估完成之后，下一步工作就是要根据风险等级选择并执行一种或多种风险控制措施和方法，改变、消除、降低风险事件发生的可能性或后果，以达到将损失降到最低的目的。风险管控应包含管控措施，管控期限，复查时间和负责人。对于需要采取措施的情况，学校根据风险评估记录，对风险进行分析，各部门应制定风险防控方案，明确所需的各种资源，通过风险管理并制定出各种控制措施，确定风险管控方案，形成详尽具体的实施办法，并在领导层，管理层，教职员工和员工层级实施风险控制清单。在风险控制具体措施中主要包括工程技术措施和非工程性措施。其中，工程技术措施是指对教学设施和设备进行工程上的改造，使其变得更安全，以减轻或消除灾害带来的影响。主要包括新建校舍、学校建筑的防震设计、已有校舍的加固整修、学校建筑工程消防安全标准化等措施。非工程技术措施是指不涉及物理建筑的减灾措施和方法，主要包括健全安全管理各项规章制度、健全组织机构制定应急预案、排查整改风险隐患、开展演习演练等。风险管控环节本身是一个动态的过程，在风险管控过程中可能会产生新的风险。实施风险管控措施后，需要确定新产生的风险是否能够在管控措施之内。若新产生的风险超出管控措施，则需要制定相对应的风险管控措施，直到衍生风险在接受范围以内。

8. 检查和改进

在检查和改进过程中，在确保风险控制措施的同时，不仅需要实时监控整个风险管理过程，还需要在每轮危险源辨识之后及时更新风险列表和数据库，风险分析和风险评估。风险清单需要包含风险点的位置、风险描述、可能导致后果、风险等级和标示颜色、风险管控措施、管控层级、管控责任单位及责任人等内容，并定期检查周围环境的改变是否带来新的风险。

第四节　风险评价内容及原理

风险评价也就是安全评价，是采用安全系统工程的方法来评估和预测系统或组织中的潜在风险。根据评价结果和结论，对目标对象提出了改进计划，以提高系统的整体安全性。风险评价包含两方面：风险确认和风险评价。风险确认主要是基于发现新的风险或现有风险的变化，根据引起事故的风险的概率和事故的破坏程度对风险进行量化；风险评价是在量化风险后将风险与评价标准进行比较，根据反馈的信息，采取相对应的措施来降低或消除存在的风险。风险评价的原理主要有：相关性原理、类推原理、概率推断原理、惯性原理等。

一、风险评价的内容

安全和发展是一体双翼，安全是发展的保障，发展是安全的目的，安全风险评估，是对系统风险项目实施的风险损失和风险概率的评价与估计，高校发展安全风险源评估主要有以下几项：火灾（爆炸）风险的评估、突发类事件的风险评估、管理风险评估、群发性风险评估、个体性风险评估、其他风险评估等。

1. 火灾（爆炸）风险的评估

（1）建筑物状况评估

建筑物状况指标主要包括两类。一是主要建筑构件指标，涉及非燃烧体、难燃烧体、砖木结构建筑物、木屋，二是建筑物间隔距离是否恰当。

（2）电气设备状况评估

电气设备状况评估主要包括以下八种情况：一是供电情况，包括电网供电（单回路还是双回路）和备用发电机供电（保养状况好、一般还是差）。二是供电可靠性，包括可靠、偶有间断、极不可靠三种情况。三是电线保护情况，包括穿铁管、穿塑胶管、电缆、明敷、暗敷等。四是电线新旧情况，包括新、一般、旧三种情况。五是配电室消防设施，包括安装自动气体灭火系统、配置灭火器、无相关设施三种情况。六是保护装置类型，包括短路保护、保险丝、漏电保护等。七是主配电位置，是否有危险区域分为安全房间、无遮掩区域两种情况。八是禁烟区是否有明显禁烟标识。

（3）消防安全防护措施评估

消防安全防护措施评估涉及以下十二种情况：一是消防水源，包括消防水池储存量、消防供水主管道直径和形态、消防水泵台数和启动方式、备用电源等。二是火灾自动报警系统种类,包括感烟、感温、火焰三种情况。三是火灾自动喷淋灭火系统种类,包括湿型、干型、预作用等。四是灭火器类型,包括泡沫型、干粉型、卤代烷型、二氧化碳星型等以及灭火器分布数量。五是消防栓,包括麻线、橡胶、尼龙等消防水带种类以及水柱覆盖面等。六是有无手动火灾报警装置以及报警信号详细地址。七是消防系统安装的时间以及自动灭火系统维护状况。八是防火分隔物状况,包括防火墙、防火门、防火卷帘门、防火阀等。九是每年消防演习次数和覆盖面情况。十是消防通道状况,包括指示标志是否明确和通道是否畅通等。十一是有无危险火源和禁烟区是否有明显禁烟标志。十二是是否有明确出险记录登记。

2. 突发类事件的风险评估

突发类事件风险是指由无法预测事件所可能引发的风险。这类事件表现在事件本身的非常规性和不可预测性,对学校教学秩序产生较大影响,主要分为下列几项:

(1)自然灾害类事件风险评估。指对学校教学秩序产生较大影响的地震、洪灾、台风、暴雪等自然灾害,造成所在区域内的人员和财产遭受一定程度上的损失。这类事件是由不易控制的自然因素引起的,一般突然发生、持续时间短、破坏性大,属于典型的"天灾",最有效的应对措施是相关部门做好灾害前期的预测预报并及时发布灾害预警信息,提醒中小学做好校园突发事件的预防性评估,提前加以预防并制订相关的应对措施。

(2)大型活动管理类风险评估。在学校中经常会举办一些迎新晚会、毕业晚会、运动会等大型活动,这些活动中人员复杂,人数众多且人员聚集,使用的电子产品、无人机、道具或运动器械较多,因此需要对这些活动进行可能风险评估,对其可能引发后果或损失进行预判断,并提前做出防范措施。

(3)事故灾害类事件评估,包括交通、溺水、踩踏事故等突发事件。校园交通事故主要发生在上学和放学的途中,通常是由学生的一时疏忽大意、不遵守交通规则而导致的;溺水事故也通常发生在往返学校的途中,特别是天气炎热的夏季，学生私自游泳或者不慎落水而导致溺亡；踩踏事故则通常发生在学校的楼梯，学生在上下楼的途中由于过于拥挤而引发踩伤踩死事件。

（4）治安安全类事件，包括打架斗殴、偷窃抢劫等威胁师生生命和财产安全的突发事件。治安安全类事件是中小学比较常见的校园突发事件，对师生的身心安全和财产安全产生较大的威胁，如若不加以预防治理，易导致恶性事件。对于这类事件，应当做好校园突发事件的预防性评估，加强校园安全的管理，严格校外人员进入机制。

（5）公共卫生类事件，包括食物中毒、疾病传染等。公共卫生事件也是近年来频遭曝光的校园安全事件之一，特别是食物中毒事件。该类事件涉及的范围较广、人数较多，稍有不慎就会出现全班范围甚至全校范围受到影响的状况。对于此类事件，应该加强校园公共卫生管理，严格食品进入机制，做好校园突发事件的预防性评估。

（6）硬件设施安全类事件，包括建筑物倒塌、触电等突发事件。此类事件危害性较大，往往给师生带来毁灭性的伤害。应对校园硬件设施进行动态评估，做好校园硬件设施安全类突发事件的预防性评估，提前发现危险并树立醒目的警示标志，及时采取修缮或报废陈旧建筑物、处理危险电路等措施。

3. 网络与信息安全风险评估

网络与信息安全风险主要指学校所在区域内发生对学院声誉及教学秩序产生较大影响的网络安全、信息安全及网络舆论等的突发事件。网络本身安全的评估主要包括校园网站内部审核它的各项配置是否正确，软件有没有及时升级，还有从网站外部渗透测试。网络新媒体的风险主要评估新媒体的形式、特征、渠道等是否存在导致学生思想和行为发生偏差的风险。网络贷款和网络诈骗本身就具有很大风险，因此在这一部分主要评估学生发生这类风险的概率和原因有哪些，进而采取措施。

4. 管理风险的评估

管理风险的评估主要包括安全管理评估、学校教学及设施评估和应急预案评估。

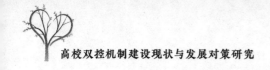

（1）学校战略决策及制度建设方面风险评估

学校领导班子的发展战略决策及学校制度建设，是学校健康稳定发展的方向和目标，学校管理制度和运行机制的合理性、可执行性是保障学校健康、稳定、可持续发展的根本。

（2）学生安全管理责任方面风险评估

学生安全管理是学校教育工作中最为重要的组成部分之一，根据我国《教育法》的界定，"学校依法对学生人身安全承担着教育、管理和保护的责任"，学生安全越来越成为一个全社会关注的重要问题。

（3）安全管理评估

一是安装报警设施的设置以及报警信号发送地点等。二是保安数量。三是定时巡查的时间、记录和范围等。

（4）学校教学及设施评估

一是学校实验室状况，包括电子实验室、物理实验室、化学实验室等类型，管理制度、防护措施、化学危险品储存状况等。二是体育场所及设施状况，主要包括是否对外开放、开放具体时间、是否有专人管理、设施购置年限以及维护情况等。三是学校医务室（保健室）状况，包括是否有医疗机构执业许可证、执证医疗人员数量和构成、医疗器械消毒状况、医疗废物回收情况等。四是体育教学状况，包括教学周次、教学备案、课前危险告知、活动激烈程度、自由活动看护状况等。五是室外教学状况，包括开展次数以及离校距离等。六是公众场所状况，包括是否对外开放、是否收费、开放时间等。七是易滑、易撞等危险场所是否有提醒标志。八是是否有出险记录。

（5）应急预案评估

一是应急预案状况，是否涵盖社会安全类、公共卫生类、事故灾害类、网络信息安全类、自然灾害类等各类突发事件。二是过去三年有无发生过突发事件。

5. 群发性风险的评估

群发性风险评估主要包括周围环境评估和主要危险源评估两大类。

（1）周围环境评估

一是地理位置状况，涉及工业区、商业区、农业区、住宅区等。二是周边风险源状况，包括前、后、左、右风险源的占用性质、距离和具体状况等。

（2）主要危险源评估

一是食堂管理评估，学校学生餐厅是人口密集的公共场所，食品安全尤为重要和敏感。但由于后勤社会化，有些环节在很大程度上难以监督，现实风险增加。在食堂中的评估主要包括规模、容纳人数、性质、卫生许可证、从业人员证件、食堂管理、餐具消毒、食堂清洁、食材采购、食材贮存、食堂大堂危险源、消防通道、其他危险区域等。二是校车评估，包括车辆管理制度、车辆使用年限、车辆数目、核载人数、行驶许可、车辆保养次数、驾驶员证件、驾驶员驾龄、乘车路线（起讫地）、接送方式、接送时间、出险情况等。三是郊游管理状况，包括次数、距离、登记备案、预防措施、安全宣传状况等。四是是否有出险记录。

6. 个体性风险的评估

个体性风险的评估主要涉及学生个体管理评估，具体包括学生体检次数、特殊体质人数、特殊生档案状况、住宿生管理情况、出险记录等。这一类的评估因为涉及个人，因此在评估中需要从学校层面进行主动评估和筛查，做好评估记录和台账，并时刻关注学生动态，对于评估风险级别较高学生，需要教师进行交流谈话和监督，让学生个人风险发生概率降低。

7. 利益纠纷类稳定风险的评估

（1）教职工内部管理矛盾类。涉及教职工聘用、职称评定及福利待遇及人力资源管理工作等风险。主要包括学校制度管理（包括职称评定、评优奖先、干部选拔、住房分配及维护、考核制度及部门利益分配）、教师内部等矛盾。

（2）财务安全管理类。涉及财务安全管理工作的纠纷事件风险，包括资金管理、财务审计、筹资、运营等。

（3）专业设置及教学管理。专业设置与区域产业对接是否恰当，直接影响到学校的招生、学生的培养和毕业生的就业，直接影响到学院的发展和生存。

（4）招生就业工作类。涉及招生、就业管理工作管理过程中，是否严格落实国家招生就业政策，以及招生程序、信息透明度等方面存在风险。除此以外，利益纠纷类事件还包括科研工作管理、顶岗实习管理类、学生社团管理类等风险事件。

二、风险评价的方法

校园风险评估包括对风险自身的评估，主要包括风险发生频率、风险强度、风险持续时间、风险发生区域以及关键的风险点等；风险作用方式的评估，主要包括风险的作用方式是直接影响还是间接影响、风险是否会引发相关风险、风险的影响范围等；风险损失程度的评估，主要包括风险损失额、风险应对成本等按照安全系统工程学的相关理论，风险评价方法可以分为三种类型：定性评价，定量评价以及定性和定量相互结合进行评价。定性评价仅对评价目标的风险状态，是否合格或可靠等进行定性描述或判断；定量评价可以使评价目标的风险状况量化，并通过与评价标准化相比较来判断风险程度。

校园风险评估的适用方法有很多，包括安全检查表法（Safety Checklist Analysis，SCA），事件树分析（Event Tree Analysis，ETA），故障树分析（Fault Tree Analysis，FTA），作业条件危险性评价法（Job Risk Analysis，LEC），预先危险性分析（Preliminary Hazard Analysis，PHA），风险矩阵法（Risk Matrix），风险评价指数法（Risk Assessment Code，RAC）。

安全检查表法（SCA）是进行安全检查、发现潜在危险、督促各项安全法规、制度、标准实施的一个较为有效的工具。它是安全系统中最基本、最初步的一种形式。RAC 是在充分分析生产系统的基础上，将系统分为若干个组成部分，找出存在的危险因素，并将其确定为检查项目，而后编制成表，按此表进行检查。RAC 具备可以事先编制，提前分析并做好准备，能够充分认识各种影响事故发生的因素的危险程度,通俗易懂,简单易操作的特点。但其只能做定性的评价,不能定量。只能对已经存在对象评价。编制安全检查表的难度和工作量大。

事件树分析法(ETA)是安全系统工程中常用的一种归纳推理分析方法,起源于决策树分析(简称DTA),它是一种按事故发展的时间顺序由初始事件开始推论可能的后果,从而进行危险源辨识的方法。这种方法将系统可能发生的某种事故与导致事故发生的各种原因之间的逻辑关系用一种称为事件树的树形图表示,通过对事件树的定性与定量分析,找出事故发生的主要原因,为确定安全对策提供可靠依据,以达到猜测与预防事故发生的目的。事件树分析法已从宇航、核产业进入到一般电力、化工、机械、交通等领域,它可以进行故障诊断、分析系统的薄弱环节,指导系统的安全运行,实现系统的优化设计,等等。

故障树分析(FTA)故障树分析是一种描述事故因果关系的有方向的"树",是系统安全工程中的重要的分析方法之一,他能对各种系统的危险性进行识别评价,既适用于定性分析,又能进行定量分析,具有简明,形象化的特点,体现了以系统工程方法研究安全问题的系统性,准确性和预测性。故障树定性分析包括三方面的内容:(1)查明造成系统故障或事故的全部初始原因,以便针对初始原因采取改进措施。(2)找出最容易引起系统故障或事故发生的初始原因集合。(3)考察哪些初始原因对系统故障或事故发生影响更大。

作业条件危险性评价法(LEC)评价人们在具有潜在危险环境中作业的危险性,其方法是将作业条件的危险性作为因变量(D),事故或危险事件发生的可能性(L)、暴露于危险环境的频率(E)及危险严重程度(C)作为自变量,确定了它们之间的函数式。根据实际经验他们给出了3个自变量的各种不同情况的分数值,采取对所评价的对象根据情况进行"打分"的办法,然后根据公式计算出其危险性分数值,再按危险性分数值划分的危险程度等级表,查出其危险程度的一种评价方法。这是一种简单易行的评价作业条件

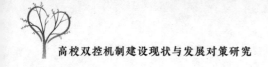

危险性的方法。

预先危险性分析（PHA）是一种定性分析系统危险因素和危险程度的方法，主要用于交通线路、港、站、枢纽等新系统设计、已有系统改造之前的方案设计、选址、选线阶段，在人们还没有掌握该系统详细资料的时候，对系统存在的危险类型、来源、出现条件、事故后果以及有关措施等，作一概略分析，并尽可能在系统付诸实施之前找出预防、纠正、补救措施，消除或控制危险因素。系统安全分析的目的不是分析系统本身，而是预防、控制或减少危险性，提高系统的安全性和可靠性。因此，必须从确保安全的观点出发，寻找危险源产生的原因和条件，评价事故后果的严重程度，分析措施的可能性、有效性，采取切合实际的对策，把危害与事故降低到最低程度。

在进行危险性预先分析时应对偶然事件、不可避免事件、不可知事件等进行剖析，并通过分析和评价，控制事故的发生。分析的内容包括：识别危险的路段、设备、零部件，并分析其发生事故的可能性条件；分析系统中各子系统、各元件的交接面及其相互关系与影响；分析货物特别是有毒有害物质的性能及贮运；分析操作过程及有关参数；人、机关系（操作、维修等）；对交通安全有影响的环境因素，如大雾、大风、降雪、洪水、高（低）温、振动、线路景观等；有关安全装备，如安全防护设施，冗余系统及设备，灭火系统，安全监控系统，个人防护设备等。

险情预先分析的主要优点：分析工作做在行动之前，可及早采取措施排除、降低或控制危害，避免由于考虑不周造成损失；对系统开发、初步设计、制造、安装、检修等进行分析的结果，可以提供应遵循的注意事项和指导方针；分析结果可为制定标准、规范和技术文献提供必要的资料；根据分析结果可编制安全检查表以保证实施安全改进措施，并可作为安全教育的材料。

风险矩阵法（L.S）是一种能够把危险发生的可能性和伤害的严重程度综合评估风险大小的定性的风险评估分析方法。风险矩阵法，是一种简单有效的风险辨识方法，主要应用于项目潜在风险分析中，具有操作便捷、定性分析与定量分析相结合的特点。风险 $R = L \cdot S$，R 代表风险值，L 代表发生伤害的可能性。S 代表伤害后果的严重程度。根据 R 值大小将风险定为 4 级，R=17~25，代表 A 级，需要立即停业；R=13~16，代表 B 级，需要采取控制措施；R=8~12，代表 C 级，需要有限管控；R=1~7，代表 D 级，需要跟踪监控或者风险可容许；

风险评价指数法（RAC）方法考察影响校园风险事件的两类因素——发生频率和损失程度，分别按照各自的特征划分为数个对应的等级，形成相应的风险评价矩阵，并按照权重来评估风险。RAC 法的优点在于能够尽可能地评估各类校园风险，并且对各类风险排序，有利于风险管理主体分门别类地防范不同风险，缺点在于相应的权重通常由专业人士主观制定，有时会缺乏科学性。根据 RAC 评价法，将校园风险发生频率的风险等级分为五类，按照风险等级从低到高，分别是一级（极不可能发生）、二级（发生可能性很小）、三级（有可能发生）、四级（发生的可能性很大）、五级（极有可能发生），见表 4-2。

表 4-2　校园风险发生频率的风险等级

风险等级	一级 （0~0.2）	二级 （0.2~0.4）	三级 （0.4~0.6）	四级 （0.6~0.8）	五级 （0.8~1）
指示含义	极不可能发生	发生可能性很小	有可能发生	发生可能性很大	极有可能发生
发生频率	10 年以上发生一次	10 年以内发生一次以上	5 年内发生一次以上	2 年内发生一次以上	几乎平均每年都发生

在风险损失程度的评估中，风险影响程度主要考虑单次风险事件发生时的影响结果，按照风险等级从低到高，分别是一级（可忽略）、二级（微小）、三级（一般）、四级（严重）、五级（危险），分别包括财产损失、人员伤亡、社会影响三个评估维度，见表 4-3。

表 4-3　校园风险损失程度的风险等级

风险等级	一级 （0~0.2）	二级 （0.2~0.4）	三级 （0.4~0.6）	四级 （0.6~0.8）	五级 （0.8~1）
指示含义	可忽略	微小	一般	严重	危险

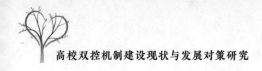

续表

损失程度	财产损失	损失 0.1 万元人民币以下	损失 0.1 万元至 1 万元人民币之间	损失 1 万元至 10 万元人民币之间	损失 10 万元至 100 万元人民币之间	损失 100 万元人民币以上
	人员伤亡	无人员伤亡	个别人员轻伤	多人轻伤或者出现人员重伤	出现多人重伤或者人员死亡	出现多人死亡
	社会影响	无媒体关注，轻微影响	有媒体关注，一般影响	地方性公众媒体关注，较大影响	国家级公众媒体关注，国内较大影响	国际级公众媒体关注，国际较大影响

上述风险评价方法，既有优点也有缺点，适用条件也不尽相同。只有准确掌握各种风险评价方法的特点，在不同的条件下，选取最为合适的方法进行评价。学校要根据实际情况选择合适的评价方法。

第五节　风险防控的策略

一、校园食品安全风险防控措施

1. 提高政治站位，压实校园食品安全风险防控责任

学校食品安全关系广大师生身心健康，事关学校安全及社会和谐稳定。为把食品卫生安全工作抓到实处，学校应成立食品安全管理领导小组，按照"校长统一领导、分管领导具体负责、各部门协调配合"的食品安全工作机制，实行分级管理、分级响应，层层落实，各负职责的管理模式，在食品安全管理领导小组充分讨论的基础上建立健全各种餐饮管理制度，明确各岗位的职责，做到责任到人。严格落实学校法定责任和义务，落实校园食品安全主体责任，建立健全食品安全校长"第一责任人"责任制，完善学校食品安全各项管理制度，督促落实校长负责制、集中用餐陪餐制度，承诺公示制、准入退出制、自查报告制和培训考核制等制度。明确食品安全"一岗双责"，明确各类食品安全管理工作人员岗位职责，配齐配足食品安全管理人员，落实食品安全领导小组成员责任及职责清单上墙制度，定期不定期开展校园食

品安全问题自查自纠自改，对食品安全负责人、食品安全管理员、餐饮从业人员进行食品安全集中培训，不断提高餐饮从业人员队伍素质，减少因人的问题导致的安全发生，确保高校校园食品安全。

2. 严守法律法规，筑牢食品安全风险防控体系

校园食品安全一直是我国高度重视的问题，我国政府也先后出台了很多法律法规，目的是解决校园食品安全隐患。《中华人民共和国食品安全法》《中华人民共和国食品安全法实施条例》《餐饮服务食品安全操作规范》等法律法规确定了食品安全管理的原则及措施，强化了食品安全管理的法律责任。针对校园食品安全的最新法规是 2019 年 4 月 1 日起实施的《学校食品安全与营养健康管理规定》，规定中明确要求，学校集中用餐实行预防为主、全程监控、属地管理、学校落实的原则，围绕采购、贮存、加工、配送、供餐等关键环节，健全学校食品安全风险防控体系，保障食品安全，促进营养健康；学校应当按照食品安全法律法规规定和健康中国战略要求，建立健全相关制度，落实校园食品安全责任，开展食品安全与营养健康的宣传教育；加强食品安全教育和日常管理，降低食品安全风险，及时消除食品安全隐患，提升营养健康水平。

3. 整章建制，强化食品安全监管措施

根据《中华人民共和国食品安全法》等法律法规的要求，制定和完善符合本校实际的餐饮服务管理办法，食品卫生安全事故应急预案等各种食品卫生安全管理规章制度和工作职责。严格按照食品卫生、饮用水卫生和传染病防治等方面的法律、法规和规章制度开展管理工作，做到食品卫生安全工作有法可依，管理工作有章可循，狠抓制度落实，严格监督措施，确保安全到位，配齐监管人员，严把食品安全质量关。确保学校食品卫生安全管理工作有效开展。

4. 加强从业人员培训，提高食品安全意识

积极组织学校餐饮管理人员、餐饮服务从业人员、校园超市从业人员认真开展食品安全知识培训，学习《中华人民共和国食品安全法》《中华人民

共和国食品安全法实施条例》《学校食品安全与营养健康管理规定》《餐饮服务食品安全操作规范》《学校食品安全与营养健康管理规定》等文件，进一步提升学校餐饮管理人员、餐饮服务从业人员、校园超市从业人员的食品卫生安全意识和业务水平，以法律的约束作用，使餐饮服务从业人员自觉遵守法律法规，增强社会责任意识，提高餐饮服务从业人员对食品安全的重视程度，提高餐饮服务质量，规范餐饮服务行为，防范食品安全风险。

5. 规范采购流程，从源头杜绝食品安全漏洞

强化学校餐厅食品原料追溯，学校餐厅实现蔬菜、肉类、大米、面粉、食用油等重点品种"集中采购，定点配送"，把住原辅材料采购关，将不合格食品从源头堵住。实行原辅材料统一招标采购，蔬菜和肉类实行集中统一配送，严把索证索票和质量关。将学校餐厅使用的蔬菜纳入食用农产品批发市场销售质量安全监管平台追溯系统，实现学校餐厅使用的大宗食用农产品来源可溯、去向可查、质量可信，从源头上堵住不合格食品流入学校，保证进入学校的粮油蔬菜价格合理，质量可靠，新鲜安全，保证师生的饮食健康安全。

6. 依法依规加强对校园超市、自助售货机、切实落实各项食品安全管理措施

认真贯彻落实《食品安全法》《食品经营许可管理办法》《学校食品安全与营养健康管理规定》《餐饮服务食品安全操作规范》《餐饮服务食品安全监督检查操作指南》等法律、法规、标准和相关制度要求，全面加强校园超市及自助售货机的全过程监管，联合市场监督管理部门加强对校园周边的餐饮店和小吃摊点的督查整治工作。探索建立健全相关部门监管信息网、联动协作机制，扎实开展校园及周边食品安全守护专项行动，形成监管合力，提高监管效率；不断规范操作流程，杜绝不安全因素出现，努力从源头上封堵问题食品流入校园及周边商店。经常性开展卫生整治，做到内外环境干净整洁，储存场所防水、防潮、防霉变、防蝇、防虫、防尘、防火等措施到位，食品贮存做到分类、分架、隔墙、离地存放，定期检查、及时处理变质或超过保质期限的食品。食品贮存场所禁止存放有毒、有害物品及个人生活物品。用于保存食品的冷藏设备必须贴有标识，生食品、半成品和熟食品要分柜存放，防止交叉感染。加强过程管理，严防食品安全事故发生。

7. 开展专项监督检查，建立应急处理机制

建立健全学校食品安全应急管理领导小组，制定切实可行的校园食品卫生安全事故应急预案，建立食物中毒或其他食源性疾病等突发事件的应急处理机制，健全食物中毒事故或其他食源性疾病的报告制度和学校食品安全责任追究制度。定期或不定期组织开展食品安全应急演练，以便有效应对、妥善处置突发事件。建立学校食品安全监测预警机制，加强对舆情监测、预警处置、重大活动信息报告等应急工作的管理，加强信息互通，强化联防联控，联合市场监管、公安等部门加大日常监管力度，严厉打击假冒伪劣、掺杂使假、非法添加、超范围超限量使用食品添加剂等违法违规行为，做好食品安全保障工作。

二、校园火灾风险防控对策

在当前的时代背景下，各类学校都应加强火灾预防的重视力度，从多个角度开展优化，完善现阶段的发展模式，打造全新的理念，引导学生正确认知火灾，为后续的发展奠定良好的基础。

1. 加强校园规划管理，补齐消防安全设施短板

首先，加强校园建设的规划管理。随着我国高校基建投入不断增加，校园内的建筑密度不断增大。此外，因教学科研需要，部分高校的各二级单位搭建了各种临时建筑。由于校园内没有完全接受城市规划部门监管，各种违章建筑不断增多，以及学校基建部门对消防规划不够专业，造成了校园建筑区划不合理、防火间距不足、消防通道不畅、消防扑救场地缺乏、消防水源得不到保障等。因此，必须加强校园规划管理，严禁校园内乱搭乱盖。基建部门应认真学习相关消防法规，聘请相关的法律顾问，严格遵守规划法规，避免出现违规违建现象。同时，对校园内违章建筑应及时予以拆除，打通必

要的消防通道，保留建筑之间的消防间距，预留建筑周边的绿地广场，以利于消防疏散及扑救工作的进行。对于一些高危物品和火灾隐患较大的实验室，应搬迁至远离学生宿舍和教室等人群聚集的区域，必要时也可以修建隔离墙、隔离带等。

其次，进行校园建筑的电气线路升级改造。我国许多高校建筑老旧，电气线路安全负荷偏低、老化严重，因此必须根据现实需要加强升级改造，增加导线截面，更换老旧电气设备，提高供电功率，增设电气线路的自我保护装置。例如，增设一些先进的供电管理系统，在学生使用违规电器时能自动断电，以全面提升校园供电系统的安全性。

最后，加强校园建筑消防设施的建设与维护。根据建筑情况，增设应急照明及火灾报警装置；在人员密度大的场所配备消防应急箱等灭火及逃生装备；为学校安保人员配备必要的灭火、救援设施；在科研、教学以及学生宿舍等场所安装智能消防系统，保证火灾自动报警、自动喷淋系统等设施的正常运行。加强对实验设备的维护与保养，确保实验设备本身不存在火灾隐患。按规定在教室、宿舍、实验室等公共场所配置灭火器，对于过期和有缺损的灭火器进行及时维修更换，应确保广大师生在火灾发生时都能及时找到身边的灭火器。

2. 加强消防安全教育，提高师生的消防安全意识

加强消防安全教育、普及消防知识、提高防火安全意识是避免火灾事故发生的前提和关键，是做好高校消防安全管理工作的一项重要内容。

一方面，加大违章电器检查和处罚力度。高校学生使用违章电器造成的火灾数量较多，因此应该加大对学生宿舍违章电器的突击式检查。一旦检查到违章电器，或是发现私拉电线的情况，不但要严惩当事学生，而且对宿舍其他学生也一并进行处罚，以在学生之间形成互相监督的氛围。针对女生宿舍火灾发生频率远高于男生宿舍的情况，要着重加强对女生宿舍的检查，杜绝在床铺上违规使用电器现象，女生宿舍管理员要经常性地在宿舍楼内巡视检查。另外，要监督并确保学生在校园内无法买到违章电器。

另一方面，将消防教育纳入日常教学，切实提升学生自防自救能力。将消防安全教育纳入日常教学过程中，如可以利用新生军训等教学环节，将消防安全知识、灭火、生、急救等方面的内容纳入其中，也可以单独给学生增设通识教育课，坚持理论与实践相结合，理论部分重点讲授消防法律法规、火灾危害，实践部分侧重于逃生技巧和火灾扑救的演练，以真正提升学生的自防自救能力。

3. 加强高校消防安全管理

第一，建立完善的消防安全管理制度。主管后勤的校领导作为消防责任人应及时提出相关消防工作建议，制定相应消防规划，在人事、财政等方面取得上级领导的重视和支持。高校主管部门也应定期组织各高校的领导汇报消防工作，对于出现火灾事故的高校，给予相应处罚，对于瞒报、漏报火灾的高校，更要提出严肃批评。同时利用好媒体力量关注高校火灾，以此形成舆论压力，提高校领导对消防安全工作的认识。除此之外，有关主管部门应监督高校将消防经费列入学校经费开支的总计划中，设立消防专项基金，保证经费投入。最终建立严格的逐级消防安全责任制和责任追究制，依照"谁主管，谁负责"的原则，由单位和部门内部的防火安全责任人负总责，建立"学校—保卫科—院系—班—个人"的校园防火体系，积极贯彻"预防为主"的方针，层层落实防火安全责任制，做到"责任到人，有章可循"。

第二，建立消防安全教育与培训制度。学校的消防安全教育与培训不应只限于学生，还应纳入教师、宿舍管理员、保安、食堂工作人员、校内工作人员家属、商铺经营人员等。学校要发挥学生和社团优势，采取多种形式的活动来宣传消防安全知识。例如，可以利用学校广播站、校内微信公众号等受众较广的平台宣传消防法规、消防科学知识和基本常识；也可以邀请消防专家到校开展消防安全教育讲座，宣传消防安全的重要性。或者与学校附近消防基地达成合作，安排学生定期到消防基地学习火场逃生技能。鼓励学生自愿争当消防志愿者，让广大学生接触到更多消防知识，并将所学消防知识运用到日常工作、生活中，为全面普及消防安全知识奠定坚实基础。

第三，建立消防设施定期检查与维护制度。学校应明确各建筑消防设施的管理人，对建筑消防设施进行日常维护管理，也可以与具备相应建筑消防设施维护保养资质的企业签订建筑消防设施定期维护保养合同，出现问题及时维修保养，损坏的部分应及时更换，确保消防设施的正常运行；对于设置有消防控制室的高校应组织其管理人员参加消防培训，持证上岗，管理单位应建立建筑消防设施的使用、检查、维护、运行情况的档案，以便及时发现问题。

第四，制定和完善应急疏散预案，定期演练。学校应结合实际制订灭火和应急疏散预案，预案应包括组织机构、报警和接警处置程序、应急疏散组织程序和措施、扑救初起火灾程序和措施、通信联络、安全防护救护的程序和措施等内容。学校要按照灭火和应急疏散预案，至少每半年进行一次演练。在实际工作中，应充分考虑受众面，尽量让更多学生参与，同时不断完善预消防演练预案，以此增强学生的初期灭火、逃生自救能力，做到有备无患。

三、不良网络贷款风险防控对策

1. 完善社会征信体系，强化对校园借贷市场的监管

行业监管相较于"校园网贷"的发展速度明显滞后。首先，通过政府部门对校园网络平台的强制性约束来提高准入门槛，增强企业的自我约束和行业自律意识，改进经营管理和运营模式，树立良好的信誉与形象。其次，成立校园网贷协会的学生社团，一方面提高网贷行业自身的经营水平；另一方面有益于维护学生群体的利益。最后，加强行业自律，建立信贷平台与学生家长、学校的联系制度。学生有借贷需求，网贷平台必须要求其提供家长的担保材料和学校出具的证明，同时要提高信贷资料审核的力度，完善信贷审批制度，杜绝冒名贷款。

2. 依据不良校园贷类型施以区分教育

校园贷对学生群体而言并不陌生，尤其对于大学生而言。传统电商平台所提供的校园贷金融服务深受大学生群体青睐，一旦传统电商平台借贷受限

或无法偿还借贷，就会另寻其他网络借贷平台或借贷公司。现实问题是，多数大学生对何谓不良校园贷、如何判定不良校园贷的相关知识缺乏，极易深陷不良校园贷漩涡。加强大学生校园贷的教育治理，既要对大学生良性校园贷存在风险给予教育，同样也要针对不良校园的危害给予明确指出。从不良校园贷在大学生群体发生比例来看，其发生概率不算太高，但其危害与影响非同一般。在大学生群体看来，不良校园贷的影响及危害主要为个人和家庭，而对学校、同学及社会影响不大，而事实上并非如此。更为关键的是，大学生不良校园贷类型多样且变幻莫测，如何透过现象看本质，对大学生不良校园贷给予类型划分并加以区别显得尤为重要。划分大学生不良校园贷类型，关键是要从不良校园贷现象看其本质，并根据其本质划分出其类型。因此，加强大学生校园贷的安全教育，不仅要从本质上归纳与划分出不良校园贷的类型，还应根据不良校园类型施以针对性、精准的风险危害认知教育。

3. 强化学生理性消费教育并精准施教

大学生群体自我进行校园贷并不是盲目的，或者说非理智性的。多数大学生之所以陷入不良校园贷，可归为自我风险防范意识不强、自我盲目跟风消费、同辈群体借贷文化影响，以及学生个体过于自信具有偿还能力而被动陷入"挖东墙补西墙"的局面。校园贷问题所反映的主要涉及学生自我因素，同时受到同辈群体不良消费文化的影响，因此，加强对大学生群体教育应注意一般与个别的关系，既注重全体学生价值观、人生观、世界观的全面教育，也要注重对个别学生的"三观"及理性消费观教育，以做到分类施教，即引导学生个体理性消费，个体化精准跟踪及教育。这需要，高校学生教育工作者，尤其是辅导员，要加强对所带学生日常生活消费给予深入了解并精准把握学生消费习惯，针对个别具有不良消费习惯、超前消费或家庭贫困的学生建立动态跟踪，一旦发现异常立即开展咨询并施以精准的行动教育。因此，大学生不良校园贷的教育治理，应注重强化学生理性消费教育，并针对个别学生施以精准施教。

4. 建立风险防范机制，实施多主体共同参与学生教育治理

大学生不良校园贷教育看似发生在学校，但对大学生的教育并不能局限于高校，而应扩展到社会与家庭，并发挥政府的作用，实现学校、政府、家庭及社会的合力。政府应制定针对大学生校园贷的专项法律法规，明确规定大学生校园贷借贷利率，加强对校园贷借贷平台的监管及对不法校园贷分子的严厉打击，并落实政府相关公检法等部门进高校从事法治教育职责。家庭应密切关注自家子女行为及经济消费动态，在经济上与心理上给予大学生更多的支持与关爱，并肩负起对大学生进行"三观"及理性消费的教育责任。社会看似与大学生校园贷关联不大且抽象的群体，却在大学生校园贷预防与治理中扮演着不可或缺的角色，如社会媒体应客观报道大学生不良校园贷，而不是为了追求点击率而大肆渲染或虚假报道；银行、法律及金融机构等擅长大学生校园贷法律方面知识人士，应积极主动走进大学校园与教师、学生交流沟通，以不断提升教师与学生群体的校园贷法律安全意识，避免学生陷入不良校园贷的陷阱。因此，实施多主体共同参与大学生校园贷教育及治理，有效提升大学生校园贷教育治理功效。

四、网络诈骗风险防控对策

1. 转变工作思路，以降低后续风险为目标

如果事件的成功解决以追回资金为目标，那么学校对学生工作水平要求很高。实际上处置事件的成功率很低，一定程度上会打击学生管理队伍的工作积极性。因此，学校要转变工作思路，改变以追回钱财为工作目标，改为以降低后续风险为工作目标。对于大部分需要立案解决的事件，学校应尽快移交公安机关。移交后并不意味着事件已经解决。学校的工作职责是稳定学生情绪，防止学生卷入其他风险中。金融类危机案例的风险是极易转化的，被网络诈骗的学生会去网贷，网贷还不上又会引发心理疾病。关键是摸清资金状况，一旦发现之后要立即切断借款源头，防止学生狗急跳墙卷入非法渠道，降低危机事件的后续风险。

2. 遵循基本原则，有的放矢地应急处置

虽然学校往往缺乏网络金融风险危机事件的成熟的应急处置预案，但是学校可以根据这类危机事件的特征制定基本的工作原则。主要包括以下几方面：一是明确事件性质，确定后续工作流程。事件发生后，首先应该确定事件性质是民事案件还是刑事案件。比如，网络诈骗这一类属于刑事案件，需要公安机关处理。民间借贷是属于民事案件，公安机关是不予立案，只能协商解决或者走司法程序来解决。二是查明受害人的资金状况，安抚学生情绪。这类事件的直接后果是学生钱财的损失。首要工作目标是查明学生是否有借贷行为以及目前的负债情况。如果学生的财产损失很大，超出了偿还能力，辅导员应联系家长并力所能及地提供帮助。三是尽快联系家长，填补资金缺口。大学生没有经济来源，解决资金问题必须要获得家长的帮助。家长作为监护人，有更大的权限去管控孩子的消费情况。引导家长尽快填补孩子的资金缺口，以防学生隐瞒事实，卷入更大的风险。四是关注学生的心理状态。陷入经济危机的学生会引发应激性的心理问题。他们首先产生的情绪是自责。悔恨自己当初太大意，轻易相信别人的话，觉得对不起父母的养育之恩。有些学生甚至因为这种自责，整日以泪洗面，而开始陷入到负性情绪中不能自拔。在高校辅导员要做好心理疏导工作，帮助学生倾倒情绪垃圾。引导学生放宽心，能够用钱解决的问题就不是问题，自己解决不了，还有背后的父母为你撑着。在人生的道路上，一时的弯路、坎坷在所难免，只要积极改正，事情就会有转机。

3. 健全警校联动机制，提高处置效果

网络诈骗事件的预防、处置需要学校和所属地公安机关的紧密合作。在立案环节，辅导员接到通知后，第一时间向领导汇报事件概况。根据案件性质判断是否需要报案。然后再向公安机关确认是否可以予以立案，根据需要陪同学生做笔录。当前的危机处置基本止步于此。笔者认为警校应建立畅通的联动机制，对事件的进展及时沟通反馈，将案件当中暴露出学生的安全隐患漏洞传达给学校、学生。事后，警方和校方应该开展联合安全教育，预防

此类案件的发生。高校面临的工作困境是即使反复教育引导，学生仍然屡次受骗，安全教育效果不明显。造成这种现象的原因是当事学生对事件过程讳莫如深，不愿分享惨痛的经历。教师群体安全意识高，未经历整个过程，对诈骗手段、操作流程等不甚明了，缺乏亲身体验，无法开展精准的安全教育。学校应该借助公安机关的力量，通过邀请办案骨干、专家为学生开展讲座，生动形象地展示具体案例，让防范网络金融风险的警钟长鸣。警校应从立案、侦破、警示教育、预防等各个环节建立联动机制，提高事件处置的效果。

4. 构建家校合作模式，形成合力育人

父母是孩子的第一任老师，父母与孩子之间的良好沟通有利于学生的成长成才。众多案例显示，学生起初开始参与返利活动的原因是生活费不够用，或是遇到重大困难不好意思向爸妈开口要钱。父母对孩子的这些行为全然不知，直到最后收到老师通知或者催款通知。学校应该与家长建立合作模式。在进校后的日常生活中，老师、家长两条线关注学生消费动态和其他生活学习情况。家长对小孩每月的合理消费，应予以支持，对其他的过高需求，要积极引导，而不是呵斥、拒绝甚至恶语相向，要畅通沟通渠道。一旦遇到网络诈骗事件，家长更加不能一味指责孩子，而应该站在长远发展的角度，帮助孩子渡过难关，予以物质和精神上的全力支持。事后父母应该与老师一起严密监控孩子的资金流动情况，防止重蹈覆辙。对小孩可能出现的情况，做到防患于未然，培养学生健康的消费观、金钱观。

5. 提高教师法律素养，增强应急处置能力

有些危机事件先后用立案、调解、协商等办法最后未能成功解决，必须要走司法程序。涉世未深的学生法律知识有限，身边也缺乏专业法律人士的指导。教师应该提高自身的法律素养，掌握基本的法律知识，在诉讼程序、诉讼条件等方面给予指导。也可以为大学生联系法律援助中心、专业法律人士进行指导。引导他们用法律手段维护自己的合法权益。

6. 开展多样化的警示教育，降低同类事件发生率

很多网络诈骗案例的一个共性是学生事前极力隐瞒，事后反复求助。老

师、学校是处于非常被动的地位。平日里对老师苦口婆心的安全教育充耳不闻，事发后维权意识非常强烈。所以，要采取排查的方式，明里暗里两条线，对是否借贷的情况进行摸排登记，暗地里要动员信息员队伍力量，对近来消费异常的学生要引起重视。学校要善于总结历年发生的真实案例，建立网络诈骗案例资源库。及时分析最新出现的网络诈骗形式、手段、特征。通过主题班会、安全讲座等方式教育引导学生。同时，要采用丰富多彩的教育方式，提高警示教育的实效性。

五、校园心理问题防控策略

1. 建立全面的心理健康教育体系

建立全面的心理健康教育体系，是有效提升学生心理健康的重要途径，其中包括心理健康课程、心理咨询服务、心理健康宣传和普及等方面的内容。首先，可以在课程设置中增加心理健康相关的必修课程，向学生传授基础的心理知识和应对技能。同时，鼓励学生积极参加心理健康俱乐部、研讨会和讲座等活动，增强他们对心理健康的认识和应对能力。其次，大学应建立完善的心理咨询服务体系，提供及时和专业的心理咨询支持。学校可以聘请专业的心理咨询师，并设立心理咨询中心或提供在线咨询平台，为学生提供个体咨询、小组辅导和心理危机干预等服务。此外，培养一支专业的学生志愿者团队，能够提供相互支持和互助的平台，帮助学生共同应对心理压力。最后，学生心理健康意识培养的关键在于心理健康知识普及和宣传。学校可以组织心理健康主题的宣传活动，如举办心理健康周、发布宣传资料和海报等，向学生传递正确的心理健康观念和信息。此外，利用新媒体和社交平台进行心理健康教育的传播，如开设心理健康微信公众号或推出心理健康 App，方便学生随时获取相关的心理健康知识和资源。

2. 开展有效的心理健康监测

目前的学生心理健康监测存在监测数据单一、缺乏实时动态监测、被动干预以及中国化发展不够等问题。第一，数据采集方式比较单一，精准度不

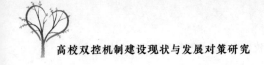

够。主要是新生入学时通过各种量表进行心理健康普查，但也仅是对学生近期心理健康状态的一种反映，无法预测学生未来的心理健康状况，同时对学生自愿参与度有一定的依赖性，如学生有抗拒会导致采集到的数据不真实、不全面。第二，缺乏实时动态预警和监测。通过心理普查、心理访谈等手段获取的心理健康数据是静态的，未能将心理支持效果、心理状态变化以及心理危机干预等方面整合成一个动态封闭系统，难以实现对学生心理健康状况动态的跟踪和管理。第三，对心理问题预防和针对性干预不够。心理危机应对意识有所提高，但是应对滞后。如对心理危机发生的预测性不足，针对性不强，没有根据个体的具体情况开展针对性的预防；心理问题重治疗轻预防，把更多的精力用在应对已经出现的心理危机，忽视对健康群体积极心理品质的培养。第四，心理学中国化发展不够，中医学在心理健康中的作用缺失。未充分考虑我国的文化、政治、经济背景，无法构建适用于中国人的心理研究方法。通过定期进行心理健康评估调查，学校能够全面了解学生的心理状况和问题，并及早发现存在的心理健康隐患。为确保评估的科学性和准确性，学校可以采用专业的心理测量工具和问卷，收集学生的心理健康数据，如焦虑、抑郁、压力水平等。评估结果能够为学校提供重要的参考，制定出个性化的心理干预计划，针对不同群体和个体的心理健康需求提供有针对性的支持和帮助。除了定期的评估调查，心理健康评估还可以在个体辅导和心理咨询的过程中进行。通过与学生的深入交流和观察，心理咨询师能够更全面地了解学生的心理困扰和需求，为他们提供个性化的心理干预和支持。这种个性化的评估方式更加贴近学生的实际情况，有助于建立起有效的信任关系，使学生更愿意开放和分享自己的内心体验。定期的心理健康评估不仅能够帮助大学生认识和了解自己的心理健康状况，还能够促使学校和相关部门更加关注和重视大学生心理健康问题。通过对评估结果进行有效分析和总结，学校可掌握学生心理健康问题发展趋势及特点，有针对性地改进和完善心理健康教育的措施和方案。同时，评估结果还可以为学校提供有效的反馈和监测机制，及时调整和优化心理健康服务的内容和形式，以更好地满足学生的需

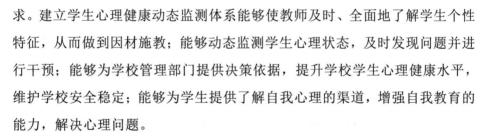

求。建立学生心理健康动态监测体系能够使教师及时、全面地了解学生个性特征，从而做到因材施教；能够动态监测学生心理状态，及时发现问题并进行干预；能够为学校管理部门提供决策依据，提升学校学生心理健康水平，维护学校安全稳定；能够为学生提供了解自我心理的渠道，增强自我教育的能力，解决心理问题。

3. 提供多元化的心理健康服务

心理咨询可以帮助学生解决心理困扰、调适情绪，提供情绪支持和心理建议。心理治疗针对较为严重的心理问题，通过专业的治疗方法和技术，帮助学生恢复心理健康。心理辅导则注重学业和生活方面的指导，帮助学生解决困惑、制定目标、提升自我管理能力。此外，心理培训可以提供有关心理健康、压力管理、人际关系等方面的知识和技巧，帮助学生增强心理健康意识和应对能力。借助现代技术手段，如在线咨询和心理健康平台，可以提供便捷的服务形式，方便学生随时获取支持和指导。通过多样化的心理服务工作，高校可以更加全面地关注学生的心理需求，为学生提供个性化的帮助和支持，促进学生的心理成长和发展。为满足学生多样化的心理健康需求，学校应提供多元化的心理健康服务。除了个体心理咨询，还可以引入其他形式的支持和帮助，如心理团体活动、心理训练营和心理技能培训课程等。心理团体活动为学生提供一个安全和互助的环境，让他们可以在小组中分享和交流心理体验，从他人的故事中获得共鸣和支持。这种互动的方式能够增强学生之间的社会支持网络，培养他们的归属感和认同感，提高心理健康的整体水平。心理训练营和技能培训课程致力于帮助学生学习应对压力和管理情绪的技巧，提高他们的心理韧性和自我调节能力。这些课程可以教授学生有效的应对策略，如放松技巧、问题解决方法和积极思维模式的培养，以应对日常生活中的挑战和困难。此外，学校还可以与社区心理健康机构合作，开展志愿者服务和社区实践活动，为大学生提供更广泛的心理支持和资源。通过与社区的合作，学校能够将心理健康教育延伸到校外环境，吸引社会各界的参与和关注。这种合作可以为大学生提供更多样化和丰富的心理支持，增强他们的社会融入感和心理福祉。加强校园文化建设。高校应注重培养积极向上、关爱共融的校园文化氛围，为学生的心理健康提供良好的环境。首先，可以通过开展多样化的心理健康教育活动，如讲座、展览、比赛等，加强学生对心理健康重要性的认识，并为他们提供相关支持。其次，强化班级导师制度，建立良好的班级关系和师生关系，使每个学生都能得到关心和支持，促进同学之间的互助和支持。同时，鼓励学生参与志愿者活动、社团组织和公益项目，培养学生的自助和互助意识，促进他们的个人成长和社会责任感。通过加强校园文化建设，高校能够为学生打造积极健康的心理氛围，进而提升他们的综合心理健康水平，促进其在学术、社交和情感等各方面的全面发展。

4. 加强学生积极心理品质的培养

为加强大学生心理健康意识的培养，学校可以采取一系列措施。首先，开展心理健康教育活动和课程，提供关于心理健康的知识和信息，让学生了解心理问题的常见原因、症状和处理方式。这些活动可以通过讲座、研讨会和工作坊等形式进行，以激发学生的兴趣和参与度。其次，学校可以通过宣传栏、校园广播和社交媒体等渠道传播心理健康知识，提供实用的心理保健建议和资源链接。同时，鼓励学生主动关注自己的心理状态，并与他人分享经验和支持。建立心理健康促进的学生组织和社群，提供一个开放和包容的空间，让学生能够互相支持、交流和分享心理体验。此外，学校还可以邀请心理健康专家参与活动，并提供心理咨询和辅导服务。通过这些专业资源的支持，学生可以得到更深入的指导和帮助，增强自我保护和应对能力。通过持续的心理健康教育和支持体系的建立，学校能够培养学生的心理健康意识，使他们能够更加积极主动地关注和维护自己的心理健康，以提升整体学生群体的心理幸福感和成就力。促进心理学中国化发展。

5. 促进家校和社会的合作共治

为促进大学生心理健康教育，家庭、学校和社会需要积极合作共治。家庭在大学生心理健康中扮演着重要角色，家长应关注子女的心理需求，倾听他们的困惑和挑战，并提供理解和支持。家庭应与学校建立良好的沟通渠道，共同关注学生的心理状况，互相交流反馈信息，以制订家校合作的心理健康支持计划。学校也需要积极与家庭合作，通过家长会议、家校互动活动等形式，向家长传递心理健康教育的信息和重要指导，以形成家校联动的教育力量。学校还可以组织家长培训课程，提供家庭教育的支持和指导，让家长能够更好地理解和应对大学生心理健康问题。同时，社会各界也需要参与到大学生心理健康教育中来。社会心理健康机构可以与学校建立合作关系，提供专业的心理咨询和支持服务。政府和非政府组织可以加大对心理健康教育的投入，提供必要的资金和资源支持，推动心理健康教育的普及和深化。通过家庭、学校和社会的合作共治，可以形成一个全方位、多层次的大学生心理健康教育网络。这种合作共治模式能够有效整合各方资源，提供系统化的心理健康支持，为大学生提供更全面、更有效的心理健康教育和服务，提升他们的心理韧性和适应能力，实现全面发展。

为有效预防学生心理危机事件的发生，可将心理问题的处置点前置于心理问题发现机制之后，通过建立动态心理健康监测机制，及时察觉学生的心理健康问题，从而采取逐步干预和辅导措施，以提升心理健康教育的效果。学生心理健康教育是当今大学教育的重要任务。通过实施这些策略，学生将得到全方位的支持和帮助，提高他们的心理健康水平，更好地应对压力和困扰，实现全面发展。这需要大学和社会各界的共同努力，共同关注并支持大学生心理健康教育的发展，为他们构建良好的心理健康环境和支持体系。

六、学生体育比赛运动的风险防控对策

1. 整个比赛过程风险评估与控制

在组织比赛之前对整个比赛进程进行全面的评估，高校的操场是大学生运动的聚集地，所以一定做好比赛的重点检查工作：比如做好场地的检查与检修工作，保障设备和设施的正常运行，确保能达到正常比赛要求等，检查设备仪器的精度、人员的分配等，确保处处达标。同时，做好比赛预案和应急预案，做好比赛充分准备，以及医疗团队的跟进，等等。总之，经过全面

的风险评估和采取适宜的预防措施，最大程度减少田径体育赛事中的安全风险，保障参赛选手和观众的安全。

2. 组织人员以及志愿者的培训

组织一场赛事需要众多人员的参与，首先，治安人员对赛场秩序的管控、志愿者对运动员的引导和观众的引导、检录裁判对运动员的检录，等等相关人员都拥有至关重要的作用，针对此类重要工作人员，一定要做细致入微的专业培训才能保证比赛的正常进行。邀请相关领域专家对比赛进行整体把控，分析出其优势及不足及时更改方案中的不足，制定详细的培训课程、计划、内容、时间、方式等，培训内容围绕比赛的开展、人员分工，比赛赛前、赛中、赛后可能出现的安全事故案例分析及预防、应急处理措施、安全设施使用方法等，利用讲座、培训课程以及小组研讨会的方式，分别向治安管理人员、学生志愿者以及裁判员进行专业知识的培训，通过专业人士的指导，充分了解比赛中可能发生的安全事故，掌握安全的操作方法。再者，组织者要在赛前进行比赛模拟演练，通过各个环节的比赛演练，分析其中环节还未预想到的突发事件，完善组织方案。最后，组织人员以及裁判员在赛前要对器材场地进行充分的了解，熟悉其使用方法，分析其不可控因素，确保在比赛过程中指导运动员正确使用器材，保证运动员身体不受伤害，做好紧急事件的处理。人员培训是让组织者最快熟悉比赛的重要方法，通过一系列的理论培训、实践培训、模拟演练等不断完善方案和考核机制，可以使工作人员重视并且赛制的重要性，保证赛事的顺利进行。

3. 学生运动员的参赛通告

田径运动会不仅有助于提高学生的身体素质，还可培养学生的团队精神和竞争意识。如百米短跑、跳高、跳远、投掷等，这些项目的锻炼不仅有助于增强学生的体质，还提高了他们的灵敏度和协调性。通过比赛的竞争，学生们还能认识到团队合作的重要性，学会如何与他人协作、如何尊重对手。教职工运动会更是以趣味为主、竞技为辅，增强教职工体育锻炼的热情，增进了教职工之间的联谊和交流。所以，田径比赛相对竞技运动比赛也有差别，针对田径运动比赛要保证赛出友谊，更要赛出水平，保证健康。学校学生人数较多，群体朝气有活力，但是有专业运动基础的学生较少，对自身身体条件了解不足，凭借热情报名参加比赛，所以在进行运动会发布通知时候要注重对运动员的告知。比如：① 在参赛前，要确保自己的身体状况良好，没有潜在的健康问题。如果有身体不适或疾病，请及时告知教师或校医；② 参赛前要注意饮食和休息，保证充足的睡眠和营养摄入，避免过度疲劳和饥饿，适当的营养可以提升训练的效率和比赛的成绩。注意运动前 1 小时内不要进餐，不然运动起来会对肠胃造成损害；③ 为了发挥更高的竞赛水平，参赛前要检查自己的运动装备是否齐全、合适（如运动鞋、运动服、运动袜等）；④ 比赛前要充分热身，慢跑拉伸，活动四肢，提高肌肉、关节各部分灵活性，并注意保暖，预防肌肉拉伤和抽筋等相关建议提前告知学生运动员，进行规避风险。同时，启动赛前身体状况筛查，学校根据运动员报名情况条件进行身体筛查，比如学生必须是正式录取，在校、在籍学生、身体健康等，同时由学院出具证明，方可代表本学院参加比赛。同时，比赛场地也要现场确认等，规避学生因身体情况出现不可控因素，规避风险。

4. 学生运动员的赛前培训

针对已经报名的运动员，要进行赛前的专业培训，防止运动员在备赛以及比赛期间受伤，可邀请有相关专业的运动员通过线上或者线下对参赛运动员进行专业性备赛的指导，培训内容可从：① 制订备赛训练计划，合理安排运动量和强度；② 生活的规律性，保证体能的有效恢复；③ 保证能量，合理安排饮食；④ 赛前准备活动要充分；⑤ 做好赛前的心理建设，从平时的训练就要加强心理技能的训练，使其心理变化能够适应比赛的需要。只有这样，才能在提高成绩基础上，保证赛事的安全进行。

5. 比赛设备和场地的安全

比赛场地是运动员比赛和观众观看比赛的重要场地，所以比赛场地和设备尤为重要，加强设备和场地的管理是确保运动员和观众安全的重要措施，可采用以下措施进行：安排志愿者在场地出入口贴上指引条，观众入口采用同时多通道分流进入，到达指定席位，在比赛场地入口，赛道边缘建立围栏杆，把观众席和赛场隔离开，防止观众误入席位。开赛之前的工作日，定期检查场地设备，注重消防安全，备好灭火器、消防通道等，保证比赛中的一切安全，学校各个部门积极联动，共同合作制定应急预案，有效保证运动员和观众的安全，营造良好安全的比赛环境。

6. 比赛中医疗安全的保障

医疗保障是体育赛事的重要环节，对于参赛运动员来说，医疗保障意味着他们在全力以赴追求竞技水平的同时，能够确保自身身体健康得到有效保障。① 在赛场专有地方采取医疗保障措施，包括赛事医疗总监、医疗团队、急救站点、志愿者等多个层级，有专业医护人员到场坐诊，指导急救站点设置和医护人员培训等工作，负责现场急救、运动员医疗服务和赛事期间的健康监测；② 赛事医疗保障设备与物资为保障比赛中医疗安全，赛事医疗保障团队会提前准备充足的医疗设备和物资。其中包括急救车、心脏急救设备（如AED 等）、担架、急救箱等。此外，根据赛事特点和场地条件，医疗保障团队还会配备氧气瓶、冰袋、急救药品等特定物资；③ 赛事医疗应急预案为确保比赛中医疗安全，医疗保障团队会制订详细的医疗应急预案。应急预案包括突发公共卫生事件应对、运动员伤病处置、急救站点布局、医疗资源调配等多个方面。在比赛过程中，医疗保障团队会根据实际情况，及时调整应急预案，确保应对各类突发状况；④ 赛事医疗保障培训与演练为保障比赛中医疗安全，医疗保障团队会定期组织培训和演练。培训内容包括急救技能、心肺复苏、运动医学知识等。通过培训，医护人员和志愿者能够熟练掌握急救技能，提高赛事医疗保障水平。

第五章　校园安全双重预防隐患
排查治理系统概述

隐患的排查和治理是学校预防事故发生的最后一道防线。隐患对学校人员的安全和学校财产构成了巨大威胁。如果发现隐患，要尽快地进行治理，如果不能尽快对隐患进行治理，则会发生安全事故。学校需要按照国家法律以及法规，标准和学校管理制度等，采取相对应的措施或方法，排查风险识别管控措施，对本学校的存在隐患需要进行排查，消除或控制。针对已经排查出的隐患需要落实到整改责任人，制定出相关的整改方案以及整改资金等，整改后进行监督，最后复核对治理的隐患进行验收，能有效阻止安全事故的发生，为学校的安全生活提供保障。

第一节　隐患的分类

根据隐患整改、治理或控制及其可能导致事故后果。可以将事故隐患分为一般事故隐患和重大事故隐患两类。一般事故隐患：指隐患的危害性较小和整改的难度较低，发现后可以立即进行治理或控制；重大事故隐患：是指危害程度比较大和难以在短时间内完成整改的问题，需要停止活动进行隐患的整改与控制，只有通过一定的整改措施，才能消除的隐患，才能称为重大隐患。根据不同的类型，隐患可以分为食品安全隐患、网络安全隐患、消防安全隐患、校园施工安全隐患、交通安全隐患、心理安全隐患等。

一、食品安全隐患

1. 校园食品安全概念

食品安全主要指食品对消费者健康存在慢性或者急性危害。食品安全是关系到国计民生的重大问题之一，校园食品安全问题更是食品安全问题的重中之。2019年，教育部颁布的《学校食品安全与营养健康管理规定》，将食品安全与卫生上升到食品营养健康的层面，对校园食品安全管理提出更高的要求。现阶段食品安全作为一个热点问题受到社会各界的高度关注。近年来，越来越多的学校选择将食堂经营转包给相关方，食堂经营模式转换过程中往往存在学校对食品安全重视不足、相关方权责不清等问题，导致校园食品安全隐患丛生，食品安全问题屡禁不止。由于学生在校内集体用餐，一旦食品质量出现问题，就可能导致群体性食品安全事件，负面影响波及极广。不仅如此，在高校中学生不仅会在学校食堂进行就餐，校园周边食品是学生选择就餐主要地点，校周边小吃等存在更大的安全隐患。同时，学生处于成长发育的关键时期，自身兼具脆弱性和敏感性，校园食品安全事件造成的损失更大，社会影响也更加恶劣。因此，及时排查食品安全隐患，监督食品安全，是防止校园食品安全事件发生的重要手段。

2. 校园食品安全存在问题

在近些年的新闻报道中，食品安全相关的问题时有发生，例如，2023年6月，江西一高校饭菜中疑吃出"老鼠头"的视频开始在网上传播，而后学校官方回应称"确认'异物'为鸭脖"，最后经联合调查后才确认为一起食品安全事件，这一起"鼠头鸭脖"事件给校园食品安全再一次敲响了警钟。像这样的校园食品安全事件每年都屡见不鲜，有许多学生因为对食品安全相关知识了解很少，无法辨认其是否为劣质食品，往往也会接触到不干净的食物，进而引发食品安全事件。总的来说，校园食品安全方面存在以下几个方面的问题：

（1）食品安全管理缺失

很多学校在教育方面投入了大量的人力、物力、财力，却忽视了食品安全方面的管理，学校往往尚未建立健全食品管理制度，岗位职责不明确，人员分工也并不明晰，不能做到层层监管，层层把关，协同共治，这就导致各部门、各岗位无法落实责任，各环节管理松散，一旦出现问题，相关人员互

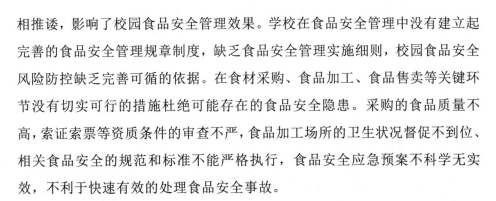

相推诿，影响了校园食品安全管理效果。学校在食品安全管理中没有建立起完善的食品安全管理规章制度，缺乏食品安全管理实施细则，校园食品安全风险防控缺乏完善可循的依据。在食材采购、食品加工、食品售卖等关键环节没有切实可行的措施杜绝可能存在的食品安全隐患。采购的食品质量不高，索证索票等资质条件的审查不严，食品加工场所的卫生状况督促不到位、相关食品安全的规范和标准不能严格执行，食品安全应急预案不科学无实效，不利于快速有效的处理食品安全事故。

（2）餐厅硬件设施不足

很多餐厅为了减少成本，一些硬件设备不符合要求，设备老旧、布局不合理，操作间空间狭小、硬件短缺、规划布局不合理，食堂建设专项资金有限，没有购置安全设施和食品加工设备的资金，没有配备足够的安全设施，甚至没有配备足够的消毒设备与冷藏设备，这会直接导致食品安全问题的产生，食品采购、加工销售、餐具洗消等环节存在诸多安全漏洞。防蝇、防尘、防鼠设施不全，紫外线消毒灯等设备达不到要求，存在不安全因素。

（3）食品安全管理队伍匮乏

食品安全管理需要高素质专业化的队伍，很多学校在后勤管理，食品安全队伍配比上匮乏，食品安全管理人员水平参差不齐，具有丰富管理经验的人员较少，难以把控食品安全问题的关键点，有的工作人员对一些食品安全风险点缺少判断力、分析力以及应急处理处置能力；多数高校后勤管理部门人员紧缺，食品安全管理人员只有极少部分是正式在编人员，多数为临聘人员，有的管理人员身兼数职，与庞大的就餐人数、就餐窗口相比，管理人数明显不足，一些食品安全重点岗位上难以落实"专人专岗"制度，食品安全管理无法做到标准化、精细化、规范化和科学化。这些都严重制约了高校校园食品安全管理的整体工作。此外，由于大多数高校学生餐厅采取承包、托管等方式，招聘的餐厅从业人员业务水平不高、文化程度低、行为习惯差，食品安全知识不足、食品安全意识不强、卫生操作习惯较差。法律、法规意识不强，对餐饮食品生产标准操作规范的理解和执行程度不到位，不能严格

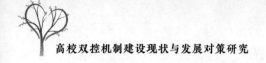

遵守食品安全操作规范，食品安全管理标准难以执行，存在食品污染和导致食源性疾病的风险。

（4）食品安全监督不足

餐饮服务全流程督查检查力度不够，食品安全监管不到位。对食材的采购和储存管控不严格；食品加工操作过程不规范；食品安全管理意识不强，防风险意识弱，不能全流程把控餐饮服务环节的食品安全情况，不能有效防止食品投毒等人为蓄意污染和破坏。食品烹调加工和售卖过程不规范，未能将食物充分煮熟煮透，菜品传递操作不规范，导致食品存在潜在的生物或化学危害；餐饮具洗消过程不符合要求，存在致病菌污染或化学物质残留等食品安全风险。没有先进的食品安全检测技术，难以保证食品安全检查的科学性和准确性，食品安全管理手段缺乏技术性，食品安全风险防控水平低。

（5）学生安全意识薄弱，安全教育不够

学生往往将更多的精力放在与学习相关的问题上，把自己大部分的时间都投入到学习和实践中。然而，部分学生由于缺乏相关的教育，食品安全意识薄弱，营养知识储备也极其有限，长此以往，很多学生缺乏食品安全教育，对食品安全重视不够。学校未将食品安全知识教育纳入学校安全教育课程，缺乏学生食品安全意识培养，学生食品安全意识淡薄，存在食品安全误区，学生的维权意识也非常薄弱，当购买到过期食品、"三无"食品时，学生的第一反应往往不是维权，而是选择丢掉，而这样放弃维权的行为只会让生产劣质食品的厂家越来越猖獗。部分学生养成了不健康的生活习惯，不按时吃饭、暴饮暴食、挑食厌食现象普遍。相比于食堂的饭菜，他们更喜欢垃圾食品、洋快餐，学生宿舍满是饼干、面包、方便面和火腿肠等方便食品。很多学生喜欢到校园周边小餐馆、小卖部购买食品，只考虑食品价格低，口味好，而忽略了食品质量问题和卫生安全问题。学生食品安全知识水平偏低和防范意识不强。对学生饮食安全的科学引导和劝告存在不足或缺失，学生缺乏对校园食品安全活动的有效关注，未能从思想意识上与学校形成协同共治食品安全的防范机制。

3. 校园食品安全隐患内容

食品安全隐患主要涉及食堂食品的质量，食品的保存，食品的加工，食品的卫生，网购食品，校园周边食品等方面的安全隐患，这些隐患都直接影响学校、教师和学生的健康及生命安全，进而也会影响到学校教育教学的开展。

（1）食品质量隐患

首先在食品质量方面主要是食品原材料存在的隐患。很多学校为了节省开支，减少采购环节，食品原辅材料采购程序不规范，采购过程把关不严，采购中出现采购过期、变质或劣质、不合格等食材，导致食品安全问题；采购了添加过增白剂的面粉、饲喂过激素的鸡鸭肉、添加过吊白块的食物、喷施过催熟剂的水果、喷施过剧毒农药的蔬菜，造成残留物出现超标现象、转基因食材、食品添加剂过量使用或滥用等问题食材，学生食用后极易产生食物中毒，直接危害广大师生身体健康。比如过期大米的采购。过期大米原本被禁止流入市场中，然而，经过提炼、抛光等处理后，虽从外观上看和正常大米无异，但实际上已经发生变质，且营养价值非常低，食用后可能对人体造成直接损害。这些食品被一些黑心经销商流入市场，甚至流向学校食堂。由此可见，现代农业新技术与工业化应用食品价格逐渐降低，但在其中损害了食品的本身价值，甚至导致的各类食品安全问题，形成了食品源头的最主要隐患。

（2）食品保存隐患

食品保存方面主要涉及食品材料存储条件不符合要求，存在生食和熟食混放造成交叉污染，使食品大肠菌群超标、食材存储温度不当造成食材变质、食材积压发生变质、卫生清洁不到位及消毒灭菌不达标导致食品受到严重污染等问题。有些食物没有完全售卖出去，没有及时放入冰箱存储，导致各类细菌滋生。食品保存时没有注意存储卫生条件，也会导致食物变质，或被老鼠，蟑螂等污染，如果售卖给学生很可能发生食品中毒或群体肠道感染事件。因此，食品保存不佳，方式不适，保存环境或条件不正规，在很大程度上也

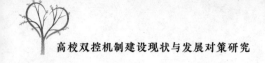

会造成安全隐患。

（3）食品加工隐患

食品加工方面存在诸多问题，主要包括食品烹煮不熟、加工不彻底等情况。容易导致食物中毒事件。例如奶类及奶制品加工不彻底、豆角类不易熟蔬菜烹煮时间过短、肉类未完全煮熟、发芽变绿色的马铃薯继续使用、辣椒油中添加增色剂、为增加味道吸引回头客而使用违禁配料罂粟壳等。另外，饮用水未经过过滤直接使用地下水等都有可能发生食品安全事件。

（4）食品卫生隐患

食品卫生是影响食品安全重要因素之一，从采购到加工再到售卖给学生的每一环节都需要保证卫生，然而，在食品卫生方面仍存在诸多问题，比如食品清洗不到位，甚至不与清洗直接烹饪；承装食品的碗碟、保存食品的冰箱卫生清洁不到位；餐饮人员个人卫生不达标准；后厨卫生恶劣；就餐环境不整洁等，这些问题直接影响食品的质量和卫生，严重威胁食品安全。不仅如此，大部分学校校园食堂为了节约成本，提升效益，许多校园食堂的改造与建设与食品卫生分级管理要求、不相符合、人员与设施配备缺乏合理性，例如，更衣、消毒、防尘、防腐、污水排放、废弃物处理、保险以及冷藏等设施缺乏完备性，直接影响到校园食堂的就餐安全。

（5）外部食品隐患

除了校园食堂内的食品安全隐患，网购及周边食品也在冲击校园食品安全，成为另一大影响学生食品安全的隐患。网购食品因其种类丰富、价格实惠、方便快捷而成为学生消费的热点，尤其是高校大学生，热衷于购买各类网红食品。但是由于网络交易的虚拟性、不确定性、跨地域性、隐秘性、多样化等特点，使网购食品侵权行为时有发生，网购食品监管监督难度大，问题多，治理效果不佳。网购食品存在以次充好、以假乱真，食品变质、过期、三无产品、包装不达标或破损、食品污染等方面的问题，损害了师生消费利益，扰乱了校园秩序，造成了高校校园食品安全风险。此外，高校校园周边的餐饮店和小吃摊点也存在较大的食品安全风险。校园周边餐饮店的经营品种丰富，花样繁多，口味独特，深受学生的喜爱，但是这些餐饮店和小吃摊的卫生状况和食品质量令人担忧。环境卫生差、行为习惯不良、调味品和食品添加剂超量、食材来源不明、餐具消毒不彻底、食品污染严重，这些问题都会危害学生的身体健康，存在极大的食品安全隐患。

由此可见，校园食品安全隐患众多，严重影响校园食品安全。目前，食品安全是校园安全问题中的重要问题，食品安全问题关系到学生的身体健康和生命安全，关系到学校教育教学秩序的稳定。校园食品安全事件的发生，不仅影响师生的正常学习和生活，对学生心理健康也造成一定的伤害，还会引发校园和社会的不稳定因素。保障校园食品安全是学校教育的基础，更是民生工程中的重要组成部分，也成为国家、社会、学校、家长关注的重要问题。有关部门要全面做好食品安全工作，要以最严谨的标准、最严格的监管、最严厉的处罚、最严肃的问责，增强食品安全监管统一性和专业性，切实提高食品安全监管水平和能力。严防、严管、严控食品安全风险，保证广大人民群众吃得放心、安心。

二、网络安全隐患

随着网络技术的不断发展，目前网络技术已经渗透到了社会生活中的各个方面，包括银行、校园、企业等各种环境中。高校校园网络的使用，给学生、教职工带来了方方面面的便利，信息化教学手段的开展和智慧校园的建设使得计算机网络成为校园管理、教学活动正常实施的有力后盾，然因计算机网络的开放性、用户终端分布离散以及虚拟性等特点，随之而来的是日益严重的校园网络安全隐患，如病毒感染、黑客入侵、软件漏洞造成的后门程序和人为恶意攻击，网络诈骗，网络洗脑，网贷等都严重影响着师生的网络使用安全、身心健康、金钱安全等。

1. 校园计算机网络安全隐患

校园计算机网络是网络发展到一定阶段的一个重要体现，目前绝大多数学校已经安装了校园网络，校园网络主要的用途就是为了方便教学和学生的学习以及教师的研究工作。对于学校来说，教师的教学研究工作的成果是一个学校发展的巨大推动力，所以这些教学研究所使用的计算机网络必须安全。然而校园网络在运行过程中支撑着复杂的网上应用和业务类型，而且网络用户群体数量多，使用水平不一致，由此会引发诸多方面的安全隐患，最突出的当属以下几个方面：

（1）计算机网络病毒

计算机病毒是校园计算机网络中最常见安全问题之一，具有寄生性、传染性、潜伏性、隐蔽性、破坏性和可触发性等特点，同时也是较难解决的一个问题。随着计算机技术的不断提高，网络中的病毒和木马也更加多种多样，对校园网络造成了极大的危害，尤其是教学实验中使用的计算机，存在最严重的一个问题就是电脑病毒。学生在使用计算机进行实验时，会把自己实验的结果拷贝在 U 盘中，在这一过程中，电脑中的一些病毒就会传播到 U 盘中，并通过 U 盘传播到其他电脑上，从而造成研究中的损失。在高校中大部分学生都使用自己的电脑，通过校园网或者外网进行网络学习或生活，不慎下载恶意杀毒软件或者点击不良网站可能引入病毒。一些黑客通过发送电子邮件或者在计算机程序中插入有破坏功能的程序来影响计算机的正常运行，甚至会破坏校园网络系统，造成数据丢失、系统瘫痪等问题，甚至还会操控校园网络系统，引发不可估量的损失和后果。

（2）系统和软件漏洞

校园网络用户群体的不断扩充使得校园网络规模不断增大，软件的更新、换代和升级速度也急速加快了前进的步伐。常用的校园网络操作系统无外乎是 Windows 或 UNIX。然而，无论是安装哪一种操作系统都会存在安全漏洞，而且浏览器和桌面上下载的软件也会同样出现安全漏洞的问题，这些漏洞让网络不法分子有机可乘，他们会利用校园网络中出现的漏洞对校园内网进行入侵，给校园网络的安全带来巨大的风险。不仅如此，因为校园网络系统本身具有简易、脆弱特点，其大部分通过软件完成应用和服务，所以在本身就具有安全漏洞的软件也是校园网络安全隐患之一。校园网络系统由操

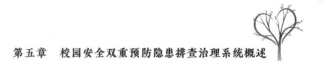

作系统和所装软件系统两部分组成，这两部分系统的安全漏洞通常有两方面：一方面是系统本身结构的漏洞；另一面则是在编写系统的过程中人为或者意外的原因所造成的 bug，使得校园网络安全存在隐患。

（3）网络连接点多

此外，校园网络中的接入连接节点众多，但很多节点并没有安全防护措施，学生是校园网主要的使用群体，该群体对于网络的应用缺乏安全意识，他们的上网内容无外乎聊天、下载视频和音乐、打网络游戏，而且有些学生禁不住诱惑浏览不健康的网页，这些行为都有可能导致病毒的传播，缺失了保护的节点对于网络上存在的安全隐患没有抵御能力。一般高校校园网络会有专门配备的运维人员，为了对教师和学生提出的要求进行校园网络的投入和更新，但还是会发生重复装配的现象，而且部分校园网的管理人员并不专业，没有妥善做好校园网络安全的配置工作，网络的使用得不到正确指导和管理监测，会引发一系列校园网络安全问题，进一步提升了网络安全隐患发生的概率。

2. 学生网络使用安全隐患

（1）网络信息安全

互联网的迅速发展，引发了信息大爆炸，学生在使用校园网络接入互联网后，通过上网搜索或者收发邮件能够找到各种各样的信息，在浏览各类国内外各类信息的同时，也会看到一些淫秽、暴力以及反动言论等不良信息。这些信息具有把学生引向反社会，反人格的影响，也会扭曲学生的人生观、价值观，甚至一些不好的网络语言，网络行为或言论也会让学生们跟随实施，不仅使得学生沉迷其中，严重伤害学生的身心健康，对其学业和生活造成非常大的影响，更严重的是也会影响校园，破坏校园良好风气。很多国外信息或论坛也会动摇学生爱国思想，甚至可能会被一些不法分子利用，影响社会乃至国家的安定。因此保证学生的网络信息安全对学生三观的培养至关重要。

（2）网络诈骗

随着网络的进一步应用，网络诈骗随处可见，尤其学生已经是网络诈骗最主要的群体。因学生涉世未深，严重缺乏一些社会经验，易感性，防诈骗意识薄弱，很多不法分子将学生作为诈骗对象是最好的选择。目前校园网络安全事件中，网络诈骗已成为主要事件，主要有淘宝刷单，打字，网络预定，银行卡解绑等等各类网络诈骗。虽然一直在宣传网络诈骗的危害，但因为大学生的生活费相对来说比较高，而且绝大多数大学生又想通过网络可以赚一些零花钱，还比较容易诈骗成功，综合多方面的原因，学生尤其是大学生最容易发生诈骗事件。网络诈骗不仅使学生金钱受到损失，很多不法传销等组织也会通过网络寻找大学生作为下一目标，获取利益，甚至威胁学生生命安全。

（3）网络贷款

网络贷款是大学生网络安全隐患一大内容。有的学生沉迷于网络游戏、网络赌博、交朋友或者奢侈品等缺少金钱，就会想到从网络进行贷款。目前校园网贷平台在审核借贷人的资料不严格，对大学生借款真实用途和还贷能力没有深入了解，网络贷款简单方便，校园网贷平台未接入央行个人征信系统，无法将违约大学生列入黑名单，大学生重复借贷的信息无法查询，使得大学生违约成本低。不仅如此，在学生网络贷款中还经常出现导致冒名贷款的情况。部分校园网贷平台在学生中发展"代理人"，通过宣传和撮合身边的同学贷款从中获取提成，甚至有些"代理人"利用大学生的个人信息大肆骗贷。近年来，有关不良网络借贷平台的"高利贷"陷阱和"暴力催收"导致学生休学退学、失联甚至自杀的悲剧事件层出不穷，给高校的安全稳定和学生工作带来了很大的压力和挑战。此外，很多校园网贷公司在放贷时会要求大学生填写父母和亲友的联系电话、家庭住址等相关信息，一旦借款人无法按期偿还贷款，贷款公司的催款电话和信息就会蜂拥而至，不停骚扰学生的老师、家人和亲朋好友，这就变相地绑架了家长，将还款压力转嫁给了父母。网络贷款影响的不仅是学生，更是一个家庭，学校，甚至社会的发展。

三、消防安全隐患

近年来各种校园火灾事故频发。2008 年 11 月，上海商学院某宿舍使用

"热得快"发生电气故障导致火灾；2019 年 12 月，浙江工业大学学生违规使用电器引燃可燃物，造成火灾。例如，2015 年 12 月 8 日上午 10 时 10 分左右，清华大学化学系何添楼二层的一间实验室发生爆炸火灾事故，一名正在做实验的孟姓博士后当场死亡。这些校园火灾严重影响教学秩序和学校稳定，给老师和学生的生活造成很大困扰。由此可见，校园消防安全隐患管理面临着严峻的挑战，学校必须加强校园消防安全管理。目前校园消防安全隐患种类颇多，主要分为以下几个方面。

1. 电气设备消防安全隐患多

电器引发火灾最常见的原因就是短路和过载。学校内因教学、科研、生活等的需要，会使用大量的电气设备，比如电脑、投影仪以及实验仪器等，并且基本集中在某个区域，用电负荷较大。一些高校实验楼很多大型设备都使用超过 10 年，老化的电线遇过高电流容易烧焦，导致绝缘层脱落，从而引发电流短路，造成火灾。还有一些老化的电线会接触不良，在用电过程中接线端口会产生火花，这些火花也会导致周围易燃物品发生燃烧。同时，许多仪器在使用过程中需要加热到很高温度，如实验室中高温烘干箱、马弗炉等高温仪器，如果控制不好，也容易引发燃爆。

2. 实验室易燃易爆品消防隐患

近年来学校实验室火灾频发，尤其在高校中，存在很多实验用的化学药品，大多具有易燃易爆性质，若管理不善极易引发火灾。实验室的化学物品性能各异，氢气是较为常用的气体，但是也是最容易引发火灾的气体，活泼性较高的金属锂、钠、钾等在接触到水后在常温下就能发生化学反应，置换出水中的氢元素，产生氢气，空气高浓度氢气就会爆炸。此外，实验室常用的易燃易爆物品还有酒精、压缩气罐和金属粉末等。这些危险化学物品在使用之前都应该经过严格培训，不可擅自使用。危险化学品的放置、标识也很重要。许多高校实验室经常杂乱无章，各种物品随意堆放。一些没有标识的化学试剂没时处理，易燃易爆物品堆叠放置，为火灾发生埋下隐患。近几年，国内高校实验室危险事故频发，为我们敲响了警钟，实验室安全不容忽视，

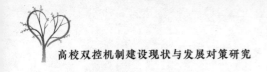

实验室中任何一个小小的疏忽，都有可能造成难以估量的损失，因此在消防安全上要额外注意实验室消防安全。

3. 违规用电用火现象普遍

高校宿舍是特别容易引发火灾的地方，也是私接电线和违规电器使用主要场所。学生违规使用劣质电器，在宿舍私拉电线、使用电器烧水、做饭等，这些电器在使用时都会产生较高热量。使用后如忘记切断电源，在不断加热下，其内部电线绝缘橡胶会因过热而发生燃烧，而且劣质电器使用的材料耐火等级都很低，火灾一旦发生，往往很快造成火势蔓延。又比如使用"热得快"、电吹风等高功率电器，线路负荷过载极易引起电线起火，并且还存在违规使用酒精炉、蚊香等现象。不仅如此，学生宿舍用电量大，且很多学生用到电吹风，电热锅甚至小型洗衣机较多，违规操作经常有，用完电器不及时拔除或不及时关闭电源，这给宿舍消防安全带来挑战。

4. 建筑消防条件差存在隐患

校园内建筑本身存在较多的消防安全隐患，一些早期建筑大多为砖木结构，耐火等级较低，一旦发生火灾很难处理。一些杂物间或者仓库堆放陈旧物品较多，没有及时处理，一般通风不通畅极易引发火灾。不仅如此，很多老楼内部线路老化严重，或者有的电线已经暴露，火灾风险大。一些楼道的应急设备，如消防水管、灭火器等有质量问题，在火灾发生后无法使用或者无法有效灭火，存在安全隐患。有些老楼内部物品放置比较杂乱，甚至有的将灭火器放在杂物里边不容发现。一旦出现火情，灭火器不能及时取出，将会导致火势无法及时得到控制，从而出现财产损失和人员伤亡情况。还有些楼道内没有定期检查灭火器是否过期、灭火器内部泡沫是否充足等，这些都极大影响着学校的消防安全。

5. 师生消防安全意识淡薄

消防是老生常谈的内容，但很多学校对于消防的宣传和管理只停留在表面，对于师生的消防安全教育往往不到位，导致一些师生在日常生活和工作中，消防安全意识淡薄，缺乏必要的消防安全知识。例如一些学生或教师存在乱扔烟头现象，未熄灭的烟头中心温度可达 700～800 ℃，宿舍或办公楼内抽烟后如果随意扔烟头，极容易引燃周边物品导致火灾。此外，宿舍有大量的易燃物品，如衣服，棉被、窗帘等，许多人在睡觉时喜欢给手机等电子产品充电，熟睡后充电器如果发生电流过载、短路等情况时无法及时发现，导致充电器或者手机发生爆燃，引燃易燃物品，导致火灾。又如，宿舍使用的驱蚊液、空气清新剂等物品都是易燃易爆物品，这些东西在接触到明火后极易发生爆燃。还有一些学生对于消防灭火设施的使用不熟练，遇到火灾等紧急情况惊慌失措，缺少逃生技能，这很大程度上给消防安全添加了人为隐患。

6. 校园消防管理不足隐患

在很多学校中，在面临消防安全时，消防管理责任落实不到位。缺乏详细的校园消防安全责任制度，管理人员职责划分不清晰，未将消防安全责任落实到具体人头，人员管理懒散，无具体操作流程不仅如此，消防管理方式落后，传统的管理方式不能适应当前多变的消防隐患形式，未能积极应用现代化技术建立更先进的校园消防管理系统。此外，也存在消防隐患排查力度不足，校园消防管理人员专业能力水平较低，长期管理松懈，检查工作懈怠，对消防隐患未能及时发现和整改。更重要的，很多消防设施配置不规范，很多学校消防设施落后，缺少健全的消防给水网，灭火器材和使用场所不匹配；宿舍、教学楼等特殊场所缺少消防设施，没有按照相关要求设置自动灭火系统以及自动报警装置，并且已设置的一些消防设施未按规定进行保养。以上这些无形中增加了火灾发生的可能，构成消防隐患重要部分。

四、校园施工安全隐患

在正常运转的校园空间中，校园施工存在较多的安全隐患，在日常的安全管理中，需要将各种可能的安全隐患考虑在内，并结合校园建设的实际情况，有效防范、强化控制，与基建部门、后勤主管部门等共同推动校园建筑施工的顺利进行。具体而言，校园施工中的安全隐患主要包括以下方面。

1. 校内交通拥堵隐患

目前各高校空间有限，普遍存在着校内交通拥堵的情况，尤其是上下课以及用餐高峰时期，校内机动车流、自行车流以及人流相互交织，路面的交通压力相当大，而施工车辆的频繁进出，尤其是大型车辆的驶入，更加加剧了拥堵，使本就有限的校内空间显得更加狭小。以北京某高校为例，2017年，该高校校内在建工地两处，据不完全统计，2017年全年两处建筑工地进入施工大型车辆共计近 7 900 辆，平均每月 650 余辆，其中 4 月份大车进出多达 2 300 辆。春暖花开，校园内师生、游客、访客密集，大型车的涌 4 月正值入给学校造成了极大的交通压力。

2. 交通运输事故隐患

建筑施工中需要许多大型车辆频繁进出校园，由于大型车自身吨位大、车辆状况良莠不齐、加上一些驾驶员自身素质不高，经常超速驾驶，也容易出现疲劳驾驶的情况，撞毁校内设施、撞伤行人的事件时有发生。

3. 校内道路损毁隐患

大型车由于吨位较大，也经常存在超载等现象，加上对路面的保护不当，会对校内路面造成损坏，给广大师生的出行造成不便。

4. 噪声灯光污染隐患

校内长期施工，带来的噪声、灯光等一系列污染，影响了广大同学的休息，且由于施工中对环境存在一定程度的破坏，许多同学对校园非假期时间的建筑施工存在不满情绪，长此以往，会影响同学们的身心健康，影响正常的教学、科研和生活。

5. 施工意外伤害隐患

施工过程中，施工人员和校内师生的人身安全问题都存在隐患，北京某高校就曾发生过施工人员高空坠落重伤或死亡问题。同时由于施工中进出大吨位车辆较多，为防止路面塌陷，施工方会在道路上铺上铁板作为道路防护，铁板质地坚硬、遇水易滑，导致学生骑车滑倒或走路摔伤情况时有发生。另外，虽然工地采取了封闭管理，但难免有学生出于好奇或者是误入施工现场，进而发生机械伤害等意外伤害。

6. 因民工管理问题引发的突发事件隐患

虽然目前建筑工地大都采取封闭施工、封闭管理，但施工人员经常不经允许偷跑出施工区域进入校园。施工人员构成复杂、素质不高、流动性强，进入校园内可能各种治安和刑事案件的发生，且案发后难以处理。同时，由于施工单位通常分包给几家承建商共同施工，由于管理不当造成工程款互相拖欠、扯皮，使得民工讨薪事件时有发生，或者民工意外伤害后理赔不到位来学校闹事、寻求法律援助，甚至还存在一些因别有用心者的煽动鼓舞蓄意制造恶意讨薪事件等。这些问题成为了影响校园稳定的重要因素。

五、交通安全隐患

近年来校园交通安全事故频发，尤其在高校中。由于高校的扩招以及校园内机动车辆的增加，导致校园内交通拥堵，人车混行，车辆随意停放、占道、超速、鸣笛等安全隐患日益凸显，不仅影响了学校的教学秩序，同时也严重地影响了师生的生命财产安全。在节假日或假期时，校园门口也会出现"出行难""春运挤"的现象。不少非法私营车主抓住这种情况，在高校门口待命，为利润私自改造车辆，超员超载行驶，大学生出行安全隐患增多。从校园交通安全事件发生原因及潜在问题来看，校园交通安全隐患主要分为以下几部分。

1. 校园道路存在安全隐患

从校园道路角度，一些高校发展历史较长，旧校区道路一般比较狭窄，道路拐弯较多，面对较多车辆行驶时容易出现交通堵塞，虽然近年来也有高校对老校区的道路进行拓宽，但高校校园的主要道路往往很难满足学校的快速发展，校园道路还是显得较为狭窄，教师车辆，食堂车辆，学生车辆过多，严重影响道路安全。有些高校的建设在丘陵或山区，道路不平坦，高低起伏多，有的道路上坡度比较大等，这些复杂的路况都使得校园极易发生交通事件，具有很大客观安全隐患。

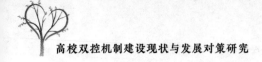

2. 校内车辆无序化通行带来隐患

首先来说高校的校园道路的建设问题，很多的高校校园都是在多年以前完成建设的，这种校园路面较窄并且岔路口较多，许多车辆在同一条道路双向行驶，但是现在高校的招生越来越多，在校学生数量也迅速增加，而且高校与外界的开放也得到了不同程度的开放，导致高校校园不再是封闭的校园，而是人员汇集的场所。随着高校教职工数量和生活水平的提高，教职工拥有汽车数目也不断增加，教职工开车上下班已经较为普遍由于大多数高校校园的面积庞大，行走较远，很多学生都会购买电动车，或者自行车。校园内摆渡车，共享单侧夹杂其中，使得校内车辆数目剧增，然而学校校园内道路并没有区别机动车和非机动车车道，使得汽车与电动车、自行车在同一车道内行驶，没有有序的规则或要求，这也在一定程度上增加了通行隐患。许多人为了自己方便，随意停放车辆，有些车辆甚至就停在路边，不仅显得混乱无序，也给本来就不宽敞的校园道路雪上加霜。此外，多数高校并非封闭式管理，它是允许社会车辆进入的，而校园内停车位是固定的，当越来越多的车辆驶入学校便会加剧车位的紧张，以至于很多车辆在人行道或者路边停车，甚至有时候驾驶员为了赶时间在校园内盲目穿行。校园内穿行的外卖车也不在少数，大多数外卖车无视学校的交通指示牌，他们通常以停靠一两分钟为理由随意停靠在停车场的出入口或者校园马路的两旁。每日的快递车辆也会频繁地进出校园运输货物，快递车辆往往体积较庞大而且也没有固定的时间进出校园，容易出现高峰路段这类大型车辆驶入人流密集区域和长时间随意停放卸载货物堵塞道路的情况。不仅如此，有些高校的家属住宅区和教学区在同一区域，并没有十分明显的划分，就使得本不宽敞的高校校园道路变得更加拥挤，加剧了校园交通的安全隐患问题，从而导致行人、机动车互相干扰而发生的刮蹭事件越来越多，尤其是在上下课时间的主要路段上，在校园里步行的学生很多。而另一方面，外来车辆如出租车、外来的旅游车、学生家长车辆等可以随意进入校园。因此造成人车混行，很容易发生交通事故。

3. 校园交通设施相对滞后存在潜在隐患

高校校园尽管占地面积比较大，内部道路网也较为完整，但几乎没有校园内设红绿灯、人车分流的护栏等交通安全设施，有的学校还保留建校初期的设计模式，道路窄且没有机动车道和非机动车道，一般也不在人流高峰时对主要路段实行车辆管制措施，仅仅设置了减速带、斑马线之类的简单设施，甚至有的学校都没有减速带。校园内限行、限速、禁止鸣笛等交通指示设置不到位或者设施陈旧，尤其在非人流高峰时间段，车辆无视指示牌的限速标志，如外卖电动车、摩托车等在校园内加速行驶，加剧了校园的交通负担。这些缺乏的交通安全指示，一定程度上使得很多车不遵守交通规则，乱停，乱放，速度不控制，导致更多安全事件发生。

4. 师生交通安全意识淡薄带来隐患

很多校园交通安全事件的出现都是由于驾驶人的安全意识淡薄导致。许多驾车人开车进入校园之中，开车较为放松，注意力不集中，开车时与人闲聊甚至嬉笑打闹，从而酿成交通事故。对于师生等行人来说，很大一部分同学缺乏社会生活的经验，而且缺乏安全意识，在行走之中嬉笑打闹，对过往车辆视而不见。很多教师和同学在开车或者骑车时低头玩手机或者戴着耳机，注意力十分分散。部分驾驶员完全无视减速带，照样快速行驶，而一些电动车和自行车为了避免减速带带来的颠簸，他们会选择减速带和路缘石的缝隙通过，但减速带和路缘石之间的缝隙往往比较狭窄，这样在通过的时候会增加安全隐患。一些学生在校园里骑车时存在校园之中骑车带人，边骑车边聊天的现象，也有的学生骑车只顾自己，不管别人，车速飞快，认为在校园里骑车和行走绝对比校外安全，在一些路口拐弯处经常发生电车撞到电车事件，校园交通事故屡屡发生。以上都表明，师生在校园交通安全方面不够重视，安全意识淡薄，这些都是造成高校之中校园交通安全问题的隐患，需要对安全意识进行加强，来避免高校之中的校园交通问题。

六、心理健康安全隐患

学生心理健康问题是目前学校中多种安全隐患中比较难发现、难管理的隐患之一。据《2022 国民抑郁症蓝皮书》数据显示：50%的抑郁症患者为在校学生，41%曾因抑郁休学。近几年，学生心理健康问题日益凸显，因心理问题发生跳楼，自杀，影响校园秩序，破坏公共物品，甚至杀害他人事件发生越来越多。学生的心理健康问题主要表现为学业压力、人际关系的变化、自我认同的建立、就业压力等多种问题，这些问题可能对他们的心理健康产生负面影响。2023 年 5 月教育部等多部门印发《全面加强和改进新时代学生心理健康工作专项行动计划（2023—2025 年）》，提出要健全心理问题预防和监测机制，主动干预；强调要加强心理健康监测，构建完整的学生心理健康状况监测体系，强化风险预判。可见，学生的心理健康已然成为影响校园安全的主要因素，需要更多地重视与关注。学生心理问题的表现主要包括四个方面。

1. 学业压力问题

学业压力是学生发生心理问题最主要原因。学习产生的压力贯穿学生的整个求学阶段，尤其在中学和大学阶段。在中学阶段，学生需要在有限时间内完成大量学习任务，需要面对学习课程、考试、作业等学业任务多方面的压力，如果学生缺乏良好的学习基础，没有明确的学习目标，学习积极性也较低，学习会变得越来越困难，面对要升学的强大压力，面对老师的焦急催促，面对家长的期待，很多学生抗压能力缺乏，无法较好调节，自信心不足，导致产生焦虑、抑郁。长此以往，这种不良的学习态度和心理状况会持续影响他们的行为，容易迟到、拖延，出现旷课和违纪的现象，甚至发生暴力或自杀等危险事件，严重影响了校园安全。在大学中学业压力虽然与中学相比较轻松一些，但很多学生仍然面临课程负荷重、学习任务繁重以及竞争压力增加的学业问题。目前大学课程的难度和要求不断提高，学生需要面对更多的学习内容和更高的学习进度。竞争激烈的就业市场，也给大学生带来巨大的压力。除了学业很多大学生还会在学业之外进行学习，考取大学英语四六级、国家计算机证书、教师资格证、普通话证等，这些证书也给本就繁重的学业带来更多压力。很多学生不善于分配时间，学习效率不高，面对大的学业压力常常会产生焦虑、紧张以及失眠等心理问题，而这些问题成为潜在安全隐患。

2. 人际交往问题

　　学校是一个小社会，学生除了学业，面临最多的就是人际交往。学生在校园和社会中都需要面对人际关系的挑战，在学校尤其在高等学校中，大学生需要面临更多的环境、人和事儿。大学生在进入大学后，经历从家庭到独立生活的过渡，这给他们的人际关系带来较大的变化。他们需要重新建立新的友谊和社交网络，适应新的社会环境。需要面临与同学，与老师建立新的人际关系，同时也要处理群体互动、人际冲突等问题。因此，面对这么多人际关系的处理，很多学生会感到不自信，很难转换大学生这个角色，会害怕被拒绝或者难以适应新的社交环境，有些学生可能感到孤立无援，缺乏支持和理解；面临人际交往不顺或者人际冲突等问题也可能带来孤独感、适应困难和社交焦虑等问题，这对大学生的心理健康构成严重挑战。面对大学这个社会团体，面对复杂的人际关系，学生心理问题极易产生。

3. 自我认知

　　在学生的心理健康问题中，自我认知是一个重要的方面。自我认知指的是对自己的认识和了解，包括对自己的能力、价值、兴趣等方面的认知。很多学生在校园中可能存在自我认知不清、自我评价不准确或自尊心低的问题，这可能与学业上的挫折、社交问题、家庭环境等因素有关。自我认知不清或评价不准确会导致学生对自身能力和价值产生怀疑，缺乏自信心，从而出现焦虑、自卑等负面情绪。有的学生自尊心较低，在面对自我评价时往往持消极态度。初中生主要精力用在学习上，而大学生与初中生不同在于大学生已然成年，在大学中他们需要面对自我身份的探索、价值观的建立和角色的转变。这个过程常常伴随着自我怀疑、自卑感和自我价值的困惑，导致心理健康问题的出现。大学生常常面临着来自家庭、社会和同伴的期望，他们可能感到迷茫和困惑，不知道自己真正想要什么、应该成为怎样的人，对自己的未来迷茫，不知该怎么去做，对自己的人生目标、社会责任等方面缺乏清晰认识。

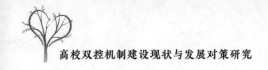
4. 就业压力

就业压力导致的心理问题往往发生在即将毕业的学生中。伴随着社会竞争的日益加剧和市场人才的供大于求现实，很多学生的就业现状与心理预期存在巨大落差，从而丧失了就业的信心而对自身能力产生怀疑。加之整个社会对职校毕业生还存在一定的偏见，他们在求职择业上会有很多桎梏，不能发挥所长，这无疑给职校在读的学生带来无形的压力，挫伤高职学生的积极性，影响学生能力的提升。

5. 其他压力

家庭背景、经济压力以及社会角色的转变等都是可能对学生心理健康产生影响的因素。家庭环境可能会对个体的期望和压力产生影响，经济压力也会导致焦虑和紧张情绪。角色转变也可能带来身份认同的困惑。这些因素相互交织，共同对学生的心理健康构成挑战，进而导致心理危机的出现。

综上所述，校园安全隐患种类繁多，各类隐患导致的安全事件频发，不仅严重影响了高校正常的教育教学秩序，更对社会带来了严重的负面影响，引起社会的广泛关注。这些隐患的存在需要各学校及时地、积极地、全面地进行安全隐患排查，坚决防范和杜绝安全事件的发生。

第二节　隐患的排查

校园安全隐患内容、类型等存在多样性、复杂性等，安全隐患排查工作紧紧依靠临时性的组织安全隐患检查组检查或者学校保卫部门几个人凭几日之功、一时之力是不能完成的，更不是一件一劳永逸的工作，它是一项长期的、经常性的工作，因此，需要采取群众性检查和专门部门检查相结合、重点检查和普遍检查相结合等方式方法来开展。

一、隐患排查方法

目前隐患排查以风险分级管控体系建设成果为基础，将风险分级管控清单中的风险点、危害因素、管控措施等转化为隐患点、隐患描述、检查标准等现场管理内容，并根据学校实际情况制定隐患排查标准。在风险管控层级的基础上，制定隐患排查标准的责任层级和检查周期。在隐患排查方法上主要有两种类型：一种是直接经验分析法，另一种是系统安全性分析法。直接经验分析方法是基于实践的积累，并根据相关法律，法规，标准和规范定性描述了可能存在的危害。实际应用中的直接经验分析法主要包括：现场观察法，查阅记录法，专家访谈法等；系统安全分析方法是利用安全系统工程相关理论进行分析和研究，其中常用的方法一般包括工作危害分析方法和安全检查表方法等。

1. 专家访谈法

通过与相关领域的专家、学者、技术人员进行交谈，对于不同的受访者采用不同的访谈方式，全面了解学校存在的隐患，确定后请相关专家进行完善。

2. 现场观察法

进行现场观察的人员必须熟练掌握相关的法律法规、规章制度、安全技术和职业危害等知识，全面细致地分析现场的危险性，找出隐患。

3. 查阅记录法

查阅学校的档案、组织架构及与学校有相似区域或部门的其他机构的有关记录，分析后找出学校存在的隐患。

4. 安全检查表法

可以借鉴安全检查做得较好的企业或学校的安全检查表，对教学活动的各个环节进行检查，以便排查出隐患。

5. 工作危害分析法

通过对每一项作业过程进行，分析，逐步查找，对于活动过程中存在的隐患。

二、事故隐患分级

事故隐患可按严重级别分为三级：A级：严重隐患，以人身伤亡程度和经济损失程度为度量可能会导致多人致伤致亡或者严重影响工程进度以及需县级以上相关部门介入调查并进行解决的重要事故隐患。B 级：较大隐患，导致人员伤亡并伴有一定经济损失，较大程度上影响工期，且事故后恢复正常作业较慢，需要限期解决的隐患。C 级：一般隐患，无较重人员受伤情况，不影响工程进度，且事故处理较为简单，可直接由业务部处理解决的轻度隐患。

事故隐患依据紧急程度，填写不同颜色的隐患反馈单，分红、黄、白三种。红色：可能威胁到人的生命安全的严重隐患，立即停止现场生产作业，组织隐患整改。黄色：可能造成工伤的较大安全隐患，责令停止相关作业，先组织整改隐患。白色：一般的工程质量问题或不会造成人员伤害的隐患，限定时间和责任人进行整改。

第三节　隐患的治理

一、食品安全隐患的治理策略

基于对大学校园食品安全产生影响的内外、主客观因素展开分析，确保大食品安全隐患治理能够正常开展与顺利执行，应该有针对性、有目的地加以改善，对相关体制进行健全与完善，不断强化监督与管理力度，专业化培训参与食品安全工作的从业工作者。

1. 健全食品安全相关管理制度

大学校园食品安全主要发生在食堂内部和校园外部周边餐饮。外部食品安全并不受大学校园的管理，但基于大学生食堂本身可以对食品安全建立相关管理制度。因此，校园食品安全管理首先要强化校园内部食堂相关规整体制的建设与落实，同时制定与颁布了《学校餐饮服务中奖惩处罚规定》《学生餐饮服务中心食品安全管理体制》《员工量化考核方案》《学生餐饮服务中心员工守则》及《食品留样制度》等规章制度，同时将学生食堂卫生食堂、卫生流动红旗评比方案先后出台出来。在具体工作中，学生食堂与后勤基团

共同监督与落实食堂质监工作，确保学生食堂工作能够迈向标准化，使后勤服务质量与服务水平得到不断提升。在安全隐患排查中学校职能单位定期检查，后勤服务督导团队不定期抽查、后勤基建处组织年度量化考核、后勤基团组织周检查，对校园食品安全工作、服务质量、饭菜价格与质量、操作规范等内容进行重点检查，同时根据相关体制将检查结果公布出来，落实一系列相关监督与检查工作后，能够切实保障大学校园食品安全工作。

2. 构建饮食全过程贯穿的监控体系

作为全面系统的一项工作，应该全面有效落实食品安全保障工作，需要相关部门创建自农田产出至餐桌食用的仪器安全监控机制。大学校园食堂安全保障具体分为采购、加工、保管以及供应等不同环节，又可划分以上环节为不同特殊要求与工作内容，这些环节彼此密切联合，且具有相互独立性，所以，若想将该项工作做好，首先应该严格根据大学校园食堂集体用餐标准要求展开，创建集食品采购、供应、储藏以及加工于一体的整套食品安全监控体系，同时还应该构建在饮食安全全过程贯穿的食品安全保障链，保障食品质量与安全的重要环节就是采购。大学人数相对比较多，所以食品原料通常有着较大采购量，而且品种也比较多，有创建统一配送与采购平台的必要，不仅可以提升食品采购渠道的规范化，防止对食品随意采购，避免使用假冒伪劣原料。此外，还应不断规范与强化合同管理，对农副产品予以实时抽查，实时监控农产品质量，保证食品采购安全。若所购食品可以直接加工，应该直接使其进入烹调环节，若无法一次性完成消费，那么食品应该根据食品类别不同选择不同储藏方式，确保不同环节食品卫生与质量保持良好状态。

3. 完善食品安全监管制度机制

现阶段食品安全卫生风险不断升级的社会大背景下，应该不断加强与明确食品卫生管理部门，从而为食品卫生安全提供重要保障，避免发生食品安全危机事件。首先，应该创建定期食品安全研讨会议体制，相关人员定期开会商讨食品卫生安全问题，通过问题的讨论对相关对策进行研究，从而将相关制度与对策制定出来，对当前食品卫生安全形势进行分析，及时有效解决所存在的问题；其次，创建职员岗位职责体制。食品安全卫生工作一方面应该需要管理人员加强监督，另一方面还需要职员自觉遵守相关规定，必须全体工作者都可以做到责任分明、岗位明确，才可以有效排除饮食方面的卫生安全风险。而面对生产食品期间所存在的突发事故，要根据其影响大小与范围对责任人实行经济处罚、警告或者辞退处罚，在处理事件方面一定要做到公正、合理以及公平；最后，创建食品质量职责追溯体制，根据加工、采购以及供应等环节追查事故原因，创建更为详细、真实的食品加工、采购以及供应等记录体制，或者创建存档体制，从而使食品安全、质量可追溯性得以实现，如果食品供应与加工无法满足标准质量要求，应该及时查明问题产生的源头与相关因素，如果供应商提供的相关食品不能满足承诺要求，那么供应商有义务召回存在缺陷的产品，而且还必须承担理赔责任。

4. 强化大学校园食堂从业工作者爱岗敬业精神

从根本上说，道德能够直接反映社会经济基础，此为对社会和人、人和人以及自然和人进行调整的关系、规范以及行为综合，对净化人类精神境界非常有利，使人类整体素质得到不断提升，从而形成一种优良的社会风尚。通过分析对大学校园饮食安全产生影响的内部原因发现，很多毒害、非法食品被搬上餐桌，其中比较典型的就是食用油，食物残渣内部废弃物在过滤后变成盐水油，第二次搬上餐桌，此为远超道德底线的行为。然而，由于私人利益影响，很多商家加工转产销售，直接危害到大众身体健康。所以应该不断强化工作人员在工作中的思想道德素质，对工作者责任感进行全面正确培养，培养其服务于大众的精神。还要不断加强大学校园食堂工作者爱岗敬业精神，第一应该保证从业工作者具备以客为先、以人为本的服务意识，在培训食堂从业人员方面必须转变从业工作者以往错误观念，确保从业人员能够牢固树立以学生健康为先、以人为本的饮食观念。创建该观念，仅仅通过训诫或者强制的方式是不可能的，应该保证人际沟通能力。从业人员与院校领导间，师生与从业工作者间，均必须创建沟通桥梁，从而营造一种共进、宽松氛围，而对于各方所提出的相关意见，应该设置一个顺畅、合理的反映渠道；第二，在培训过程中应该明确界定与划分从业工作者职能岗位，应该重点强调饮食从业人员服务性质，避免从业工作者产生傲慢浮躁以及怠慢的不良态度；第三，如果从业人员无法认同餐饮工作性质，应该采用能上能下模式加以解决，让从业工作者形成自身能力并非洗碗端盘那么简单的意识，这样就能够通过其能力做大厨，由此才可以实现人尽其才的目的。

5. 加大日常检查力度，排除食品安全风险隐患

每天安排餐饮管理人员对学校餐厅及校园超市的设施设备、消防器材、卫生状况、从业人员健康合格证明、从业人员仪容仪表及个人卫生状况、原辅材料采购及索证索票、各种台账记录、食品储存、餐饮具洗消、蔬菜切配、饭菜质量、饭菜价格、食品留样、变质及过期食品原材料、有害生物防护措施、餐厨垃圾处理等食品安全相关内容进行细致的检查和及时的督促整改，从根本上杜绝食品安全事故的发生。定期组织食品卫生安全专项检查，及时消除食品安全隐患，不断提高餐饮服务水平和质量，切实保障学校食品卫生安全。

6. 引进先进设备，提升餐饮服务品质

加大对餐厅硬件设施的投入，按照 A 级食堂的标准对学校餐厅进行改造，尽可能充分整合资源，科学调整布局，合理利用资金，引进先进设备，配置充足的餐桌座位，确保餐桌椅、消毒柜、蒸箱、冷冻柜、餐车、饭菜保温设备、热水器、防蝇、防鼠、防尘、防火、防盗、排烟、排气、排水等设施设备齐全且运行正常。积极采用自动化程度较高的消毒设备和大型洗碗机等设施设备，配备大于师生就餐数量的基础餐盘等工具，及时更换老旧的餐饮器具。积极建设校园一卡通管理系统，通过校园一卡通系统与数字化校园系统的整合，利用大数据功能实现更加方便、高效的校园管理，实现一卡多用、身份识别、校内消费、校务管理、金融服务等一体化功能，给全校师生带来全新、快捷、方便、现代的生活服务，提高管理水平和效率。在学校餐厅安装自助称量销售系统，实现师生就餐的按克计量、自助取餐、自动称量、自动计费、自助结算等自助服务，实现餐厅管理的大数据支持下的精准备菜，

既节约人工资源、减少食材浪费，又提高工作效率、提升餐厅智能化管理水平。在餐厅的主食库房、副食库房、蔬菜清洗切配间、烹饪操作间、备餐间、餐具清洗消毒间等位置安装门禁管理系统、监控摄像设备及自动预警系统，不断提高高校校园食品安全风险防控水平。

7. 推行信息化监管平台，提高校园食品安全风险防控的智能化水平

积极利用互联网技术、图像识别技术、物联网传感技术、自动支付技术、智慧监管技术、云技术等先进技术构建信息化监管平台，从食品追溯、储存保鲜、加工制作、餐具消毒、日常检查、食品留样、视频监控等多个方面进行全面监管，提高校园食品安全智慧化管理水平。推进"明厨亮灶"、阳光校餐管理平台建设，在学校餐厅的操作间、备餐间、专间、主食库、副食库、冷藏间、洗消间、收碗间、留样间、就餐大厅、餐具洗消中心、蔬菜清洗切配中心等各个区域安装高清摄像头，通过互联网实现学校各餐厅无死角全覆盖的实时监控，全程展示食品加工操作过程，并与市场监管部门互联网+"明厨亮灶"管理平台进行对接，向全社会公众展示食品原料索证索票电子追溯、人员健康管理、食品加工过程监管、食品安全监管、餐厨废弃物管理等信息，随时接受社会公众的监督管理。同时，通过每个餐厅就餐大厅显示大屏的视频监控录像直播，使每个就餐者能清楚地看到各个区域的卫生状况、烹饪区的地面、工作台面和设施设备干净程度、从业人员穿戴工作衣帽情况及食品卫生情况、食品加工过程、餐饮具回收、清洗、消毒、保洁等过程，起到广大消费者共同参与、共同监督的作用，保障广大师生的切身利益，促进学校餐饮服务工作的规范发展。通过阳光食安 App，所有的从业人员、监管人员、学生、家长、社会公众都可随时随地查看实现联网的学校餐厅操作间等区域的实际情况，实现监管过程自动识别、自动判断、自动跟踪和自动反馈，发现学校餐厅违规问题线索，抓取违规具体画面，起到学校、社会、学生、家长共同监督、共同管理的效果。通过"明厨亮灶"和"阳光食安"这一公开化、透明化管理模式的运用，既可以拉近广大师生与餐饮服务人员之间的距离，通过用餐者的所见、所闻、所感打消其对学校餐厅食品安全的担忧，又可以显著提升学校餐厅员工的操作规范性及餐厅管理人员的岗位责任感，还可保障学校餐厅管理信息的可追溯性，通过视频音频的调取更为高效地处理师生投诉、失物寻找、偷窃财物、恶意投毒等种种突发事件，保证学校餐厅范围内的各项安全，大大提升高校餐厅食品安全监管的广度与深度。

8. 加强宣传教育，提高师生食品安全防范意识

在校园内开展食品安全专题宣传教育活动及多种形式的"食品安全"宣传活动，通过课堂授课、主题班会、邀请食品安全方面的专家学者开展讲座、知识竞赛、课外实践、召开会议、宣传栏、新媒体、板报、广播、演讲比赛等形式开展经常性宣传教育活动，营造食品安全学习氛围，从而增强学生的食品安全意识。通过在全国食品安全宣传周、全民营养周、中国学生营养日、全国碘缺乏病防治日等重要时间节点，大力开展食品安全知识普及和宣传教育活动，教育引导学生养成良好的饮食习惯和食品安全意识，尽量不去校园周边小餐馆、小卖部就餐或购买食品，减少网购食品的次数，培养健康、理性的消费观念，做到远离"问题零食"、拒绝"三无食品"，提高食品安全意识，切实树立"健康安全第一"的思想，提高自我保护意识，积极参与到共治食品安全的行动中来。

二、网络安全隐患的治理策略

校园计算机网络安全问题关乎学生们的生命财产安全，所以学校必须和有关部门进行沟通并提出一些可行性的措施，将校园计算机网络安全问题进行解决。校园计算机网络安全的主要隐患的管理措施包括防火墙技术，安全口令设置、IP地址隐藏、访问控制策略、运营安全管理、网络信息的备份技术、系统补丁和漏洞分析等。这些措施都是可以帮助解决校园计算机网络安全问题的一些重要措施，接下来具体分析这些措施。

1. 防火墙技术

计算机中最为常见、使用最广的就是防火墙，是现代针对网络信息安全所开发出来的产物。它是维护高校校园网络安全的重要手段之一，由于其可

以自定义地对高校网络提供服务和访问，极大程度上能够保护校园网络不受外部黑客的入侵。而且它还具有非常强大的攻击免疫和自我保护能力，能检测并隔离网络中的不安全信息和链接，并对用户发出警示，能极大程度上防范恶意信息以及钓鱼软件的访问，高效地阻止黑客以及非法分子对校园网络系统的破坏。

2. 安全口令设置

安全口令设置是网络安全中的一个重要技术。所谓的安全口令，目前已经运用到网银和各种游戏中，网络游戏中，为了保护游戏账号的安全，对账户设置了安全口令，这些安全口令的主要目的就是为了能够帮助游戏账号不被其他游戏玩家所偷盗，目前将这一技术引用到各种网络安全中，比如说在进去某些网线的时候可以需要通过相应的安全口令，尤其是与金钱交易有关的软件，像淘宝、支付宝、美团、购票系统 12306 等。安全口令的设置给人们上网提供了一个相对可靠保障。比如说购票系统 12306，在提交购票订单的时候，需要进行身份验证和验证码的提交，给人们提供了相对安全的网络环境。网络技术中，安全口令的设置是对网络进行保护的重要举措，通过对相应的网站和软件进行安全口令的设置，确保校园网络安全。

3. 地址隐藏

首先我们要了解 IP 地址隐藏是网络安全中的重要技术，而且 IP 地址隐藏对于网络入侵和防止都会有很大的帮助。关于互联网上的计算机有两种，一是 Server，二是 Client。关于 Server，主要是提供服务的计算机。在使用计算机的过程中，所使用的服务和相应的 IP 地址告诉 Server，在 Server 接受之后就会把服务传送到 IP 地址中，所以通常会使用 Server 的服务，因为它知道我们的 IP 地址。如果想要把我们的 IP 地址隐藏起来，可以在和 Server 的连接中加上一部计算机，其中的主要原理就是我们连接一部计算机，这部计算机再连接 Server 去提取服务，当中我们只会把自己的 IP 地址告诉这台计算机，而 Server 也只知道这台计算机的 IP 地址，我们是没有和 Server 有任何连接，这样便把 IP 地址隐藏了，这种隐藏 IP 地址的方法是最简单方便的。

4. 访问控制策略

访问控制策略是根据用户的身份和归属的某项定义组对某些信息项的访问进行限制或者是对某些功能进行一定的限制，比如说目前通用的UniNAC 网络准入控制系统就是基于这样的原理进行设定的。访问控制策略通常是根据系统管理员对服务器、目录、文件等的网络资源进行访问。访问控制策略主要是为了防止非法的主体进入受保护的网络资源，同时也允许合法的用户进入其中。主要是利用进入网络的访问控制、网络权限的控制、目录级安全控制、属性安全控制、网络服务器安全控制、网络监测和锁定控制、网络端口和节点的安全控制和防火墙控制等。这种访问类型还包括自主访问控制和强制访问控制两大类。通过在网络安全技术中采用访问控制策略可以更好地保护网络安全。

5. 运营安全管理

高校校园网络中的数据冗繁、计算量巨大和储存量集中的特点，对于校园网络安全系统的维护和管理提出了更高的要求。校园网络安全的监管者要监测系统的运行情况，当侦测到有违反安全管理的不当操作行为时要及时上报。不仅如此，当网络发生安全问题时，要懂得通过相关运行日志进行了解和分析问题原因，及时修复和处理不安全情况，并完善相关部分程序，防止安全问题的再次发生，彻底排除安全隐患。并且管理者要划分出不同安全等级的 VLAN，区域化的管理对于进行网络安全监管具有极大的便利。

6. 网络信息的备份技术

由于高校网络的快速发展，大量的信息、数据以及工作流程储存在高校校园网络之中，一旦发生意外，将造成不可估量的损失，因此校园网络中的信息备份技术显得尤为重要。尽管我们可以使用各种技术手段来加强对于校园网络安全的保护，但是却无法彻底消除一些不可抗因素所带来的严重后果，例如：自然灾害、人为失误、意外火灾等。所以网络信息的备份技术必不可少，在意外造成校园网络的瘫痪导致数据丢失的情况下可以用其来及时

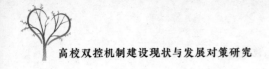

恢复系统以及将备份数据信息导出，避免不必要的损失。

7. 系统补丁和漏洞分析

绝大部分网络操作系统和相关软件都会存在着安全漏洞，黑客与病毒可以针对系统自身尚未修补的漏洞来进行网络攻击，造成校园网络瘫痪。研发人员应该要具备一旦发现漏洞存在就进行系统维护和相关补丁的发布的素质，使得校园网络系统更加稳定。而由于大部分校园网络用户是教师和学生，网络使用者的水平参差不齐，再加上对于网络安全的意识淡薄，更容易成为黑客的攻击对象，因此加强高校校园网络用户的漏洞分析教育意识，从而可以帮助管理者和研发人员分担查找漏洞的任务，能够自主学习安装补丁，以完善校园网络安全的维护。与此同时，也可以引入关于自动分析查找漏洞的软件进行辅助用户的操作，让其素质水平不高的用户也可自主查找漏洞和安装系统补丁。

三、消防安全隐患治理策略

1. 优化校园安全管理结构，增强消防安全能力

严防校园火灾要从每个人做起，应从根源上整治健全校园安全管理网络，严格落实相关教师和工作人员的职责，做到不放过任何一个危险点。针对宿舍消防安全，寝室管理人员应当严格执行相关管理规定，督促学生遵守相关要求，鼓励学生之间相互监督，建立健全监督机制。学校相关领导也须重视起来，要求相关责任人对重点区域、重点时间段进行重点护，降低火灾突发可能性。同时提升校园消防隐患排查治理路径需要专业的人才支持。这就需要相关人员熟悉现代化管理的运作模式、流程及监管，制定科学化、系统化的培训和学习，可熟练掌握现代化技术，对校园消防现代化建设和相应路径构建有更清晰的认识和理解。对于火灾预防而言，应充分明确各级负责人的相关工作，并根据实际情况制定应急预案。

2. 加强消防安全宣传，提高消防安全意识

强化全体师生的消防安全意识是降低火灾事故概率的重要一环。在大部

分火灾事故中，人为因素导致的火灾事故占据大多数，因此只有不断提高全体师生的防火安全意识，才能有效降低事故发生概率。第一，定期开展消防安全演习，尽量确保每个师生都能够参与其中，熟练掌握常用的灭火手段，提高全体师生的应急处理能力；第二，进行消防安全知识竞赛、演讲比赛、实践活动等多种形式的宣传，鼓励学生积极参与，不断丰富他们的消防安全知识；第三，学校应积极与当地消防部门开展合作，邀请消防部门工作人员到学校进行消防安全知识讲解，还可以组织学生参加消防安全科普活动，增强学生的消防安全意识；第四，建立校园消防安全宣传长效机制。消防安全宣传不是一次性工作，学校可以成立消防安全宣传小组，定期组织消防安全活动，以确保消防安全工作的持续性和有效性；第五，学校部门领导应定期检查消防安全宣传安排及成果，避免消防安全宣传走形式、完任务。

3. 定期排查安全隐患，完善消防安全设施

为确保宿舍和实验室等重点区域的安全，学校应定期组织相关工作人员排查安全隐患。对宿舍的大功率电器、违规劣质电子产品、老化线路等要定期检查和维护，确保学生安全用电。同时，学校可以购买合格的公共电器设备，如电热水器、电吹风等，以此满足学生的生活需要，减少学生使用电器引发火灾的危险。对于实验室的电器设备，要根据设备使用情况定期联系维修人员进行维护，及时排查出安全隐患；针对易燃易爆物品储存场所，指定专人负责，定期进行重点排查。同时完善先进的消防设施，提升校园消防隐患排查治理路径需要先进的消防设施设备。学校应及时淘汰和更新老旧、落后、功能缺陷的消防设备，比如灭火器、消火栓等硬件设备，同时要不断更新、完善校园消防火灾预警系统、火灾自动喷淋灭火系统等软件系统，加快消防队站、消防车辆装备、消防水源、消火栓等公共消防设施的完善。

4. 提高火灾应急管理能力，健全火灾监测和报警系统

火灾的发生具有偶然性和突发性，在火灾发生后第一时间进行正确处理可以将财产损失和人员伤亡降到最低。为此，学校需要完善火灾应急管理机制，制定详细的火灾应急预案。第一，明确应急处置程序和责任人，包括火

灾报警流程、疏散逃生流程、灭火和救援流程等；第二，保障应急设备和物资充足和完好，包括灭火器、应急灯具、疏散标志、逃生设备等；第三，建立健全物资储备和调配机制，确保物资及时供应和调配；第四，确保在突发情况下应急团队能够迅速、有效做出反应。

校园应在重点防火区域配备火灾监测设备，如烟雾探测器、温度探测器等，以此随时监控火情。火灾报警系统应具有自动报警和手动报警的功能，确保火灾信息能够及时传递到校园消防中心或当地消防部门。同时，还应对设备进行定期维护和保养，确保设备正常运行。另外，为了鼓励消防工作相关负责人尽职尽责，高校应当建立相关的奖励和处罚机制，对消防安全有突出贡献的人员专门进行表彰和奖励，鼓励全体校内人员重视消防安全，参与消防监督。同时，高校应当积极改善师生的生活条件，使师生在接热水，取暖、用电等方面更加便捷，从根本上避免宿舍私拉电线、使用劣质违规电器等现象。

5. 搭建现代化管理系统，加强消防隐患数据库建设

提升校园消防隐患排查治理路径最重要的是具备先进的现代化管理系统。如今的校园消防安全管理中，传统的人工管理模式已经不能适应越来越复杂的校园环境，需要借助现代化管理手段实现对校园内各类消防设施、消防隐患等的管理。学校需重视与校外企业合作，加快构建符合本校消防管理的系统，完善消防火灾监控系统，第一时间发现火情并立即采取相应措施，通过消防灭火系统等的传感器实现消防设备运行状态的实时监测和消防隐患的实时上传，并针对各类隐患提出相应的整改措施，最后通过可视化系统将全校的消防设施状态、消防隐患以及整改进度充分展示，全面掌握校园消防管理情况。提升校园消防隐患排查治理路径需要完备的消防数据库。在校园消防管理中，学校应同时管理纸质和电子的管理数据，为现代化的数据库搭建奠定坚实的基础，不断丰富数据库的数据信息，保证消防数据信息符合所搭建的现代化消防管理平台要求。同时还需要搭建数据共享平台，将校园消防隐患信息与学校管理者、应急管理部门以及消防救援队实现信息共享，

实现消防系统的数据互联，有效提升校园消防管理的效率。

四、校园施工安全隐患的治理策略

针对目前基建施工对校园造成的诸多安全隐患和问题，作为校园安全管理者应主动作为，切实站在师生的角度转变思想观念，创新管理模式，完善规章制度，树立"大安全观"，统筹兼顾，努力营造良好的校园环境。

1. 转变思想，加强联动，变"一家独管"为"多家共管"

高校的基础设施建设与施工，大多由学校统一规划、基建负责招标、公司负责建设。在这三个环节中，即便有安全管理部门介入，但学校总体规划中更加注重的是施工质量和效率，对安全问题强调甚少。一旦施工对校园安全造成影响，往往是被动应付。目前，我国不少的知名高校往往都是些坐落在繁华闹市区的老校园，经过几十年甚至上百年的发展，其校园空间紧张、人员密集、古迹文物众多，一旦发生意外，有可能造成不可弥补的损失。以北京某高校为例，在进行中水处理站施工作业时，对一批珍贵的文物（石质）造成损伤，事后经有关部门鉴定，为不可修复类损伤。因此，学校作为管理方，应当充分吸取教训，切实转变观念，树立"整体安全观"，从维护师生切身利益出发，充分考虑建筑施工的安全隐患对学校可能造成的各类影响，改变过去那种只管招标投标和施工质量，不问其他的思考方式。在督促建设施工方强化质量，减少事故的同时，更要采取措施将施工带来的不良影响降至最低，做到"施工不扰师生、基建更显和谐"。

2. 坚持安全风险评估，完善监督管理体系

在整个基建施工管理体系中，增加"施工安全风险评估"环节。目前的校园施工管理多基建部门为主，后勤保障、安全消防等部门配合，安全管理部门除了消防安全发挥着审批、查的职能外，其他如交通、秩序、治安等业务均未参与其中。随着施工进度的不断推进，各类安全隐患、突发意外频发，使得本来是旨在改善校园环境的基建项目，反倒变成干扰师生正常生活秩序的"扰民工程"。因此，安全管理部门应在施工单位中标后，尽早介入，对施工方案中可能出现的安全隐患进行充分评估，并要求其拿出可靠的解决方案，并明确要求其做到不扰民，实现"和谐施工"规范管理。

3. 建立安全管理量化标准体系

以标准化对校内施工单位所涉及的消防、安全、管理等方面实行量化管理，并与其今后再次在校内承接项目挂钩。比如制定《校内施工安全量化管理办法》，对承接校内施工项目的单位进行全程监控，并依据管理办法进行量化。对施工期间发生的与校园秩序有关的违规行为、事故、问题、隐患、矛盾等都记录在案并进行量化。特别是前期的进料、开槽、水泥浇筑等阶段，大车多、噪声大、安全隐患最为突出，如果有必要可以建立专门的"校内施工监察委员会"由保卫部门牵头，学工、工会、后勤等多家单位联合组建，统一对校内施工单位进行监督检查。

4. 提高政治站位，强化信息预警，掌握工作主动权，确保校园安全稳定

近年来，随着高校建筑施工数量激增，民工讨薪事件频发，在校园内聚集打横幅、喊口号，甚至出现了利用网络舆情和学生的同情心精心策划的恶意讨薪事件，引发了上级部门的深度关注和不良的社会影响，对学生的心理也形成了严重的冲击。校园施工所带来的影响校园安全稳定的问题层出不穷，一定程度上也反映了高校管理存在的漏洞。因此，在考虑校园施工安全的同时，要提高政治站位，从维护高校稳定的角度出发来确保施工安全有序的推进。学校应始终以确保稳定为最高目标，做好信息预警，加强部门联动，加强隐患排查，主动化解矛盾。首先，基建部门与施工方签订责任书时，明确所有款项使用用途和支付工人工资标准，加强与公安机关协调联动，并积极协调公安机关做好定期的矛盾隐患排查，对有欠逃苗头的企业、工地实行实时监控。严格督促施工方确保工人讨薪问题不发生在学校校园；其次，从法律上明确，学校支付施工方全部费用，但不与施工工人具有直接的劳动关系，为后续处置提供法律依据；最后，在处置中，学校要做好应急预案，处置过程中立场鲜明、反应及时、措施得力，做好正面引导，掌握工作主动权，避免陷入被动。

5. 彰显人文关怀，积极引导施工方营造良好的校园施工文化

首先，校园建筑施工形象尽量与周边环境相协调。校园的建筑施工是校园整体形象和环境的重要组成部分，也应当是校园文化的显现。建筑施工应尽量与周边环境相协调，这不仅是对校园环境和校园文化的尊重，也体现了全心全意服务师生的深厚人文关怀。因此，建议学校基建部门在制作标书时明确注明要求施工工地整体形象要与周边环境相适应，从颜色、造型及施工要求上都要有所体现。其次，充分考虑师生需求，明确规则，降低施工带来的灯光、噪声污染。安全管理部门与施工方应制定严格的施工规则、条款，明确限定施工车辆入校、停放的时间、停放位置，明确车辆具体负责人员；明确要求夜间不允许开展高噪声作业，尽可能为师生的正常生活以及师生的身心健康创造良好的环境。随着国家"双一流"高校建设的不断推进，各大高校又将展开新一轮的施工潮，正常的教学科研和生活还需要继续，因此建筑施工与正常教学生活的矛盾已成为校园生活的重要矛盾。作为学校安全管理者，应当立足学校的健康、稳定、持续、和谐地发展，避免随意性、主观性和人为性。从整体的校园安全角度充分考量施工安全存在的各类安全隐患，进而探索减少隐患、降低风险的有效途径，为建设平安校园、和谐校园不断努力。

五、校园交通安全隐患治理对策

1. 完善交通安全管理体系

补充完善校园交通管理规定，加大校门的监管力度，严格控制机动车在校内超速行驶、违章行驶。对违反校内道路交通安全管理规定的行为要果断制止。完善交通设施，对校内的交通进行科学规划，划分出单行线、斑马线、人行道、机动车道和非机动车道等。从准入制度上对进入校园的外来机动车和闲杂人员要严格控制，须有登记换证才可进入。对执行公务的特殊机动车和邀请的贵宾，必须经过确认才能通行。对于那些无牌或证件不全的机动车和未经公安交通部门认可的改装机动车、大功率燃油燃气助动车、摩托车，一律严禁进入校园。对于通过检查允许进入的机动车必须限速在规定的范围之内，在通过十字路口、转弯道口、减速带，应减速慢行，必须主动做到避让行人和非机动车。

2. 增设交通安全设施

应健全校园内的交通安全设施。对于人流量比较大的路段，有条件的话要拓宽该路段路宽，应在校内主干道设立交通标线，实行明确的人车分流，在人流车流特别大的十字路口可以修建立交桥。对高校的多个上下课人流高峰时间段的道路设定限行路段，对教学楼、食堂等人流密集区设立限行区域，引导高峰人流快速离散。在教学区、学生的生活区等学校的核心区域内应设置行车障碍，车辆不得通行，不得停放；在十字路口处设置红绿灯；在有急转弯的路段设置反光镜；在坡度比较大的路段设置减速带，避免交通事故的发生。将现有的斑马线、减速带、警示标志等进行改造和完善。在人流密集的道路中，应当增设斑马线警示灯、路口警示灯、减速带等道路引导设施，同时合理布局交通标线，设置机动车道和非机动车道。为避免校园内出现超速、飙车等违规现象，高校里面应该设置校园测速抓拍系统，发生一次违规现象的教职工车辆，高校可以收取一段时间的停车费，若出现两次以上的，学校应该适当延长收费时长。而对于社会车辆，将拉入学校超速车辆"黑名单"，禁止入校。

3. 完善管理措施，制定管理制度

首先，通过成立校园交通巡逻队，及时发现、制止、纠正校园内的交通违章行为。在这一点上江苏大学的做法值得借鉴，该校配备了校园交通巡逻车，不间断地进行巡逻。在上下课的人流高峰期，要对主要的交通要道、十字路口定人定岗加强交通疏导，加强岗位责任制，任务到人，责任到人，确保校园交通安全；其次，高校应该对外来车辆的情况进行排查，严格控制外来车辆进入校园，保卫处人员要严格核实外来车辆的安全性和合法性，并进行实名登记。对于不得不进入校园的车辆，校方应在车辆进入的校门口以一定的方式给予警示，提醒司机校园内人口密集，小心驾驶，注意避让行人。

再次，采取强制手段严格整治车辆乱停乱放现象，划定机动车位和非机动车位，所有车辆必须停在相应车位。也可以针对网约车、快递运货车、外卖电动车设置一些临时停车区域。同时高校可以建立智能门禁系统，对于乱停乱放，屡教不改的车辆录入系统黑名单，禁止其再次踏入校园。校园交通的设计理念应符合慢行交通的原则。校园内，行人必然是主体，第一，应当尊重行人的步行权利。各学校可以视情况设定校园机动车通行速度上限，校园内交通实行慢行交通，因此车辆应严格限速，一般上限设为20千米/小时。第二，整顿校园内乱停乱放行为，杜绝在主要交通要道上停放车辆现象。对于在校人数特别多的院校，可在上课的前半小时以及下课后的半小时安排专人对主要路段的各类运行车辆进行交通管制。同时加强校园内电动车的管理，整顿违规摩托车。

4. 智能化交通管理，提高保卫人员素质

针对目前的高校校园来说，对交通进行重新的大范围规划设计明显不可能，所以就要求在管理方面进行入手，来解决交通安全问题。针对这种情况，目前已经有许多高校校园开始采用智能化布局的交通管理方式，对外来的车辆进行严格的控制，减少了校园之中的车辆，并且对家属住宅区域进行分隔处理，减少校园交通的道路压力，已经取得了明显的成效。为全面提高交通管理人员的管理水平和业务素质，一方面，高校应建立专职的校园交通管理队伍，并对他们进行岗前培训、岗位培训和强化培训，尤其加大对交通管理政策方面的学习；另一方面，当地公安交通管理部门应在思想观念上重视高校交通安全，高校也应加强与公安交通管理部门的联系，积极建立校警联动机制，并且通过交通管理部门派巡警进校驻点执法来有效地遏制校园交通违章行为。

5. 加强对师生的交通安全教育

对于驾驶机动车进入校园的人员，应该加强安全教育培训，督促驾驶人员严格遵守校园的管理规定，并且对高校师生进行道路交通安全的教育，高校可以根自身的条件，利用校园广播、校园有线电视、橱窗经常性地进行交通安全宣传，对刚入学的新生进行强化教育，请专家和一线的交警给他们上

课并进行考核，使交通安全深入人心中对师生的安全意识进行有效的提高，加强机动车驾驶员的交通安全意识，对师生的交通安全法规和自我保护的自觉性进行加强，根据学校和社会的发展，进行长期的、频繁的、多样的校园交通安全培训措施，同时应该将交通安全的宣传作为学生的日常教育之中应加强师生的思想教育，增强师生的交通安全意识。从以往的事故教训中可知，许多交通事故都是当事人交通安全意识淡薄造成的。

六、学生心理健康安全隐患治理策略

1. 整合教育资源，夯实教育基础

整合心理健康教育资源，是校园开展心理健康教育工作，提升学生心理健康品质的前提条件。能够帮助教师从线上线下、课内课外、校内校外等维度出发，将心理健康教育工作维度延伸到学生的职业维度，确保学生纾解或预防各类心理健康问题。首先是整合硬件资源。包括建立设施完善的心理咨询中心，配备适宜的咨询环境和辅助设施（如放松室、互动室等）；提供心理健康评估工具（心理测试仪器和软件），帮助学生进行自我心理健康评估。其次是人力资源及专业人士的引进。即聘请或邀请外部专家定期来校开展咨询和讲座。或者构建学生心理辅导团队，培养心理健康教育的学生志愿者，为学生提供日常心理支持和咨询。最后是利用线上资源开展心理健康教育工作，一是心理健康慕课（MOOCs）和微课。利用网络平台，提供在线心理健康课程，包括自助心理教育、情感管理、压力应对等；二是整合并收集有关心理健康教育的影音视频资料，包括国内外优秀的心理健康教育影片、音乐及书籍等。譬如整合有关职业心理健康教育的视频资源，可以将其渗透到专业教育中，鼓励专业教师从专业知识、专业技能、专业发展等维度出发，提升学生的职业素养与心理品质。

2. 完善教育内容，提升教育全面性

完善心理健康教育内容，不仅可以适应学生发展需求，提升心理健康教育的趣味性，还能使心理健康教育更具职业性、实践性、应用性等特征，提

升心理健康教育的职业适切性，满足现代职业教育高质量发展的需求。一是构建多样化的内容体系。具体包括积极发展性、救助性心理健康教育内容。其中积极发展性内容涉及自我认知、情绪管理、人际交往、压力应对等，旨在促进学生的积极心理发展和增强抗逆力。而救助性心理健康教育内容，专注于识别和处理实际的心理问题，如抑郁、焦虑等，提供适当的干预和支持；二是完善教育内容体系。包括基本心理健康知识、学习心理指导、意义教育及性格教育。① 基本心理健康知识。基础理论、常见心理问题识别与处理、心理健康维护等。② 学习心理指导。帮助学生理解学习过程中的心理现象，提供有效的学习方法和应对策略。③ 意义教育。引导学生思考人生意义、价值观和目标设定。④ 性格教育。帮助学生了解不同性格类型，培养良好的性格特质。最后是打造职业特色的心理健康教育内容体系，即涵盖职业生涯的心理健康问题解决、心理危机自我干预等心理健康教育知识的内容体系。一方面是职业生涯的心理健康问题解决。涉及职业规划、职场适应、职业压力管理等，帮助学生准备和适应未来的职业生涯；另一方面是心理危机自我干预。教授学生识别心理危机的信号，以及如何进行初步的自我干预和寻求专业帮助。

3. 创新开展方式，提高开展效率

丰富心理健康教育开展方式，不仅能提升心理健康教育的实效性，还能拓宽心理健康教育维度，使其渗透到学生生活、学习及岗位工作中，突出院校的办学特色，促进学生的职业发展。首先是团体辅导与个别辅导相融合。在新时代视域下，应组织心理健康讲座、研讨会和小组辅导等活动，以促进学生之间的互动和经验分享。同时也要提供一对一的心理咨询服务，针对具有特定需求或问题的学生，给予更深入、个性化的支持。其次是自我教育与传统教育相融合。在通过课堂教学、讲座和研讨，教授学生心理健康知识和技能时。应鼓励学生利用阅读、在线课程和参与心理健康等活动进行自我学习和提升，从而形成由外而内、由表及里的心理健康教育格局。再次是课程学习与学科渗透相融合。为提升心理健康教育的实效性，学校不仅要设置专

门的心理健康教育课程，系统地传授心理学知识。还要在各学科教学中渗透心理健康元素，如在文学、社会学、哲学等课程中引入心理健康话题，确保心理健康教育渗透到职业教育体系中。最后是长期教育与应急教育相融合。长期教育旨在建立持续性的心理健康教育体系，重视学生的长期心理发展。而应急教育是指在面临特殊情况时，提供紧急心理支持和应对策略。因此，促进长期教育与应急教育的相互融合，可以确保大学生始终拥有应对各类心理危机、心理问题的能力，提高心理健康教育的实效性。

4. 强化组织管理，保障开展质量

提高组织管理质量，是从宏观维度出发，强化心理健康教育地位，发挥心理健康教育功能，提高心理健康教育效能的重要手段。要求我们构建完善的组织机构，加强教师培训及信息化交流平台的建设。首先是提高对心理健康教育的关注程度，健全心理健康教育组织机构。职业院校应将心理健康教育与院校发展规划紧密联系起来，要制定一个科学的心理健康教育发展规划。譬如心理健康教育课程、选修课、心理咨询室、心理健康服务机构、第二课堂活动等协同发展，并定期邀请心理医师或专家来校教学或开展各类讲座活动；其次是构建信息交流平台，提升信息开放程度。学校应构建一个科学合理的信息交流平台，以更有效、更全面地彰显心理健康教育工作的优势，提升心理健康教育的质量。该平台应由心理咨询中心主办，涵盖名师讲堂、交友中心、在线提问、专家问答、自我监测等工具，不仅能够为学生提供心理健康方面的支持和帮助，还能为教师与教师、院校与院校之间的交流和互动提供必要的支持；最后是加强师资管理。通过提升心理健康教师综合素质、业务能力、管理能力，促进心理健康教育的专业化发展。具体措施应包括教师培训与研讨会两种。在教师培训中，学校应通过定期培训，帮助教师及时了解最新的心理学理论、研究成果和实践方法。而在研讨会上，应鼓励教师积极参加国内外研讨会和会议，积极与其他专业人士交流、建立联系，从而获取更多的资源和支持，以此激发新的想法和创新方法，丰富和提升自己的教育质量。

第六章　校园安全双重预防控制机制体系程序和内容

双预防体系是针对我国实际情况提出的一种适合我国的具有我国特色的安全生产的防控体系，"双重预防体系"即安全风险分级管控和事故隐患排查治理。风险分级管控工作制度应对安全风险辨识评估范围、方法和安全风险的辨识、评估、管控工作流程作出规定并加以落实。事故隐患排查治理工作制度的内容应尽量全面，应对事故隐患具体的分级标准与排查、登记、治理、督办、验收、销号、分析总结、检查考核作出规定并加以落实。目前许多专家、学者从理论上和实际上对"双重预防"机制进行了深入的探讨研究，实际经验也证实，双重预防体系是预防事故发生的重要防线，相比较传统风险治理，双重预防体系已提前对风险进行了辨识与分类，同时进行精准管控，使该体系在风险来临前具有更强的预见性和先进性，在操作上具有实时性，很大程度上减少了安全事故的发生。因此，校园双重预防体系是保障校园安全的重要举措。在校园内双重预防体系的实施有别于企业，因校园人员庞大，环境特殊，具有风险复杂，分级管控困难，隐患数量多，排查治理庞大情况，在校园内实施双重预防体系时，需要根据实际情况构建适合校园安全的双控机制体系，为校园安全保驾护航，保障师生安全，维持校园安定。

第一节　双重预防控制体系构建原则

校园安全双重预防机制体系的建立秉承组织分层，技术先进，责任覆盖，防治结合的原则，促进全员参与并不断持续改进，使得双重预防体系具备系统性、制度性、可行性、实效性。

一、构建组织体系，实施制度保障

学校是双重预防体系工作的责任的主导部分，而推动双控机制建设进程，离不开高效的组织体系支撑。体系第一层为政府层面，从政府角度顶层支持，大力宣传双控机制建设工作，宣传典型、推广经验，为推进双控工作创造有利的舆论环境，从而发挥政策"风向标"作用，为生产安全提供支持保障。与此同时，安全监管部门应夯实属地管理责任，提供专业技术、信息资源和系统支撑，加强督促指导和统筹协调。体系第二层为教育主管部门，主要发挥指导与督导功能。教育主管部门应统一规划、统筹推进，履行监督和管理职责。建立各学校双重预防体系的具体指导细节，提供指导手册，并提供相应配套措施，给各学校提供明确指导。同时加强督导评估，积极协调和组织专家力量，将学校共性的一些风险用专业力量予以辨识和评估，共性的体制机制问题予以研究解析，为各学校双重预防体系的实施提供统一、规范、科学的技术标准。第三层面也是双重预防体系的具体实施层面即各学校。学校需要努力提升研究政策、运用政策、落实政策的能力，根据安全管理原则，建立双重预防体系相关的领导部门，要高度重视体系实施中的人、财、物的支持，为体系的实施提供坚实基础和保障。同时，从领导部门到管理部门，各个岗位要有相应的明确管理人员，并且组织各职能部门认真学习双重预防体系，将其具体细节进行规划和设计并将方案进行探索和实践研究，并更新和优化。建立相关实施制度，从总责任人到各管理部门再到具体安全负责人，构建双重预防体系的工作实施与监督检查，安全负责人还要对预防内容进行考核，落实各单位、各部门的双重预防工作职责，为双控体系提供制度保障。最后还要从主观能动性角度调动各部门、教职工及学生的积极支持和参与，边研究边实践，边实践边总结，分阶段稳步推进。

二、完善技术体系，注重有效实用

学校是风险隐患双重预防体系的主体部分，双重预防体系的实施，需要信息技术的支持和专业队伍的实施。一方面，学校需要在本身安全管理体系的实际情况基础上，积极利用现有的技术服务资源，遴选并确定依托的技术服务机构，搭建信息技术平台，加强硬件建设和软件开发。在双控体系实施中离不开技术平台的使用，需要通过信息化手段，收集信息、整合数据，统计分析，强化运行过程中的管理，以电子数据形式呈现安全风险清单和事故隐患清单，并在风险分级管控分类上进行归类与管理，做到实时修正和补充。应用信息技术在隐患排查中进行确认、监测和自动化控制，做到快速、及时、实时的更新。因此，需要以互联网、移动通信、云服务和大数据等技术为"载体"，建立双控网络管理与服务平台，让信息技术发挥重要的支撑，为学校提供便捷、权威的专业咨询和技术支持服务，为学校管理决策提供精准、科学、高效的信息技术支撑，确保有效和实用性；另一方面，在平台建立基础上，需要专业人员进行管理、使用及控制。双控机制建设不是一项任务，也不是阶段性的工作，而是建立控制风险、消除隐患、防范事故的长效机制，需建立健全学校安全管理人员、专业技术人员的教育培训制度，加强对校内各个部门的业务指导和监督管理。因此，学校要注重专业技术队伍建设，以部门主要负责人、安全管理人员、岗位人员为重点，每个部门至少培养一个双控机制建设"明白人"，全面掌握双控机制建设的目的、标准任务、流程。同时，双控工作主管部门负责人和工作者要率先垂范，切实在学懂、弄通、做实上下功夫，主动担当双控工作的业内专家，行家里手。双控工作的专业性、技术性和科学性强，必须有强有力的技术支撑才能做好做实做到位。各高校实施双控工作亟需完善第三方服务机构以补短板，亟需搭建信息技术平台以增效能，亟需培养校内专业技术队伍以促建设。

三、联动责任体系，促进全员参与

双控机制体系的运行需要从主要负责人到教职员工，全员参与双重预防的建设中，使校园安全双重预防体系能够持续有效的运行。因此，首先成立组织机构，成立双控工作领导小组，落实两级责任，专设双控管理机构和管理人员，并自上而下建立双控工作责任体系，明确并严格落实各部门主体责任。在高校双控中，首先建立党委领导下的，以学校党政办公室牵头负责，安全工作处为主导的，后勤、国资、人事、学生、财务、院（系）等部门负责人共同参与的校级领导机构。校级领导机构全面负责双控机制建设的制度建设、业务指导、推进落实、监督考核等工作，统筹各部门的规划、计划和决策，定期对双控机制建设工作进行评估分析和改进，确保校、院（系）行政单位两级工作体系的上下联动、密切联系、通力协作，形成全校一盘棋的工作推进机制。领导小组下设办公室，整合职能部门责任，形成履责合力双控机制建设，明确相关职能部门的主要责任，尤其是安全工作处、后勤管理处、国资处、学生处等具有安全管理职能的部门，负责组织、协调、指导、监督全校性双控工作，统筹做好校园消防、治安、卫生防疫、食品、实验室、公寓和心理健康等关键领域的风险管控工作；其次，各学院（系）要建立院级双控工作领导小组，统筹谋划和领导执行本单位的双控工作。在实施中双控工作领导小组要通过会议、协商、讨论、沟通、交流等方式，减少和消除具体管理过程中存在的部门之间、环节之间的冲突和重复、抵触与损耗、互相推诿和互相掣肘，完善各部门管理中的共性制度，整合各部门的资源和力量，相互协作、相互配合，形成履责合力，切实把双控工作落到实处。在责任实施体系全面覆盖基础上，为保障双控的顺利实施，还要建立风险管控责任体系，通过风险辨识和评估，风险分级进行管理，逐一落实各责任主体、各岗位的管控责任。以风险等级越高管控层级越高为原则，实现风险管控层级化，根据高校直线职能管理模式，建立校级—安全管理部门级—院（系）—岗位四级责任管理体系，不同级别风险对应的层级领导要有必要资源的支持，同时必须承担与其层级对应的风险监管责任，把风险责任落到实处。

四、开展防治结合，提升建设水平

防治结合是构建双控体系建设重要原则，一方面，主要通过建立全面的风险管控机制，有效防范化解各类安全风险。首先，全面排查风险点，既要对常见的公共设施、治安、消防、食品、卫生、交通等风险进行关注，又要重视心理健康、民族宗教、信息安全、校园贷、网络诈骗等潜在的新型风险的研判和摸排，进行系统化风险治理；其次是科学辨识危险源，编制安全风险辨识清单，要基于客观（固有）风险确定管控层级，将有限的资源得以配置到最有效的部位和岗位，发挥出最好的效果。最后则是有效管控风险，要用本质化的手段，按照消除、控制、减少、隔离、防护、警示依次递减的顺序管控风险，制定风险管控措施，形成全面的安全风险分级管控信息台账。第四是建立风险应急处置等制度，对较大及以上等级风险，还应制定专门管控方案。第五是设置安全风险公告栏，制作岗位安全风险管控责任卡。这种目视化方式，既随时提醒相关岗位人员，增强他们的风险和防范意识，又对外来人员或相关方是一种告知，履行风险告知的义务，一定程度上可减少事故的发生。另一方面，推进风险管控和隐患治理有效融合，实现闭环管理。风险分级管控是隐患排查治理的"基础"，隐患排查治理是风险分级管控的"延伸"，二者相辅相成，互相促进。一方面要根据风险分级管控的要求，确定相应的风险点、危险源为隐患排查的对象，从源头上消除、降低或控制相关风险，将事故端口前移；另一方面要通过隐患排查对风险进行补充完善，通过隐患排查治理工作，查找风险管控措施的失效、缺陷或不足，分析、验证各类危险有害因素辨识评估的完整性和准确性，进而完善风险分级管控措施，通过隐患治理做到"防患于未然"。要通过一体化管理避免信息孤岛，提高风险预见预判能力，实现风险管控和隐患治理的有机融合，实现所有事故隐患发现、登记、整改、销号的闭环处理，从而构建事故发生的风险和隐患"双层壁垒"。对于消极应对风险分级管控制度和工作落后的，要对工作提出批评、在规定时间内进行加强安全管理工作的建设，确保双重预防工作取得成效。

第二节 双重预防控制体系构建理论基础

风险不是一成不变的，双重预防体系的构建，需要根据一定的理论基础进行开展，遵循提前计划，具体实施，阶段检查和改进原则，不断完善双重预防体系，持续改进风险管控与隐患治理的过程，使得安全管理工作达到闭环管理。其理论几组主要包括 PDCA 循环理论，事故因果连锁理论，能量意外释放理论，系统安全理论，事故致因理论。

一、PDCA 循环理论

PDCA 循环理论最初是由美国质量管理科学家 Shewhart 博士提出的，最初是应用在管理学当中，后来由 EdwardsDeming 博士采纳和推广，在持续改进产品质量的过程中不断优化改进总结得出的循环思维模式，在质量管理和业务管理中广受欢迎，因此也称为 Deming 循环。PDCA 是一种循环的模型，在质量管理、效果评价等领域有着广泛应用，特点是层次分明、简单实用，主要包括四个执行阶段，每个字母代表了一个过程，P（Plan）为计划，主要内容是确定目标，明晰职能，计划的制订。D（Do）为执行，注重过程建设，有规划地实施计划，具体运作。C（Check）为检查，在计划实施过程中明确效果，并进行考核和评审，找出影响问题。A（Action）为最后一步即处理，对检查阶段找出来的问题进行处理，形成检查结果，并进行奖惩改进。PDCA 循环方法已经在企业管理的各个工作中形成了一般规律，即每个工作都是按计划执行，检查和审查以及流程改进进行准备的。工作标准吸收改进成功的经验，而未改进的工作将在下一个工作周期的解决方案中得到改进，以实现不断完善和持续改进。

在校园安全保障中，双重预防机制是通过风险分级管控，以防止事故发生的，然后在控制措施中的失效环节通过隐患排查治理工作来弥补，从而避免事故的发生。故，风险分级管控的第一步是辨识危险源。通过检查和辨识，对风险进行分级和管控，从源头消除事故。在学校中，学校首先应该对设备和设施，教学方法，教学环境，教育活动以及参与教育和教学活动的人员行为（例如教学，科研，实习和实践培训）进行全面的风险辨识，选用合适的评估方法对风险分级，并制定控制措施，能够使学校教育和教学活动安全地进行。检查风险管控工作中的控制措施失效或薄弱环节，必须认真，细致，彻底地检查每一个环节。作为预防事故发生的最后防线，如果出现漏洞，安全事故就会爆发。它不仅能造成严重的经济损失。甚至可能对学校师生的生命安全造成威胁。因此，利用 PDCA 理论进行管理，P 阶段就是安全风险点识别与评价环节，对应双控体系危险源辨识环节，根据安全问题进行分析，对于主要问题进行提炼，并确定要实现的目的，通过对危险源进行风险判定，对潜在危险问题原因进行全面分析并制定对策，使风险管控具有条理性、规则性、可预见性；D 阶段则是安全管理措施执行环节，也就是根据提前制定计划，对相应的对策进行执行，对风险和危险源筛查和评价；C 阶段是日常安全监督检查与文化建设，对制定的政策实施中出现的问题进行汇总，对执行后的结果进行彻底检查，并逐一对比分析；A 阶段对应安全隐患整改：对发现的危险问题，制定巩固措施，实施整改计划，防止问题的再发生，减少安全事故的发生。

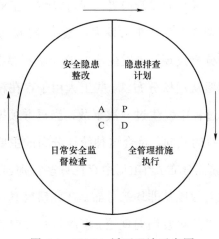

图 6-1　PDCA 循环理论示意图

二、事故致因理论

事故致因理论是用来阐明事故的成因、始末过程和事故后果，以便对事故现象的发生、发展进行明确的分析。事故致因理论的出现，已有 80 年历史，是从最早的单因素理论发展到不断增多的复杂因素的系统理论。事故致因理论认为，风险是事故的根源。为了预防事故，必须识别现有风险并采取控制措施将其控制在安全范围内。但是，由于控制措施的设计和实施中存在各种程度的缺陷，为了确保风险控制措施有效，有必要分析控制措施中是否存在缺陷和漏洞，并及时进行改进。

事故致因理论的发展经历了 3 个阶段，即以事故频发倾向论和海因里希因果连锁论为代表的早期事故致因理论，以能量意外释放论为主要代表的二次世界大战后的事故致因理论，现代的系统安全理论。

1. 事故频发倾向理论

事故频发倾向论是阐述企业工人中存在着个别人容易发生事故的、稳定的、个人的内在倾向的一种理论，是指历顷手个别容易发生事故的稳定的个人内在倾向。事故频发倾向者的存在是工业事故发生的主要原因，即少数具有事故频发倾向的工人是事故频发倾向者，他们的存在是工业事故发生的原因。如果企业中减少了事故频发倾向者，就可以减少工业事故。1919 年，英国的格林伍德和伍兹把许多伤亡事故发生次数按照泊松分布、偏倚分布和非均等分布进行了统计分析发现，当发生事故的概率不存在个体差异时，一定时间内事故发生次数服从泊松分布。一些工人由于存在精神或心理方面的毛病，如果在生产操作过程中发生过一次事故，当再继续操作时，就有重复发生第二次、第三次事故的倾向，符合这种统计分布的主要是少数有精神或心理缺陷的工人，服从偏倚分布。当工厂中存在许多特别容易发生事故的人时，发生不同次数事故的人数服从非均等分布。在此研究基础上，1939 年，法默和查姆勃等人提出了事故频发倾向理论。事故频发倾向者往往有如下的性格特征：① 感情冲动，容易兴奋；② 脾气暴躁；③ 厌倦工作，没有耐心；④ 慌慌张张，不沉着；⑤ 动作生硬而工作效率低；⑥ 喜怒无常，感情多变；⑦ 理解能力低，判断和思考能力差；⑧ 极度喜悦和悲伤；⑨ 缺乏自制力；⑩ 处理问题轻率、冒失，运动神经迟钝，动作不灵活。目前由于对事故的重视与及早筛查，及时发现并制止事故频发倾向者引发事故，事故发生情况已大大

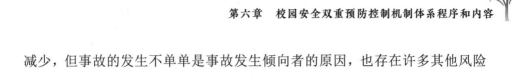

减少，但事故的发生不单单是事故发生倾向者的原因，也存在许多其他风险因素与危险源。

2. 因果连锁理论

事故发生的各种原因和事故伤害之间存在的联系，最先是由 Heinrich 提出的事故因果链理论，该理论认为，虽然伤害事故是在某个不确定的时刻发生的，但伤害事故的发生不是单独存在的，而是多个具有联系的事件共同作用的结果、Heinrich 将伤害事故的发生和发展描述为具有一定因果关系的多个事件共同作用的结果：① 人员伤亡是事故产生的最终状态。② 事故的发生是由于人的不安全行为和事物的存在的不安全状态引起的。③ 人为缺陷造成了人的不安全行为和事物的不安全状态。④ 由于恶劣的环境或先天的遗传因素使人具备了缺陷的条件。

因此，根据多米诺原理人员的伤亡是由于一系列顺序原因而发生的结果，也就是连锁理论即遗传因素→人为缺陷→不安的行为/不安的事物→事故→死亡。按因果关系顺序 Heinrich 事故因果连锁理论可以归纳为以下 5 个因素。

（1）遗传学和社会环境。这一因素是造成人格缺陷的主要原因。如果生长环境不良，后天缺乏多方位培养，社会环境阻碍等就会使人在情感、性格以及人为上就会出现不健康人格，如鲁莽，暴躁，固执，心胸狭窄，嫉妒心强，冷漠等，形成偏执型、分裂型、反社会型等人格。

（2）人为缺陷。是由遗传和社会环境引起的，在人际交往，事件处理，情感关系，社会适应等等中出现不安行为，或者使得事物产生不健康的状态。

（3）事故的直接原因是人的不安全行为和物的不安全状态。

（4）事故。即意外的或失控的事件，其中物体，物质，人或辐射会影响人体，从而对人造成伤害或可能的伤害。

（5）伤害。事故对人员直接造成身体伤害。

在这些事故因果理论中，如果破坏了其中任何一种因素，使其发生概率为零，就可能发生事故变化，使事故产生缺乏原因，阻碍事故的发生，将危

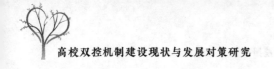

险风险降低，达到预防的效果。

3. 能量意外释放理论

能量意外释放理论从事故发生的物理本质出发，阐述了事故的连锁过程，对于能量的意外释放理论来说，能量本身就是发生事故的根本原因，在工作或管理中，由于某些特殊的原因，控制系统中能量的措施无效，引发的人的不安全行为和物的不安全状态及其相互作用，使不正常的或不希望的危险物质和能量释放，违背了人们的意愿，意外的能量直接作用于人体或转移到设施中，进而导致正在进行的活动终止，造成人员伤亡或财产损失，发生事故。意外释放能量的理论从物理角度阐明了造成伤害的事故的性质。因此，事故是可以通过减少能量和加强屏蔽来预防，防止能量或有害物质的意外释放以及防止过多的能量或有害物质接触人体可以有效地防止事故。

在校园安全管理中，正是由于校园系统中各种危险源的发展变化和相互作用，才使能量发生了意外释放。可见，危险源是产生事故的前体，如果减少或限制危险源系统中可能发生意外释放的各种能量或危险物质，就可以使得能量不能释放，进而减少事故或降低事故发生的严重程度。在校园双控管理中，危险源是导致约束、限制能量措施失效或破坏的各种不安全因素，要及时对危险源进行排查和管控，减少能量主体，降低事故发生可能性。

4. 系统安全理论

系统安全理论是指在系统寿命周期内应用系统安全管理及系统安全工程原理，识别危险源并使其危险性减至最小，使系统在规定的性能、时间和成本范围内达到最佳的安全程度。系统安全理论的产生不同于传统安全性理论，第一，系统安全理论改变以往对事故原因的单一分析，从传统观念只注重人不安全行为变为了人的不安全加上重视物的不安状态，考虑了如何通过改善物的系统可靠性来提高复杂系统的安全性、可靠性，考虑得更加全面，从而防止安全事故的发生。第二，系统安全管理提出所有事故发生的原因中，任何事物都具有潜在危险因素，没有绝对的安全。第三，可以减少危险源的危险性，但不能彻底消除风险，不能消除所有危险源。第四，危险源并不是一成不变的，是可以随着时间、人员、事物等进行变换，也就是已知现有的危害，也会衍生新的危险源。从系统安全理论可见，人类的认知能力无法完全识别出全部危害和风险的，只能在一定程度上尽可能地分析所有潜在风险，检查危险源，控制危险源，将事故的可能性降到最低，在事故发生后，使人员伤害和财产损失控制在可接受的状态下。

双重预防体系的中心工作是风险分级管控和隐患排查治理，两者环环相扣，上下承接，风险分级管控是预防事故发生的首要防护屏障，隐患排查治理是预防事故发生的最后保障，两者相互依存，共同预防事故的发生。根据因果连锁理论，如果在即将发生的事故的前后，能够第一时间找到可能发生事故根源，治理事故中存在的隐患，就可以阻止发生更严重事故。根据能量意外释放理论，如果事故发生前，可能释放意外能量的人或事物进行早期干预，就可以减少因果理论中的事故发生源，尽早预防事故。根据系统安全理论，提前做好现有危险源及潜在危险源的筛查与管控，就可以降低事故发生风险。在现实中，学校安全管理对风险认知水平不到位，风险辨识不完全，风险点确认不准确，就会产生隐患，如果隐患排查不彻底或治理不完全，就会酿成事故，如果风险管控工作能够得到落实，就可以避免隐患的产生，如果能及时地发现隐患，予以消除或治理，就可以阻止发生安全事故。由此可见，对于学校而言，应当将安全管理工作放在首位，才能更好地对风险实施管控，才能将隐患和事故消灭在源头。双重预防体系能够保障学校的教育教学工作、学生的学习生活。

第三节　校园安全双重预防控制体系的内容和实质

一、双重预防体系的内容

双重预防体系是指风险管控与隐患排查一同进行的体系，该体系的提出符合国家政策，符合安全需求，保障安全稳定。该体系强调坚持风险预控、关口前移，在源头处进行预防和控制，全面推行安全风险分级管控，进一步强化隐患排查治理，实现把风险控制在隐患形成之前，把隐患消灭在事故前面。在校园安全管理中，该体系中风险分级管控和隐患排查治理两套体系实施中，能够对于实际的责任主体进行明确，对校园潜在安全隐患进行排查，建立风险管控清单，进一步实施，监督，有效解决校园安全管理问题，实现问题纠正，提高管理水平，达到预防事故的作用。故，在学校安全管理中，要结合学校自身情况进行构建与设计，有效实现校园安全稳定。

风险分级管控是双控预防体系第一部分。需要进行风险评估和分级管控工作，经过动员，培训和组织各个职位的人员，开展各岗位、全区域、全过程、全时态危险源辨识和风险种类辨识，并进行风险识别、风险评估评价和风险分级，形成全区域，系统的风险识别清单，对于不同的危害及类型制定风险控制措施，形成风险识别控制清单。明确各级和各个岗位的风险管理责任，并实施风险管理措施。隐患排查治理为第二部分。根据安全管理要求，对隐患调查进行规范化，全面覆盖，编制隐患调查记录。对于安全隐患进行周期性的排查，制定隐患整改治理措施。风险控制失效，及时隐患排查，缩短隐患发展为事故的时间，实现校园双重预防的闭环管理，建立完整的隐患排查治理台账，方便履行事故预防责任，促进事故处理责任制。

二、双重预防体系的实质

双重预防机制的实质是在事故演变过程中建立两条防线：第一，风险分级管控，动员，培训和组织人员，开展各岗位、全区域、全过程、全时态危险源辨识和风险种类辨识。并通过风险类型的识别形成全面而系统的风险辨识清单，对于不同险和类型的危害制定相对应的风险控制措施，形成风险辨识管控清单。明确各级和各个岗位的风险管理责任，并实施风险管理措施；第二，隐患排查治理。根据校园全管理要求，以多层次，多种方式对隐患进行规范化，全方位地调查，编制隐患排查记录，调查隐患中缺乏安全控制措施，漏洞和脆弱性的情况。对于风险管控不足的或管控不到位的，及时整治这些隐患，缩短隐患发展为事故的时间，实现闭环管理。建立完整的隐患排查治理台账，方便实施事故预防责任，促进事故处理责任制。根据海因里希定律，如果发生未遂事故或轻度事故，可以第一时间发现事故隐患的原因，并采取措施加以治理与控制，从而防止安全事故的发生。隐患排查治理的前提和基础是安全风险分级管控，而深入进行安全风险分级管控则是隐患排查治理的核心。安全风险分级管控和隐患排查治理构建了双重预防机制，有效地阻止安全事故的发生。

第四节　双重预防控制体系的基本程序及步骤

一、基本程序

在校园双重预防体系建设主要从 10 个方面进行建设：① 建立安全风险分级管控制度；② 建立隐患排查治理制度；③ 逐步建立完善的安全风险清单；④ 建立安全风险分级管控与隐患排查治理闭环管理信息系统并逐步平台化；⑤ 建立隐患排查治理数据库；⑥ 制定有效的重大安全风险管控措施并根据管控实效调整；⑦ 建立动态的安全风险四色清单或分布表；⑧ 建立安全风险预警；⑨ 设置重大安全风险公告栏；⑩ 制作实验室安全风险告知卡。

双重预防体系的建立从整体上分为风险分级管控和隐患排查两个大程序。其中风险分级管控主要包括划分风险点、制订划分计划，对危险源、风险点全区域、全过程、全时态辨识，随后进行风险分析，制定风险分级标准，对风险进行评价分级，确定风险清单，绘制风险分布图，对于不同的危害及类型制定风险管控措施，编制管控管控清单，制订风险管控方案，明确各级和各个岗位的风险管理责任，对风险进行有效管控，形成风险管控运行机制。隐患排查治理为第二部分。针对人、机、环、管环节影响因素编制隐患排查清单进行隐患排查，编制隐患治理方案对隐患进行有效排查治理，编制隐患治理验收标准，对隐患治理结果审核销号。具体运行如图 6-2 所示。

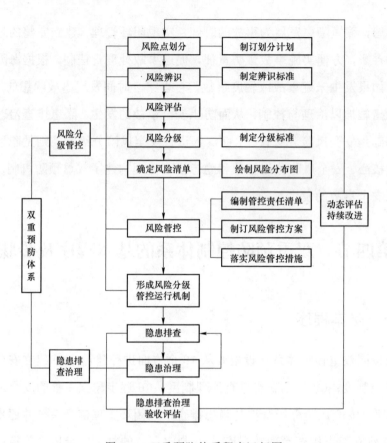

图 6-2　双重预防体系程序运行图

二、基本步骤

双重预防体系的实施首先将风险点作为基本评价单元，对风险点内的不同危险源进行识别、评价、分级，并根据评价结果采取不同控制措施，实施风险分级管控，从单一的危险因素控制，转变为对危险因素的组合控制。在风险分级管控的基础上，通过对分级管控措施实施情况的排查、验证实现隐患排查治理。校园安全双重预防体系的总体构建，首先须成立双体系建设小组，明确机构成员的职责。在双体系建设和运行过程中需要全员参与，组织各层级人员进行双重预防体系建设的知识培训。在此基础上，进行风险分级管控前的策划与准备（如划分评估单元、列出单元内的作业活动及设备设施等），其次进行风险辨识、风险评估、划分风险等级、确定风险清单及其管控措施等，并绘制相应的安全风险图，形成风险分级管控运行机制。最后在风险分级工作的基础上，形成隐患排查治理清单，确定风险点、危险源为隐患排查的对象，即"排查点"，并根据隐患排查结果补充、完善风险点及危险源信息。

第七章　高校校园安全双重预防控制体系建设与运行

校园双重预防体系的建设需要结合校园安全实际情况，从顶层设计出发，将风险预控与隐患排查有机结合，预防与治理双管齐下，保障校园安全的稳定，保障师生的安全。双重预防体系构建主要包括 7 个方面：① 建立健全领导部门及对应的工作组织机构，并对全员进行双重预防相关培训；② 确定以及划分风险点；对存在的风险进行识别和评估；③ 确定风险的等级；④ 提出相对应的风险分级管控措施，并编制风险管控岗位责任清单；⑤ 对风险点进行隐患的排查；⑥ 对排查出来的隐患进行整改；⑦ 持续改进。

第一节　组织机构的建立

双重预防体系的实施首先就是要成立双重预防体系构建领导小组和工作小组，并以文件形式明确职责分工。领导小组负责记录并完善工作职责，建立和维护双重预防体系，保证体系的有效运行；工作小组负责双重预防体系工作的具体实施，指挥组织各部门全面开展风险点排查、辨识危险源、风险评价、制定、落实风险控制、隐患排查等措施，原则上，要独立完成该单位的双重预防系统的建设，在管理或人员才能不足的情况下，可以聘请专家协助开展。

学校应通过对双重预防的培训，明确风险管控的工作内容及程序，对于不同风险水平制定不同的控制措施，有条理地落实管控层级和负责人等；要完善隐患排查管理内容。了解隐患排查管理的工作内容，明确调查范围，内容，频率和检查验收要求了解相应工作人员的工作责任，制定具体的方法，

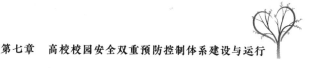

将其纳入绩效考核的指标，并定期评估和监督其职责的履行情况。

各级党政主要负责人和管理人员必须有识别和控制风险的能力，检查和管理隐患的知识和能力。每年为各级管理人员举办至少一次有关风险管理的识别，评估和隐患排查的知识培训，以使他们掌握正确执行管理和控制工作安全职责的知识和能力。对于所有教职员工的安全培训，内容至少应包括：双重预防的基本知识，年度和特殊的识别与评估结果，以及与该职位相关的风险识别与控制措施。通过培训，教职员工熟悉相关法规，标准和体系的要求，需要掌握危险源相关知识和应急措施。

第二节　风险的划分与辨识

风险的划分需要首先确定风险点，风险点主要有静态和动态两种类型，遵照大小适中，易于管理，便于分类等划分的原则。学校风险点应包括教学、实习、科研、实训等所有常规和非常规状态的教育教学活动。根据各级各类学校特点，可以将每个独立设施设备或区域设为风险点，每个房间或区域可以有多个危险源；也可将教学、科研、实习、实训等教育教学活动作为风险点。也可将在校师生个人本身可能存在安全风险角度进行风险点确认。

一、高校风险点的分类

1. 高校基础设施风险点

在高校中，教学基础设施风险主要是指高校硬件设施方面的风险，是由于学校存在管理安全的漏洞或缺乏保障设施而存在的一些潜在的风险。

（1）高校里的基础设施风险包括教学楼设计不合理导致通道狭小或走廊护栏低可能存在出行不通畅，拥堵和踩踏事件安全风险。

（2）体育和实验等教学或活动场地、教学设施和用具不符合安全质量标准导致的安全风险。

（3）教学楼教、实验室、办公室内计算机用电量大，负荷过多等因素存在设备使用损坏或者引起火灾等风险。

（4）消防设施、防雷设施、电力设施设备不达标等引起的安全性问题存在风险。

（5）教学楼在建设过程中很大程度上是由于一些不法承包商在施工过程偷工减料，以次充好；同时由于标准模糊，甚至没有硬性标准，校内装修或采购教具等都有可能会导致学生和教师上课环境超标中毒的风险。

（6）学校常在暑假期间对校园进行装修，重新开学时有些工程刚竣工或未竣工，容易出现室内异味。室内悬吊物不经常检修存在坠落风险，有害于教师和学生的健康或出现伤及在校人员的风险；

（7）而校舍装修等行为有可能会直接导致此类化学品超标中毒风险，从而导致较大规模的中毒事件出现。

（8）校舍内老化电线，过度使用违规电器存在着火风险。

（9）学校某些设施出现松动、老化现象，而又没有进行定期检查，由于大意或不够重视校园基础设施的维修和维护导致建筑物坍塌、坠落等，最后伤及学生的事件也属于此类风险。

（10）教学楼卫生间或水房，教师办公室实验室等水龙头的开关或水的使用容易出现跑水损害公共物品或人员安全的风险。

2. 高校食堂中的风险点

所谓校园食品风险，一般指校园食品风险事件发生的不确定性。只要校园食品风险事故发生存在两种或两种以上的可能性，那么该事件即存在风险。校园食堂是校园食品安全风险的高发区，学校或教育主管部门作为校园食品安全第一责任人，一般是通过校园食堂食品风险识别、风险估测、风险评价，并在这一基础上优化组合各种风险管理技术，对校园食堂食品风险实施有效控制和妥善处理风险所致损失的后果，从而以最小的成本获得最大的安全保障。高校食品风险主要包括以下几类：（1）食品中毒风险点，食品中毒是校园内很容易发生事件之一，由于食材的加工方法不同，或者农药物过度残留，食品加工不完全，容易发生中毒事件。（2）食堂后厨着火风险。因食堂内各商户售卖食品需要经过烹饪，必须使用燃气或者电进行加工，往往具有明火，可能引发着火风险，因此这一部分需要加强风险点的确认和分析。（3）食堂就餐桌椅使用风险。在食堂内就餐桌椅可能存在损坏未及时修补，餐桌过道狭窄，极易引发摔倒或者拥挤风险。（4）餐具有害物质风险，食堂的餐具一般为不锈钢或者密胺材质，但有的商户为了使餐具更加吸引学生，可能使用一些不符合食品级别要求，或预热后释放有毒有害物质的餐具。（5）疾病传播风险。食堂是个公共就餐点，人群复杂，食堂的公用筷子消毒不彻底或者餐具清洗不完全也会引发疾病传播风险。

3. 高校实验室风险点

高校实验室是极易发生事故的主要场所之一，实验室中实验材料、仪器设备的使用和废弃物的处理是实验室事故的多发环节。实验操作人员操作不规范、安全教育不到位、安全意识薄弱是造成实验室安全管理的重要因素，相应实验室的主要固有风险信息包括实验室楼宇建筑特性、消防应急设施设备和安全管理，事态发展动态信息包括导致事故发生的危险源、实验操作的过程、人员受伤情况等。在实验室中，主要存在的风险因素有几类。

（1）火灾、爆炸风险因素。实验室中常见的易燃易爆物品较多，如化学药品、气体钢瓶、烤箱设备等，都是实验室中常见的实验物品，如果管理或操作不当，很容易导致物料泄漏，一旦遇到明火、静电或者是电路短路等情况，都有可能引发火灾甚至爆炸，对实验室操作人员和实验室财产造成危害。

（2）中毒风险因素。实验室中有很多有毒化学物质都是有毒的，有气体、固体和液体状态。一些化学试剂本身就有毒性，例如：氰化钠、甲苯、甲醇、氨等；实验室仪器设备操作管理不当、管道密封条件不达标时，容易发生有毒气体泄漏，实验室空间有限，如果相关实验室操作人员没有做好相应的防护措施，很有可能出现不同程度的中毒风险，从而危及实验人员的生命安全。

（3）腐蚀风险因素。化学实验室中，可能存在强腐蚀性的化学品，如：盐酸、硫酸、氢氧化钾等。在相关的实验操作过程中，若操作不当，或容器出现破裂、损坏等，很可能会造成强腐蚀性物质外溢，实验人员与之接触，会造成皮肤灼伤，或造成设备仪器的腐蚀。

（4）触电风险因素。实验室内的仪器设备众多，部分设备是可以移动的，如果在实验过程中，相关防护设施存在缺陷、设备仪器线路老化外露，或是实验人员不遵守安全操作规范，都可能引发触电风险。

（5）机械伤害风险因素。实验室中的实验仪器、设备、机械等种类繁多，其中一些设备中有快速移动部件、齿合部件等，实验人员在操作使用过程中若没有采取有效的安全防护措施，可能会被误伤；实验人员如果没有佩戴专门的安全防护设备，也可能导致机械损伤。

（6）危险化学品库房风险因素。禁忌物混放，一旦有化学物品泄漏，就可能会引发火灾和爆炸等风险；储存中出现了玻璃瓶的破裂或泄漏，可能会导致实验室管理人员接触有毒物料，或吸入有毒气蒸汽引发中毒，泄漏的易燃燃料和明火接触导致火灾，一些物料与空气混合后，会产生爆炸性混合物，遇到火源后容易发生爆炸风险，也会引发火灾；可燃性物品没有密封保存，可能在阳光暴晒和其他热源作用下，导致包装物产生破裂，也会引发火灾或爆炸风险；实验室危险化学品库房中的相关电器设备的设置不合理，可能会产生电火花，引发火灾或爆炸；在库房中相关静电接地不合理，静电积聚，也会引发火灾或爆炸风险。

4. 高校在校人员风险点

主要为教师和学生的风险。虽然高校在保障学生人身安全方面总体状况令人满意，秩序相对稳定，基本上满足了学生学习和生活的要求。但并不意味着高校校园没有人身安全风险的问题和隐患。（1）火灾风险。校园内发生因学生违规使用大功率电器而导致的火灾火线比比皆是；（2）交通事故风险。校园因人数众多，或周边环境车辆密集而导致的交通事故；（3）盗窃风险。因高校人数多，分布复杂，学生群体生活，物品在宿舍或者放在教师，校园中容易出现被盗窃的风险。（4）诈骗风险。随着网络的发达，大学生使用网络频繁，学生网络兼职，刷单，或者个人信息暴露，很多学生极易被不法分子盯上，并对其进行网络或电话诈骗，目前大学生诈骗事件已成为个人风险最常见事件。（5）心理疾病风险。大学生生理发育虽基本成熟，但心理发育相对滞后，当在成长过程中面临诸多如学业压力、就业压力，面临交友、恋爱、成长和发展的各种压力时，容易产生心理疾病和人格障碍，甚至会导致自杀、退学、犯罪等行为的发生。（6）日常人身安全风险。大学生知识面较宽，但缺乏安全常识，对安全问题不能做出准确的反应与应对，给大学生的人身安全风险也带来了极大的隐患。（7）教管冲突风险。教师在教学方法和处理方式上存在问题，导致教师与学生出现矛盾，引发冲突，可能导致双方发生口角并升级为暴力事件。

5. 外部环境的风险点

（1）认知风险。近年来，一些领域道德失范，拜金主义、享乐主义、个人主义滋长，封建迷信活动和黄、赌、毒等丑恶现象泛滥，文化事业受到消极因素的严重冲击，危害学生身心的东西屡禁不止，使校园学生认知产生偏差。（2）信仰风险。有些学生由于意志比较薄弱，很容易接受外界的影响，面对不良现象和行为，往往缺乏辨别和判断能力而跃跃欲试。网络上各种煽动反动势力，不良信息，国外势力深入严重影响着大学生的中华信仰。（3）网络犯罪风险。网络大量传播淫秽、暴力、凶杀、恐怖等毒害信息。正是受这些不良文化的影响，一些校园学生价值观念发生变化，开始一味地追求享乐、独立、自由、极端个人主义，无视校纪校规，把法律当儿戏，缺乏罪恶感，导致学生违法犯罪中团伙作案越来越多。（4）诈骗风险。近年来，社会风险渐渐渗入校园，常见的有高校招生骗局，新生遇到短信、网络或上门的推销诈骗，申请学生资助、助学贷款、困难补助，缴纳学杂费环节中遇到电话、短信或网络的诈骗；（5）网络乱象风险。校园网贷乱象，出现暴力催收、高利贷陷阱、过度宣传等情况都会导致学生为了一定目的，为了高消费在网络上进行贷款等行为，导致金钱受损。

总的来说，高校风险种类繁多，风险不易辨识和分类。因此，在数据收集的基础上，确定对象和范围以及危害的来源，确定可能发生的事故。在进行风险辨识时，学校可根据自身情况按照功能和空间界限分明的原则，将学校划分为不同的区域或对象。风险辨识应从自然条件、周边环境、活动范围等方面查找过程中产生能量源或能量载体，对危险有害因素存在的部位、描述其中存在的方式以及可能产生的事故类型。常见能量源、能量载体及事故类型见表 7-1。

表 7-1　常见的能量源、能量载体及事故类型

序号	事故（风险）类型	能量源	能量载体
1	物体打击	物体落下、抛出、破裂、飞散的设备、操作	落下、抛出、破裂、飞散的物体
2	车辆伤害	车辆、坡道	运动的车辆
3	机械伤害	机械的驱动装置	运动部分、人体
4	触电	电源装置	带电体、电压区域
5	腐蚀	强腐蚀性化学品	容器、器皿
6	灼烫	热源设备、炉、灶、发热体	高温物体、物质
7	淹溺	湖、池塘、储水容器	水
8	火灾	可燃物	火焰、烟气
9	高处坠落	高差大的位置、人员借以升降的设备、装置	人体
10	踩踏事件	狭窄楼道、拥挤路段	建筑物、人体
11	坍塌	料堆、料仓、建筑物、构筑物	物料、建筑物、构筑物、载荷
12	爆炸	炸药、瓦斯、锅炉、压力容器	蒸汽、内容物
13	其他爆炸	可燃性气体、蒸汽和粉尘	
14	中毒和窒息	产生、储存、聚积有毒有害物质的装置、容器	有毒有害物质
15	其他伤害	放射性物质；雷电	射线；人群；建筑物、构筑物、人体

二、辨识危险源及风险评价

1. 危险源辨识

目前高校危险源的辨识还没有固定细则和具体危险源，因双重预防体系

的应用是以企业为主的，可以参考的标准细则文件都是面向企业的，对于管理模式和人员有些内容不大合适校园安全管理。因此，高校主要负责人应该根据学校具体情况制定相关细则，对教学环境，学校环境，设备设施，教学活动等进行系统的审查。学校要将查出的风险点列入台账，进行管理，风险点台账的内容应当尽量完善，制定风险点排查表，以利于每次排查的详细记录，包括：风险点编号、名称、位置、因素、类别、责任人、风险等级以及可能发生的事故类型等信息，并明确责任人，记录检查事项，提出风险控制措施，记录检查频次。同时在一定周期内进行风险点汇总，制定台账，包括：名称，危险源，可能发生的事故类型和后果，建议风险等级，管控措施（如技术、管理、培训等），记录管控主体责任人。进而落实风险排查不落下任何一个地方，不忽略任何可能发生事故的可能，精准进行管控，预防危险发生。在风险源辨识中高校可以按照区域风险源辨识单位划分，列出部分危险源辨识清单（餐厅、体育馆、教学/学院/办公楼、宿舍、活动中心等）见附录。关于校医院、超市、宾馆（招待所）、广播电台等传媒部门和驻校内邮政、通信、金融等单位、高层建筑及地下、半地下室、建设工程的施工现场以及有人员居住的临时性建筑等可以参考校外相关企业或单位。例如，将教学楼作为风险点时，应当明确风险点名称、位置、类别及风险因素等信息。为了能够准确地辨识和查找出每一个活动范围中存在的风险，应当对风险点存在状态以及教学活动进行分析。上级部门可以通过分管部门和排查人员的排查上报，对风险点排查表进行整理和统计，汇总到风险点汇总台账中。

在排查出风险点之后，通过对风险点内的教学活动和具体工作步骤进行拆分，以确定风险点内存在的危害种类。风险排查人员需要从人、机、环、管四个方面分析可能导致事故发生的原因及途径，经过整理得出风险辨识清单。主要包括：风险点名称，风险点编号，工作步骤，可能导致的事故类型，管控措施，责任部门，责任人，备注等内容，对每一风险源进行辨识并列举，可清晰明了地全面了解学校的风险，为各学院和师生提供风险辨识参考，积极促进风险的预防。

2. 风险分级与评价

前边已经简要叙述常见的风险分级与评价方法，在高校中对于学校工作活动，学校应根据自身的安全管理的情况选择合适的评价方法，基于危害的识别，对危害进行风险分析，确定发生事故的可能性。高校风险分级与评价常采用 JHA 法，SCL 法，LEC 法和 LS 法，下边具体叙述以上方法在高校双控体系中详细应用。

（1）JHA 法

JHA 法即工作危害分析法，是对每一步工作流程进行分析，然后找到存在危险的工作步骤，进行有针对性的防控，它是辨识危险危害因素时常用的方法之一。JHA 适合于作业活动中存在的风险进行分析，整个过程包括作业活动划分、选定、危险源辨识等步骤。

第一步：步骤划分。根据实际的工作流程进行划分，根据讨论决定步骤的划分情况，过于粗犷或者过于细致均不可，应经过分析小组讨论后确定。

第二步：识别危险、危害因素。识别人的危险、危害因素；识别设备的危险、危害因素；识别环境的危险、危害因素，识别管理的危险、危害因素。

第三步：主要危害后果。该部分相对简单，通常是将容易发生的放在前面，不易发生的放在后面，按照此顺序进行说明。

第四步：现有控制措施。风险分析主要是用来检验现有安全控制措施是否能够消除、降低现存风险、危害因素，以及控制现存的危险、危害因素在相对安全范围内，以防止新的危险、危害因素产生的有效方法，通过现有的控制措施，能够看出企业的安全管理水平是否能达到安全生产的目的。

第五步：建议措施。这一步主要是根据前面的控制措施评价其控制效果，并根据反馈内容进行更优化的针对措施，新增新的方法或者改进以往的措施，这一步在评价中非常重要，要根据高校各环境，人为或其他因素进行持续改进，有利于风险管控。

（2）SCL 法

SCL 法即安全检查表法，该方法相对其他方法较为简单，其基于安全系统工程原理的方法，制定表格来对设备、系统以及管理等各种可能导致事故的不安全因素制作分析表格，进行风险检查的方法。如表 7-2 所示。

表 7-2　SCL 风险评价示意台账

检查时间	检查单位	检查部位	检查结果	安全要求	整改期限	整改负责人

序号	安全检查内容	结论说明

（3）LEC 法

LEC 法分为 3 个维度来进行风险评估，最终得到危险分数值，一般用 D 表示，三个维度分别是，发生事故的可能性，用 L 表示，暴露在危险中的频度，用 E 表示，事故的严重程度，用 C 表示，整体的公式为：$D = L \times E \times C$

式中：D 为危险性分值；L 为发生事故的可能性；E 为人体暴露于危险环境中的频繁程度；C 为事故产生的严重后果。

根据实际经验给出了 3 个自变量的各种不同情况的分数值，根据实际情况对需要评价的对象进行打分，然后利用上述公式进行计算，得到危险值，再根据危险值进行等级划分，评价其危险程度，该方法是一种简单易行的作业条件危险性评价方法。详见表 7-3～表 7-6。

表 7-3　事故发生的可能性（L）

分数值	事故、事件发生的可能性
10	完全可以预料
6	相当可能；或危害的发生不能被发现；或在现场没有采取防范、监测、保护、控制措施；或在正常情况下经常发生此类事故、事件或偏差
3	可能，但不经常；或危害的发生不容易被发现；现场没有检测系统或保护措施，也未作过任何监测；或未严格按操作规程执行；或在现场有控制措施，但未有效执行或控制措施不当；或危害在预期情况下发生
1	可能性小，完全意外；或危害的发生容易被发现；现场有监测系统或曾经作过监测；或过去曾经发生类似事故、事件或偏差；或在异常情况下发生过类似事故、事件或偏差

表 7-4　暴露于危险环境的频繁程度（*E*）

分数值	频繁程度	分数值	频繁程度
10	连续暴露	2	每月一次暴露
6	每天工作时间内暴露	1	每年几次暴露
3	每周一次或偶然暴露	0.5	非常罕见的暴露

表 7-5　发生事故产生的后果（*C*）

分值	标准
50	能造成人员伤亡或造成 50 万元以上经济损失
30	能造成人员骨折、慢性病等严重伤害或造成 10 万元以上 50 万元以下的经济损失。
20	能造成人员轻度受伤或造成 1 万元以上 10 万元一下经济损失
10	不符合安全管理要求，能造成设备损坏或造成 1 万元以下经济损失

表 7-6　风险等级判定（*D*）

分数值	等级	措施
>360	1 级，重大危险	停顿整改
180～360	2 级，较大危险	立刻整改
80～179	3 级，一般危险	及时整改
30～79	4 级，较低危险	需要整改
<30	5 级，轻微危险	注意防范

通过对危险源进行相关风险的定性和定量评估对其结果进行分级。风险等级由低到高分为情为你危险、较低、一般、较大和重大风险。重大风险：评估一般情况不被允许出现的风险。对于明确禁止危险的内容和可能引发事故产生的因素，需要加强建立管理和制定控制文件，并应制定相应的应急措施。较大的风险：评估属于高风险，明确对于可能引发事故的因素和高风险涉及的内容，必须建立管理和控制文件，并应采取安全措施。当风险存在正在进行的教育，教学活动时，需要制定相对应的管控措施。一般风险：被评估为中等风险；必须明确可能引发事故的因素以及中度风险的内容，应综合考虑事故后果伤害的可能性，采取安全措施以完成对风险的控制和管理。较

低风险：属于可能存在的危险，属于允许的危险；需要对风险进行跟进和监测，全面考虑伤害的可能性，采取控制措施。轻微危险，也属较低风险，需要在风险排查和监测中注意防范。

（4）LS 法

LS 法即风险矩阵法，是适合化工企业进行安全生产风险评估的常用方法，针对辨识的危险源潜在的风险进行定性、定量评价，并形成工作危害分析评价报表。$R=L\times S$。其中 R 是危险性（也称风险度），事故发生的可能性与事件后果的结合，L 是事故发生的可能性；S 是事故后果严重性；R 值越大，说明该系统危险性大、风险大。校园安全管理部门将风险矩阵法所辨识出的风险加以汇总，列出学校 LS 的风险评价等级清单，如表 7-7～表 7-10 所示。

表 7-7　事故发生的可能性（L）判断准则

等级	标准
5	在现场没有采取防范、监测、保护、控制措施，或危害的发生不能被发现（没有监测系统），在正常情况下经常发生此类事故或事件
4	危害的发生不容易被发现，现场没有检测系统，也未发生过任何监测，或在现场有控制措施但未有效执行或控制措施不当，或危害发生或预期情况下发生
3	没有保护措施（如没有保护装置、没有个人防护用品等），或未严格按操作程序执行，或危害的发生容易被发现（现场有监测系统），或曾经作过监测，或过去曾经发生类似事故或事件
2	危害一旦发生能及时发现，并定期进行监测，或现场有防范控制措施，并能有效执行，或过去偶尔发生事故或事件
1	有充分、有效的防范、控制、监测、保护措施，或员工安全卫生意识相当高，严格执行操作规程。极不可能发生事故或事件

表 7-8　事件后果严重性（S）判定准则

等级	法律法规及其他要求	人员	直接经济损失	停工	企业形象
5	违反法律、法规和标准	死亡	100 万元以上	部分装置（＞2 套）或设备	重大国际影响
4	潜在违反法规和标准	丧失劳动能力	50 万元以上	2 套装置停工或设备停工	行业受省内影响
3	不符合上级公司或行业的安全方针、制度、规定等	截肢、骨折、听力丧失慢性病	1 万元以上	1 套装置停工或设备	地区影响

续表

等级	法律法规及其他要求	人员	直接经济损失	停工	企业形象
2	不符合企业的安全操作程序、规定	轻微受伤间歇不舒服	1 万元以下	受影响不大几乎不停工	公司及周边范围
1	完全符合	无伤亡	无损失	没有停工	形象没有受损

表 7-9 安全风险等级判定准则（*R*）及控制措施

分数值	等级	危险程度	措施	整改期限
20～25	A/1 级	极其危险	在采取措施降低危害前,不能继续作业,对改进措施进行评估	立刻
15～16	B/2 级	高度危险	采取紧急措施降低风险,建立运行控制程序,定期检查、测量及评估	立即或近期整改
9～12	C/3 级	显著危险	可考虑建立目标、建立操作规程,加强培训及沟通	2 年内治理
4～8	D/4 级	轻度危险	可考虑建立操作规程、作业指导书但需定期检查	有条件、有经费时治理
1～3	E/5 级	稍有危险	无需采用控制措施	需保存记录

表 7-10 风险矩阵表

	5	轻度危险	显著危险	高度危险	极其危险	极其危险
	4	轻度危险	轻度危险	显著危险	高度危险	极其危险
后果等级	3	轻度危险	轻度危险	显著危险	显著危险	高度危险
	2	稍有危险	轻度危险	轻度危险	轻度危险	显著危险
	1	轻度危险	稍有危险	轻度危险	轻度危险	轻度危险
		1	2	3	4	5

三、分级管控措施

1. 校园整体分级管控

针对风险的辨识和风险评价情况,对每一处的风险都制定了科学有效的管控方法与措施。学校应该要明确安全生产主体的责任,让每个风险点的防范和控制措施都得到有效的落实,使每个风险点都处于有效受控状态。对于风险管控层级的划分学校可以按照校领导、学院领导、系带头人和各个岗位工作人员等来进行划分，按照风险越大管控级别越高的基本原则，分管校领导和安全管理部门负责对较大及重大风险进行全过程管控；各学院负责人负责对一般风险以上等级安全风险进行全过程管控。在具体管控上，要根据分级要求制订风险分级管控工作清单，高校安全管理部门对辨识出危险源的现有控制措施进行识别、梳理，合理地安排排查周期，编制校园实验室双重预防建设工作指导性文件，对校园内部进行风险排查，并根据风险的可控程度确定是否需要改进（新增）措施；控制措施应从实验技术、管理、培训教育、个体防护、应急处置等5方面考虑。如果发现管控失效环节，立即整理存档进入隐患排查清单。

2. 特殊区域风险管控措施

在学校中设置安全警报系统，在各教学楼，实验楼，办公楼设置室外紧急情况呼叫设施，以备在特殊情况出现时及时开启危险报警，尤其在一些高发危险区域。例如在电脑机房和学生宿舍是容易发生的地方，因此需要设置消防小屋，建立消防通道，增添消防器械。同时注意消防安全的宣传，提高防电、防火意识，张贴预防火灾安全标识。又如高校中化学实验室是较易发生爆炸、火灾，中毒等情况的地方，因此需要在此额外进行风险管控。实验室建设抽风排气系统，部分实验室应安置通风橱、换气扇。以防化学药品在实验中泄漏或挥发，吸入体内引发意外情况。参与试验人员应掌握各类实验室实验引发事故的起因，严格遵守操作规程，认真细致地进行操作，可以防止各类事故的发生，达到安全实验目的。

3. 管理上风险管控措施

风险辨识是整个体系中十分重要的一环，为保证其有效性，需要制定规章规范，制定了以《风险控制管理制度》为核心，多种专项制度为补充的一系列风险管控相关管理制度。例如《关键装置和重点部位管理制度》，该制度主要是针对的重要设施，针对重大危险源的《重大危险源评估和安全管理制度》，针对非正常作业的《作业条件确认及作业风险管控制度》等。通过这些制度的互补，使得整个风险管控工作更加全面细致，不仅可以准确、高效、快速的辨识危险源，进行风险分级，实现有效管控，还可以对实验室的管理提出不同的管理建议，使得管理更加科学化、规范化。

4. 风险公告和警示

结合学校中风险辨识、风险评估、风险管控措施的制定等工作，拟定一张包含主要风险、潜在引发事故隐患种类、事故后果、管控措施、应急预案以及事故情况报告的方式等信息的实验室风险告知卡，并在各实验室门口粘贴公告，危险区域粘贴警示牌。使用统计分析方法，利用柱状图、直方图或饼形图等，将难以指示平面图和地理坐标中的风险级别的活动，程序和任务按照风险级别进行标记。如：实验培训、大型聚会、文化和体育活动、危险化学品管理以及学校控制之类的活动等。设置岗位安全风险明白卡，告知工作人员该岗位的主要危害。学校应建立完整的安全风险公告公示，在风险区域的位置设置安全风险公告栏，表明存在的安全风险。定期检查并维护安全风险分布图、风险明白卡、风险公告栏、风险比较图和风险警告标志，以确保它们完整有效。

5. 信息更新

各级各类学校风险档案应定期更新，至少每年一次。如：法律法规变更或发布新法律法规；高校中教育和教学方法的变化；新改扩和技术改造项目；重大事故发生后的整改；对组织的重大调整等，应及时进行危险源辨识和评估。学校应在总体布局图或地理坐标图上以红，橙，黄和蓝四种颜色标记设施等区域中的重大，较大，一般和低风险，并将其设置在一个醒目的位置，以便于告知所有人。

第三节　隐患排查治理

校园隐患排查与管理要根据学校情况建立相对应系统，以便全面细致的将各类隐患排查到位。隐患排查系统根据 PDCA 理论主要由四部分构成，包括：安全风险点识别与评价环节、制定隐患排查对策、日常安全监督、安全隐患整改。学校首先要对组织安全管理、技术以及其他相关人员对照风险辨识管控措施的有效实施情况，建立隐患排查手册，制定相应对策。排查中，首先要根据风险评价中的危险和危害因素，进行有针对性的隐患排查和治理，排查点要覆盖风险点内教学、科研、实习、实训等教育教学活动涉及的设备设施、教学手段教学环境、教育活动、人员行为等。在排查的时候，对校园的安全隐患进行分析，排查出风险等级控制中的失效环节和新的风险点，并采取相应的措施进行隐患治理，风险管控与隐患排查相互配合，不断完善和优化整个校园的双重防范机制。以风险分级管控体系建设成果为基础，将风险分级管控清单中的风险点、危害因素、管控措施等转化为隐患点、隐患描述、检查标准等现场管理内容，并根据校园实际情况制定隐患排查标准，为后续的隐患排查提供参考基础。定期排查是根据前期排查的结果进行优化的过程，它涉及完善隐患排查计划，制定详细隐患排查实施方案，并对不同风险因素和内容隐患进行分级，从而使隐患排查更加全面。在风险管控层级的基础上，制订隐患排查标准的责任层级和检查周期。在日常安全监督检查中隐患排查类型包括日常排查、综合性排查、专业性排查、季节性排查、节假日前排查、事故类比排查、各级安全生产管理人员等。最后，制定相应安全隐患整改策略，将隐患风险降低。具体隐患排查系统见图 7-1。

一、安全风险点识别与评价

在风险管控中，已经对风险点进行辨识，并且对各类风险进行评价，确定风险分级，制定了风险清单。根据风险的不同类别，校园安全隐患也相对性形成。在校园中常见隐患可以根据从人的不安全行为、物的不安全状态、环境的缺陷、安全管理的缺陷四个方面进行分类，常见的事故原因及隐患见表 7-11。

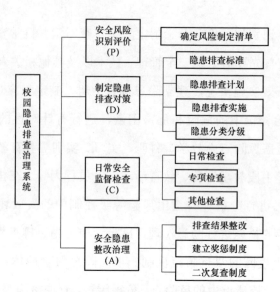

图 7-1　隐患排查系统示意图

表 7-11　常见隐患（事故原因）描述

序号	隐患类别	隐患（事故原因）描述
1	人的不安全行为	（1）忽视安全警告； （2）造成安全装置失效； （3）使用不安全设备； （4）手代替工具操作； （5）物品存放不当； （6）冒险进入危险场所； （7）攀、坐不安全位置（如平台护栏、桥护栏、墙体）； （8）有分散注意力行为； （9）在具体场所或运动时（如体育场）忽视使用个人防护用品； （10）错误处理易燃、易爆等危险物品； （11）其他
2	物的不安全状态	（1）防护或信号等装置有缺陷； （2）设备或设施有缺陷； （3）设备或工具布局问题； （4）设备或设施损坏； （5）其他
3	不良环境	（1）照明光线暗； （2）通风不良； （3）活动场所狭窄； （4）活动场地杂乱； （5）交通线路不合理； （6）地面滑； （7）环境温度、湿度不当； （8）其他

续表

序号	隐患类别	隐患（事故原因）描述
4	管理缺陷	（1）技术和设计上有缺陷； （2）安全教育不够； （3）劳动组织不合理； （4）对活动场所缺乏检查等； （5）安全操作规程不健全； （6）实施事故防范措施不当，对事故隐患整改不完全； （7）其他

二、制定隐患排查对策

校园安全隐患内容、类型等存在多样性、复杂性等，安全隐患排查工作紧紧依靠临时性的组织安全隐患检查组检查或者学校保卫部门几个人凭几日之功、一时之力是不能完成的，更不是一劳永逸的一件工作，它是一项长期的、经常性的工作，因此，隐患排查对策需要根据风险评价后的结果，首先制定隐患排查标准，采取群众性检查和专门部门检查相结合、重点检查和普遍检查相结合等方式方法制定隐患排查计划并实施，并对隐患进行分级分类。最终进行隐患治理与改进，

1. 制定隐患排查标准

首先制定符合本校实际情况的《安全检查手册》，根据手册内容进行安全隐患检查，并且每次检查需要有详细记录，认真填写隐患检查表，日常隐患排查时由实验室负责人完成，定期排查时需要有院级负责人一起完成，进行专项排查时需要校级、院级以及实验室负责人全部到场，针对问题进行统一意见，然后进行上报，做到不漏检任何位置，任何微小之处都要认真对待。

2. 制定隐患排查计划

校园安全隐患排查工作可以采用日常排查、定期排查、专项排查、综合检查、随查随报五级机制，可以使安全隐患被尽早尽快发现，及时进行整治。

（1）日常排查

日常排查工作一般固定性由管理人员、食堂工作人员、保安巡逻人员等来承担，需每天填写巡查记录。排查过程要细致全面。为了提升对于日常排查的认真性以及积极性，学校要定期组织进行安全教育以及培训，将安全意识普及到位，意识到日常排查的重要性以及必要性，形成良好的习惯，全体参与，整体排查，将隐患扼杀在萌芽阶段。后勤工作人员、保卫值班人员、学工值班人员等在每日的值班中也应将安全隐患排查纳入值班巡视工作中，并在值班记录中予以体现。

（2）定期排查

隐患排查工作需要全体师生的参与，但不仅仅依赖于他们，还必须要逐级制约，逐层实行管理。领导以及管理人必须明确"谁主管、谁负责"的主体制度，制定定期的排查计划表，逐层地执行和监督。全校整体的排查具有很大的工作量，依靠校级管理员是难以实施的，因此要将此类工作下放到各学院级执行，学院组织人员进行定期的排查，各学院自身根据实际情况确定排查频率，级别越低，检查频次应该越高，让排查形成一定规律。

（3）专项排查

专项检查一般由学校保卫部门、后勤管理部门、学工部门、教务部门等部门有针对性地进行安全隐患专项检查工作，如学校保卫部门要对学校各个教学楼、办公楼进行消防安全专项检查，检查消防器械安装是否得当，灭火器是否能够使用，消防通道是否畅通等。后勤管理部门主要针对食堂进行食品卫生专项排查，检查食品购买是否符合要求，食品卫生是否达到标准等。学工部门联合后勤部门进行学工公寓大功率电器、违规使用电器，电动车室内充电，人走电源关闭等情况检查。教务部门和各学院进行实验室安全专项检查，实验室电源分布及连接是否得当；化学药品存储是否符合要求；通风、隔离装置的有效性等安全进行检查。

（4）综合检查

一般在放假前、开学初、重大节假日或者上级主管部门要求等情况进行开展，一般由校领导或者学校综合治理办公室等发起，在全校范围内进行的安全隐患排查工作，确保学校内正常的教育教学秩序。综合检查，重点是强化各部门的安全职责，切实做到守土有责、守土尽责，做好本部门区域内的安全隐患排查与整改工作。

（5）随查随报

目前，大多数学校均建立了信息员队伍，信息员队伍可由教师和学生组成。对于学生信息员队伍，可由两部门组成，一部分是学生信息员骨干队伍，也可称为学生校卫队队伍；一部分可以在每个班级设立信息员，当前高校班级内均有班级委员，班级委员的分工有忙有闲，如副班长、生活委员等班干部日常事务不多，可以由此类班级委员兼任班级信息员。通过系统地培训，发挥教师和学生信息员队伍的作用，及时发现校园内、教师中、学生中存在的安全隐患，该排查没有固定的周期及日期，根据实际情况自行设定排查时间及内容，有排查发现随时报给学校信息员归口管理部门，真正做到早发现早处置。

3. 隐患排查实施

安全隐患的排查可以采取线下填写纸质的巡查记录、专项检查记录、信息员汇报记录等。当前，在信息化普及的时代，更应该依托信息化的手段，采取线上的方式和方法来进行安全隐患排查和整改工作，同时出具报告。在具体实施中制定安全隐患的闭环管理程序。从发现隐患，到整改立项、整改实施、监督复查、整改，都要做到有始有终，形成一个闭环的管理体系。对各级各类隐患进行检查排查，能够现场解决的，都要及时解决，不能及时解决的，需要立项上报。一般情况下，对较为严重的隐患，需要下达整改通知书，而对于一般隐患，则会通过安全检查通报的方式进行审批。隐患项目立项后，要确定隐患整改负责人、整改方案和整改时限，然后学校、院、相关部门都要建立隐患台账，以便查询和掌握隐患整治的总体情况。学校首先要成立"学校安全隐患排查工作小组"，组成人员包括学校安保环保工作第一责任人，各学院安全环保管理员以及各学院安全管理的直接责任人。对校园安全进行危险源及安全隐患排查。领导小组带领相关人员成立检查组，逐一进行排查危险源及存在的安全隐患。检查组参照《高等学校实验室安全检查项目表》，进行全方位、立体式的拉网式的安全隐患排查工作，确保不存盲区，不留死角。对各实验室内的危险源及发现的各类安全隐患，检查组成员在检查过程中填写《实验室危险源及安全隐患排查记录表》，由领导小组按照各教学楼，实验楼，住宿楼房号进行分类汇总，并上报资产与实验室管理处。对存在的安全隐患，资产与实验室管理处会同保卫处进行现场核查。原则上要求做到即知即改。对于个别有客观原因不能立即整改的隐患，视隐患危害程度，提出隐患整改要求与计划，限期整改。

在隐患排查实施中，相关技术的使用必不可少。信息化技术可用于隐患排查与管理。首先可以依托物联网技术建立校园安全信息化管理平台，并建立检查清单库。例如对于食品安全中的索证管理、食品留样等工作进行监控；对于较特殊的危险场所如食堂或者配电房等设置标识完整性的自查系统，在疏散标识、防触电、禁止合闸等位置上设置自动二维码，以实现对检查工作的实时监督，确保工作人员的安全操作。同时鼓励师生通过此平台，对于发现的安全隐患进行随拍随传，监控各部门对于安全隐患整改的进度与时效等。利用互联网技术，对校园内的消防报警探头、灭火器、消防水压进行管理，及时发现消防安全隐患以及监控消防设施器材工作状态。对校园内防火设施（如灭火器、消火栓）、防触电设备（如漏电保护器）或者重要场所的安全标识采取登记建档的方式录入校信息管理平台系统以便检查。也可利用现代化手段与技术，利用人脸识别技术及时发现并锁定犯罪嫌疑人，通过技防手段，及时发现校内人群非常正常聚集、车辆超速、违停等现象，迅速予以处理，预防和减少校内安全事故的发生。

4. 隐患分级

对于隐患有一般性事故隐患和重大事故隐患两种分类。一般性隐患是指危险性比较小，发现后能第一时间消除的隐患。重大事故隐患是指难以在规定时间整改完成，只有经过长时间的治理与控制后才能消除。"隐患类型"包括组织领导、安全教育、安全防控、消防安全、校车及交通安全、食品卫生及传染病防控教学设施及教学活动、危险化学品和特种设备、校园周边环境治理等。隐患的分级一般为一般事故和重大事故两类，一般事故是危害比较小的事故，容易整改，在发现后能够及时完成整改。重大事故则整体危害较大，需要一定时间进行整改，整改难度较大，必要时需要停止运行，制定专门的整改措施，然后进行整改并复查，结果符合要求再次运行。根据检查内容进行隐患排查时，对于基本不会造成风险且能够当场整改的隐患立刻进行整改，无需上报，对于存在一定风险，需要时间整改的，进行记录并上报，下发整改通知，定义为低隐患，如果隐患较大，极易发生危险的，定义为高隐患，下发整改通知，并限定整改期限，整改完成后进行复查。

三、日常安全监督检查

隐患排查根据人员的数量以及排查不同的类型，时间安排和季节特点等情况进行专门专项的调查方案，确定调查的水平，展开隐患排查工作。

1. 日常检查

对于日常的排查需要根据学校的安全管理工作安排进行，由隐患排查小组根据学校具体情况，确定日常安全监督检查级联负责人，可以由安保部门，到各学院相关人员，根据隐患排查计划和实施方法进行日常监督检查，做到不遗漏一处隐患，不缺少一处排查，切实使日常检查切实可行。

2. 专项检查

除了要有定期排查，还要普查与重点排查，校园重点隐患区域和不同隐患类型的专项排查。利用专业与综合排查相结合的方式，做到对隐患的全面覆盖。完整的调查记录应填写在各级组织的调查中。根据专项检查中识别出的隐患类型，提出治理建议，其中包含：对发现的每一种隐患，在评估后需要提出相应的整改建议。需要相应单位明确负责部门和主要负责人；以及基于隐患的难易程度确定治理周期等。不仅对基本管理进行要求，还要提出风险的管控措施，编制所有风险在内的隐患清单，主要包括隐患名称，隐患类型，隐患描述，隐患等级，隐患治理措施，责任单位，责任人，治理期限，排查日期，销号日期等内容。

3. 其他检查

其他检查就是在日常检查和专项检查之外，在一些特殊季节或者特殊假期前后进行的检查。例如在假期放假前要对消防，电源、门窗、水管等关闭情况进行检查。春季注意大风引起易倒塌物品情况检查，夏季注意大雨楼顶漏水情况检查等。

四、安全隐患整改治理

隐患治理实行分级治理和分类实施的原则。能自己治理的不转交他人，能现场治理的要现场治理，如果不能立即处理，则必须在处理之前制定预防措施，以履行治理和控制责任，阻止事故的发生。隐患排查结束后，将隐患名称位置，不合格状态，隐患等级，处理时间，处理措施和应急处理方案通知工作人员。在治理之前，应分析隐患原因，作出科学的治理方案和相对应的有效措施。相关部门应当组织对隐患整治效果的检查和验收。安全隐患治理流程包括隐患评估认定、确定治理措施或方案、下发隐患整改计划或通知单、隐患治理实施、隐患整改验收等环节。一般流程包括：首先报告排查出来的隐患信息，其次发布隐患整改的通知书，对存在的隐患进行治理与控制，最后对治理结束的隐患进行反馈以及验收整改完全的隐患。如图 7-2 所示。

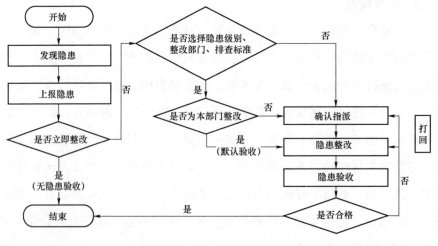

图 7-2　隐患排查流程图

1. 隐患治理分类

隐患治理要实现闭环管理，也就要是从隐患排查到最后的审核销账要构成循环机制，在排查过程中，发现的隐患问题如果能即刻整改的则立即整改。一般隐患分为一般隐患、较大隐患、重大隐患、特别重大四类，针对这四类隐患将整改任务分配给学校相关部门负责人，相关部门负责人根据不同级别隐患制定整改措施及整改过程相关应急预案，落实整改资金，并交与相关人员进行整改，整改人员在规定时间内完成隐患整改，并将隐患整改结果进行验收形成闭环，整改结果保留纸质记录，建立安全隐患治理清单库。根据隐患分类隐患治理分为一般和重大隐患治理两种类型。

（1）一般隐患治理

对于一般隐患，根据其隐患的分类不同，进行安全检查通报立项，相应负责人或学校相关人员负责制定整改措施和进行整改，结束后需要确认。

（2）重大隐患治理

对于重大隐患的治理，则需要下发整改通知单，下发整改通知书后要首先确定整改负责人，学校应评估并及时撰写重大隐患评估报告内容，然后进行整改设计，说明时间，整改完成后要紧复查，检查通过撤销整改台账。在填写重大安全事故隐患信息报告单时，隐患台账的内容要全面，其主要内容应为隐患的类型，隐患的影响范围，存在的风险程度以及隐患治理的措施，其中的还要包括相对应的处理方法和隐患治理的期限。如果确定或评估为重大隐患，则应将事故隐患评估报告和处理方案上报教育行政主管部门，教育行政主管部门应当对隐患的管理和整治进行监督。呈报学校相关部门进行备案。根据隐患具体情况和急迫程度，由校级管理部门、安全督管理部门、相关人员制定治理措施计划。在重大隐患治理工作完成后，学校安全管理部门应当对安全隐患进行审查和验收。由政府监督的重大隐患，应当按照相关规定执行。

2. 隐患治理措施

学校结合教育，教学和科学研究的特点，确定全面，专业，特殊，季节

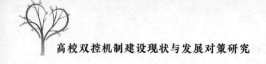

性和例行检查的周期。在隐患排查治理中也可以根据排查内容不同进行分步治理。

（1）日常排查治理措施

日常排查要尽量全面、细致。学校要定期组织进行安全教育以及培训，将安全意识普及到位，正确认识日常排查的重要性以及必要性，形成良好的安全检查习惯，全体参与，整体排查。对于排查时的责任要明确，排查内容要清晰明了，提升人员的责任心以及积极性，设定专门人员对学校等容易出现危险的场所进行每日检查，然后记录在案，当发现有隐患存在时要及时通报整改，将隐患扼杀在萌芽状态。

（2）专项排查治理措施

特别是针对特定的检验目标或检验内容进行的安全检验，具有针对性和高效率。针对治理比较简单或者具有一定特性的隐患，可以由相关直接负责人完成；对于治理难度较高，且各实验均存在的隐患，由学院集中进行治理；对于难度很大，且其他类似学院也存在类似问题的隐患，可以由学校进行组织协调，设立专门的工作组，进行整体的协调治理。在治理过程中，要根据隐患等级进行治理，遵循轻重缓急的原则。要想落实具体责任首先要对责任进行明确，也就是在逐层负责的前提下，实现分类负责。学校存在的隐患类别多种多样，并且不同的业务需要不同的部门来管理，很容易出现责任不明确，互相推诿的情况，为避免该种情况，设定主要主管同时负责安全管理的原则，这样各个部门的职责就十分明确，可以进行责任的落实工作，不单单要落实到部门级别，还要落实到个人层面，任何的隐患都有专人负责治理。

（3）其他隐患排查治理措施

高校可通过设定一些奖惩措施来提升隐患治理工作的积极性。如果治理积极，且效果明显的给予一定的奖励表扬，如果治理不积极，拖延时间，且效果不好的进行通报批评等，提高负责人警惕心，更好地完成隐患治理工作。

3. 隐患整改机制与措施

对于隐患治理后要根据治理的结果进行隐患的整改与复查。对各级管理部门建立的隐患档案要及时更新，及时印发、保存。隐患台账建立后，由隐患整改责任人及时进行整改各级监管部门要督促、协调整改，动态跟踪、实时回访安全隐患，及时掌握整改进度和问题，协助整改，直到整改完毕。在发现隐患整改完毕后，要及时更新隐患整改情况，并对隐患进行总结，形成一个闭环的管理体系。

校园安全隐患的整改工作，可以分为当场整改、限期整改、未能整改需采取临时安全防护措施等，对于限期整改、未能整改需采取临时安全防护措施等的安全隐患，一般学校会形成书面的《安全隐患整改通知书》下达安全隐患所在部门，对于安全隐患整改工作有些部门很重视，有些部门在收到《安全隐患整改通知书》时很重视，收到后就抛之脑后了，怎样促进安全隐患整改工作，应该也建立四级机制。

（1）安全隐患告知机制

对于已发现的安全隐患，安全隐患所在部门不需要花费大量的人力、物力、财力就能解决的问题，可以以安全隐患告知的方式书面告知，督促相关部门及时予以整治。

（2）安全隐患整改通知机制

对于发现的重大安全隐患或者存在安全事故风险的安全隐患，应以《安全隐患整改通知书》的方式书面下达给安全隐患所在部门，限期予以整改。

（3）安全工作约谈机制

建立安全工作约谈机制，对存在重大安全隐患或者发生安全事故的各行政部门负责人、各学院（部）党政负责人应该就安全隐患整改、剖析安全事故原因和教训等进行提醒、告诫谈话，促进安全隐患的整改工作。

（4）未履行校园安全管理职责追责问责机制

校园安全管理工作实行"党政同责、一岗双责、失责追责"，既要管好业务工作，也要抓好业务范围内的安全管理工作。对于安全职责不明确、责任不落实、管理不到位，对发现的安全隐患整改不力等或者对上级部门以及学校的有关安全工作的要求，不传达、不执行或拖延执行，引发安全事故或造成损失的负有相应管理职责的人员，应该进行追责问责处理。

4. 建立奖惩制度

为了提高隐患治理的效率，在隐患治理中，学校可以根据隐患种类和治理措施建立有效的奖惩制度。全面实施隐患排查，按照规定进行日常和专项排查，并提供完整的隐患排查台账，同时建立符合学校要求的隐患治理操作规程，将隐患控制在萌芽中，对于在隐患治理中做出先进表率的单位和个人进行适当的奖励，以激励全体教师和学生积极发现和解决隐患。对于隐患排查不到位，在隐患出现后没有及时处理和上报，甚至导致事故发生的单位和个人进行严厉处罚，发生重大事故导致人员伤亡或其他损失的，还要根据相关法律法规承担法律责任。学校建立体系化奖惩制度，形成文件，进行下发与宣传，使人人知道隐患排查，人人了解隐患危险，人人主动解决隐患或上报隐患，为提供隐患信息开通绿色通道，达到事故发生前解决隐患或减少隐患的目的。

5. 形成二次复查制度

在隐患监督检查中可以利用现代化技术手段进行二次复查制度的实施与建立。在信息平台中建立隐患排查记录清单库方便排查的实时与更新。在监督检查时可以在信息化平台中检查人员将检查记录输入系统，系统随时进行汇总各检查结果，并根据检查结果对需要整改项形成整改清单，并将整改清单发给学校相关人员，并设置整改时间，及时提醒相关人员落实整改结果。实现快速化检查结果上传与下一步整改。对于安全检查不符合记录的整改反馈校园相关人员在收到系统整改信息后，开展隐患整改，并将整改前后的照片上传系统，系统对整改结果进行辨识，对整改不到位情况进行反馈，最终对校园安全隐患形成闭环。在检查完成后建立安全检查报表，安全检查报表汇总后可输出给校园职能部门管理人员及相关领导。通过报表，可查看安全隐患统计情况。校园职能部门及相关领导可根据统计情况发现近期校园管理的不足，以制定校园下一阶段的安全工作重点，进一步提升校园安全管理水平，实现二次复查的作用，减少隐患存在。

第四节 有效运行与持续改进

学校应根据双重预防体系建设自我评价结果中反映出的问题和趋势，加强"两道防线"的不断完善和增强，提高本质安全水平。应对学校安全进行危险源辨识和风险评价，并保证每学期至少开展一次全面的评价或更新。根据实际经验、相关法律法规的修订、组织结构的调整等，对双重预防体系进行更新和修订。

一、定期进行评估

为了保证双重预防体系的有效性，学校需要建设双重预防信息管理系统，采用信息化的手段提升双重预防工作的成效，达到可视化管控的效果。学校开展双重预防体系都需要在系统中体现，将风险辨识、评估、分级以及风险管控措施，定期检查情况以及隐患排查治理的全过程都纳入到信息管理系统，实现学校双重预防工作的网络信息化。

双重预防信息系统可以帮助学校从被动防御的安全管理模式，转变为发现问题、主动预防的管理模式。以信息系统为平台，充分发挥风险管控与隐患排查的双屏障作用，降低风险转化成隐患、隐患演变成事故的概率。建设双重预防信息系统能规范、完善双重预防机制中各环节的工作，提升学校安全管理的工作效率与水平。为了可以使双重预防机制具有有效性，学校需要开展定期检查，对双重预防体系进行定期评估，工作包含以下几部分内容：

1. 学校需要每年进行系统性评估，更新双重预防体系运行内容。

2. 学校应组织对双重预防系统运行的自我评估，形成自我评估报告，并将自我评估结果报告给管理者，作为年度安全绩效评估的基础。

3. 如果学校发生了事故，应通过自我评估，对双重预防系统存在缺陷或者不足进行查找。

4. 应每年进行一次对重大和较大风险进行评估，应每三年进行一次对

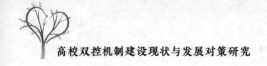

一般和低风险的评估。评估记录应保存 5 年以上。

二、及时更新与沟通

学校需要建设有效的沟通体制，为了进一步提高校园安全状况，高校校园安全不同职位的工作人员和实验人员应建立相应的沟通模式。通过这种方式避免某些太理想化或不切实际的要求。每一次相关要求的更改、设备的更换或人员流动都要及时地进行沟通，以便加强相互了解与合作。运用双重预防系统信息管理平台定时向监管机构报告风险信息，实现数据交换和共享，提高学校的有效性；建立健全内部激励约束机制和绩效考核体系，鼓励所有人员参与安全管理。对个人有奖惩措施。对于部门或二级单位，应建立一套绩效评估方法并定期进行评估。学校应根据情况的变化，定期地对风险和隐患信息进行更新。例如：政府下发的新的法规文件；事故或紧急情况需要对计划结果进行反馈；设施和设备的变化；学校本身对安全管理的要求变更；其他情况应进行更新等。

第五节　校园安全双重预防体系建设举例
——高校实验室双重预防体系

在校园安全双重预防体系中，区别于教学楼、食堂、公寓等区域，高校实验室是相对特殊的存在，高校实验室具有独特的特点，近年来高校实验室相对于其他区域发生事故较多，中毒、着火，甚至爆炸事件频发，且事故后果相对较严重，目前已成为高校易发事故危险区域。实验中易发生安全风险较多，风险管控困难，隐患排查范围广，隐患治理效果不佳，故本部分将对高校实验双重预防体系的建设进行介绍，为校园安全的管控与治理提供参考。

实验室的安全管理主要由人、机、料、法、环、测六大部分组成，其中，对实验室的风险管理工作进行了识别与分析。高校实验室与企业不同，危险交叉性强，分布广，危险因素识别困难。风实验室双重预防体系的建立，整体上首先对实验室作业活动或设施设备进行风险点排查，险评估分级要清晰明确，识别出各危险源后进行风险控制，风险分级管控系统要明确分级管控安全主体责任制；隐患排查系统要适应综合实验楼特点，适应多学科分别且同时管理。最后，建设综合信息平台，实现动态化管理检查实验室安全状态。传统实验室安全管理平台的主要功能一般包括实验室规章制度的通知公告、实验室的基本简介和实验室的安全培训教育等。存在对实验室的安全风险信息更新不及时，对实验室隐患排查信息不全面等问题，实验室双重预防安全管理平台可以实时上报实验室安全风险信息，可以及时对风险进行管控，对于实验室隐患排查信息可追溯，更加方便实验室安全管理人员和师生对于实验室安全信息的及时了解，形成开环动态化、系统化的管理平台。

一、实验室双重预防风险分级管控

对实验室进行风险分级管控的主要目的，就是为了保障实验室设备、设施等在教学及科研过程中能够安全正常地运行，降低实验室设备等在使用操作过程中出现事故的可能性和发生的几率，保证了师生们的人身安全，减少了学校的财产损失。实验室双重预防风险分级管控子系统主要包括：

1. 风险辨识

高校实验室由于其具有一定的复杂性，可以把实验室根据学院的不同划分为相对独立的部分，并进行分析研究，学校成立一个组织机构，对于伴随风险的教学设施、场所、区域及各组成部位展开风险辨识。风险类型主要包括固有风险、现实风险以及潜在风险三类，对于客观上所存在的实验设备、作业环境、人员行为和管理制度等各个方面进行了全方位全过程、整体的辨识，编制出相关风险点清单。辨识过程要独立于信息管理系统之外，其目的是要识别出实验室在闲置和使用过程中存在的各种风险因素，同时也防止风险覆盖和遗漏。

2. 风险的评价和分级

学校可以结合师生对于风险的认识和接受度，首先对事故发生的可能性、严重性制定风险判定标准。风险等级判定应按"从严从高"的原则，对已经准确辨识出的风险选择定性和定量分析相结合的风险评价方法，采用 LEC 作业条件分析法或 LS 风险矩阵法，用红、橙、黄、蓝四种不同颜色表示低风险、一般风险、较大风险和重大风险。

3. 风险分级管控

针对风险的辨识和风险评价情况，对每一处的风险都制定了科学有效的管控方法与措施。学校应该要明确安全生产主体的责任，让每个实验室风险点的防范和控制措施都得到有效地落实，使每个风险点都处于有效受控状态，对于实验室风险管控层级的划分，学校可以按照校领导、学院领导、系带头人和各个岗位工作人员等来进行划分，制订风险分级管控工作清单，合理地安排排查周期，编制校园实验室双重预防建设工作指导性文件，对实验室内部进行风险排查，如果发现管控失效环节，立即整理存档进入隐患排查清单。

4. 风险公告和警示

结合实验室风险辨识、风险评估、风险管控措施的制定等工作，拟定一张包含主要风险、潜在引发事故隐患种类、事故后果、管控措施、应急预案以及事故情况报告的方式等信息的实验室风险告知卡，并在各实验室门口粘贴公告，危险区域粘贴警示牌，确保实验室使用人员了解所在实验室风险。实验室双重预防风险分级管控子系统的流程如图 7-3 所示。

二、实验室双重预防隐患排查治理

当风险管控措施失效时，风险则逐渐演化为事故的安全隐患，隐患排查治理子系统是对为了风险分级管控子系统的失效环节构建的系统，以 PDCA 循环模式为基础，展开实验室安全隐患排查、统计、分析、治理等工作。隐患排查治理系统一般包括建立制度、隐患排查、记录整理、下达通报、整改实施、验收销号等环节。

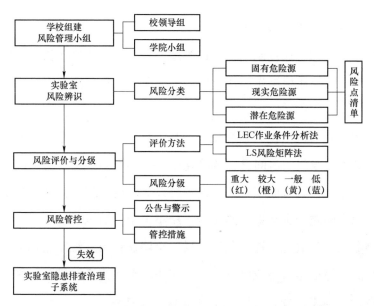

图 7-3　实验室双重预防风险分级管控子系统流程图

1. 建立制度

学校应当根据实际情况，建立和健全隐患排查制度体系，明确各类安全隐患的排查项目、内容及频次，并将存在的问题责任逐项处理、落实，促进全校师生主动参与到安全隐患自主排查隐患工作中来。按照各项制度的要求，定期组织开展安全隐患的排查和整治工作，以及在安全生产中发现因风险管控措施的失效而造成的事故隐患。

2. 隐患排查

学校通过专门组织实验室安全管理人员、技术人员、岗位管理工作人员以及其他相关人员按照现行国家的安全法律法规、标准和现行的学校安全管理体系，采用一定的技术手段和其他方式上岗作业，对照风险分级管控措施的有效性和执行实施情况，对学校实验室可能发生的各种安全事故隐患等安全问题情况进行及时排查。将管理隐患划分为基础性管理类和安全生产现场类两种类型，再根据隐患可能造成的后果及危害程度，可将隐患分为重大事故隐患和一般性事故隐患，制定安全检查表，对实验室定期开展排查工作，及时发现事故隐患。

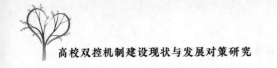
实验室安全隐患可分为 4 大类。

（1）违规操作、违反制度类。该类隐患中，有实验操作错误，也有违反制度的隐患。这些违规操作和违反制度的情况，通常在检查出后能够进行即刻的整改。

（2）实验室房间资源短缺和安全环境设施规划设计、维修保养等方面问题。学校未设立专门的房间进行危险化学物品的存放，室内的易燃易爆物品都是安全隐患；实验室面积狭窄，设备及人员活动不便，甚至会占用公共通道，造成隐患问题；实验室内的安全设施不健全，通风系统不好，一些存放气体的钢瓶未进行固定，这些同样造成安全隐患；由于线路老化，私自接电线、线路混乱等很容易造成触电隐患。这些隐患在排查时需要特别注意，都是极易存在的隐患问题，同时是治理的重点、难点。

（3）容易忽视的安全标准规程类。很多的标准规范未进行张贴说明，很多行业规范未受到学校重视，造成安全隐患，很多规范不明确，不执行，规范过于老旧，并未进行更新，同样会造成隐患问题。这类隐患在很多实验室都存在，属于共性问题。

（4）环境脏乱、物品凌乱。实验室需要保持干净整洁，对于物品要摆放有序，使用完毕要进行归位，垃圾及时清理，离开实验室要进行断电、锁门，但是很多实验室并没有按照规定执行，导致隐患问题的存在，同时，实验室负责人员意识薄弱，对发现的问题不予以纠正提醒，造成隐患。

3. 治理隐患

对于排查出的隐患，要进一步研究明确其具体整改处理责任、整改措施、整改处理经费、整改处理期限，以及其他相关整改措施。对于能够当场立即排查发现或者及时整改的一般隐患，要当场立即采取行动进行彻底整改；对于无法立即彻底整改的安全隐患，则需及时组织隐患防控综合治理行动计划，并制定隐患治理方案，在指定时间内完成彻底整改。

4. 验收销号

隐患整改检查工作执行期满后，要及时进行组织培训学校及各实验室的安全作业监督检查管理工作负责人员，对隐患检查整改实施情况及时实施监督验收和销号，确保隐患整改工作落实有效到位，并将隐患信息分类报送信息管理系统，与风险分析相结合。隐患排查治理工作流程图如图7-4所示。

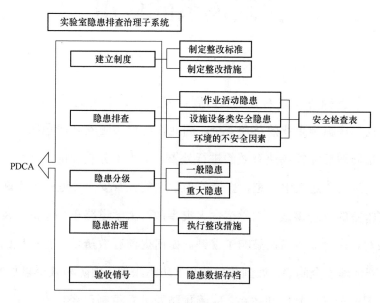

图7-4　隐患排查治理工作流程图

第八章 高校校园安全双重预防控制体系的应用

安全是各行各业最为关注的问题，安全问题不仅关系着行业的健康发展，而且直接影响企业效益及安全，因此，如何预防安全问题的发生，并在出现安全问题后能够快速有效的进行处置，成为十分重要的问题。对于高校而言，校园安全是重中之重，直接关乎学生的人身安全，近些年不断有报道大学实验室的安全事故，大学宿舍火灾事故，大学道路车祸事故，校园安全事件频发。这给很多高校敲响了警钟。如何提前有效辨识、管控校园安全风险，排查治理安全隐患，做到关口前移、防患未然，预防和减少事故的发生，建立校园安全管理制度和体系，完善预防及处置机制已经刻不容缓。目前双重预防体系在校园安全中的应用目前尚未完全形成完善体系，但根据其在企业，工业安全中的显著效果，其在校园安全防控中的作用毋庸置疑。本部分以我校为例，根据风险防控及隐患排查治理体系具体细节将其应用于我校校园安全防控中，下边进行具体应用和阐述。

第一节 高校基本情况

我校是河北省重点骨干大学，河北省人民政府与水利部共建高校，河北省重点支持的国内一流大学建设高校，办学条件优良，校园环境优美。学校新校区总占地面积 4 098 亩，建筑面积 76.32 万平方米。学科门类齐全，工程特色鲜明。现有工学、理学、管理学、农学、医学、文学、经济学、法学、艺术学、教育学、历史学 11 个学科门类。具有 1 个国家级大学生校外实践教育基地建设项目、7 个省级实验教学示范中心、4 个省级本科教育创新高地、2 个省级协同创新中心、9 个省级重点实验室、24 个省级技术创新中心。现有 3 万名学生。主要分为 3 个校区，主校区中现有 1 个图书馆，2 个公共教学楼，3 个餐厅，4 个学生社区公寓，1 个校医院，44 栋相关教学和党政相关教学和办公楼。

现代高校安全的治理较传统治理相比，利用现代化信息手段可以较快地、准确地进行管理。因此，目前双重预防体系都是以信息管理系统为基础进行。在双控预防体系中，首先要熟悉双重预防机制的具体作业实现流程，第一步风险分级管控系统中，学校负责人，各学院管理人员、教师、学生对学校进行风险评析，调查并收集整理各实验室的危险源和风险点，制作出各区域风险点清单，对校园内风险进行安全风险评估分级，在各楼宇、各学院按照要求张贴风险公告栏，并绘制出风险分布图，结合信息管理平台，实现风险的动态管控；其次是隐患排查治理系统，基于 PDCA 循环模式，制定安全检查表，根据隐患等级，确定隐患排查周期，对校园安全隐患进行排查治理销号，结合信息管理平台，分析并存档隐患记录，部分隐患信息可反馈到风险分级管控系统中，风险分级与隐患排查相结合，形成系统化闭环式实验室双重预防事故管理体系。

第二节　风险分级管控建设

依据前面章节关于风险控制的具体介绍，本部分将研究学校双重预防建设风险管控的内容。

一、成立风险分级管控组织机构

目前高校中具体的安全工作由不同的职能部门负责，如公共安全、消防安全归安全工作处，实验室安全归国资处，生产安全、特种设备管理等归后勤部门，网络信息安全归信息中心，心理健康安全归学生处，涉外安全归国际合作处，意识形态安全归宣传部门负责等。从校级领导层面看，分管相关安全工作的也不完全是同一个人。因此，在风险分级管控组织机构中，要对以上不同部门负责人进行汇总并重新分配。首先成立工作领导小组。

1. 成立"风险分级管控"工作领导组，以学校安全负责人为主要，各学院相关负责人为辅助，设置安全组长，副组长，安全秘书成员。

2. 领导组职责

（1）风险分级管控第一责任人要对风险管控，对风险发生可能全面负责，是主要的负责人。

（2）对风险分级管控实施的监督、管理、考核是安全负责人的主要任务。

（3）实施分管系统范围内的风险分级管控工作由各教研室具体负责。

（4）公用辅助系统的风险辨识、分级、控制管理、公告警示等工作由各行政部门负责具体实施。

（5）岗位的风险辨识管控由各个岗位人员负责。

二、危险源辨识程序及风险评估

1. 综合辨识程序

（1）年度危险源辨识及风险评估

主要负责人组织《年度危害识别和风险评估工作计划》的制定，对学校环境，设备设施，教学环境，教学活动等进行全面，系统地审查。通过系统的分析，对危险源进行辨识，划分不同的风险区域，对现有条件和触发因素以及潜在危险进行分析，确定了各种危险不同类型和对应的风险等级，并提出相应的风险管控措施对存在的风险实施管控。

（2）月度危险源辨识及风险评估

每个教学与研究部门的负责人每月都率先组织教学与研究部门对自身负责区域或活动进行危害识别和隐患调查，将关键区域，场所，环境条件结合起来，教学研究部门人员进行系统全面的危险源辨识，将风险提前发现并全面评估其危害性。

（3）每日危险源辨识及风险评估

每日危险源辨识需要全体师生共同发现和上报。安保人员，后勤相关人员以及教职工在上岗之前，先确定工作区域内环境设备和设施的危险源，并在发现危险时向部门进行报告。无法处理的人员应及时报告团队负责人和教学研究部负责人。

2. 风险识别

（1）意识形态风险

意识形态方面的安全问题逐渐成为影响大学校园安全稳定的最具有威胁的因素，这些问题直接动摇我国大学生的素质教育的成果。一些反动势力对高校的不断渗透，势必会动摇我国部分大学生的意识形态，成为反动势力破坏社会主义建设的工具，从而影响我国的政治安全和社会稳定。意识形态的安全，事关党和国家的前途命运及我国社会主义伟大事业的兴衰与成败。高校作为培育未来社会主义接班人和社会精英的摇篮，自然成为了党在开展意识形态工作时十分重视的领域。然而，在如今的新媒体环境下，信息增长呈现出爆炸性的态势，世界各地涌现出多种思潮，极大地影响了对高校师生的思想观念与行为方式，也冲击着我国主流的意识形态。随着"互联网＋"时代的到来，网络的飞速发展也为高校意识形态安全带来了冲击和挑战。在这样的环境下，如何做好意识形态工作，特别是怎样做好高校的意识形态工作成为关键所在。在实地调查中发现，有一些利用大学生的单纯和不谙世事来宣传和发展反动思想和一系列的破坏活动。

（2）财产安全风险

对于师生来说最直接的经济安全就是自身的财物安全，包括现金、电脑、手机等具有经济价值和效益的物品。校园内的财物多集中存放，加上人流密集，很容易就被偷盗和遗失，对于大学生来说，这都是不能承受的损失。除了现实财物可能遭遇损失，还有一些"校园贷""分期贷"之类的金融产品，利用大学生社会经验薄弱的特点，以低息、零首付的方式骗大学生借高利贷、网贷、裸贷，这些因素不断的正威胁着大学生们的经济安全。

大学生的三观正处于正在发展完善的重要时期,少数大学生因为对自己放松了要求,人生观和价值观出现了偏差,盲目从众和攀比消费,超出了自身及家庭能够承受的能力,加上法律知识缺乏或存有侥幸心理,希望通过侵占、偷窃甚至抢劫等行为获得财物来满足自己的私心,逐步走上了违法犯罪道路,也给别人的财物带来了损失。在调查中发现,目前有一些寝室也存在私人财物失窃的事件,特别是放假期间,宿舍没人,校园内的安保过于放松,给了不法分子可乘之机。曾发生过一个寝室里的财物集体失窃事件,给当事同学造成了极大的经济损失,即便之后报警也难以追回所失财物,还有些同学觉得麻烦或者认为难以追缴丢失的财物,便也没有声张和报警,这另一方面也导致了偷盗之风的屡禁不止。对于校园内师生财物的失窃,这不仅直接损害了师生们的经济利益,还严重影响了大学的校园秩序和环境,也是影响大学校园安全风险的重要因素之一。

不仅失窃事件威胁着在校师生的经济安全,高校内存在的"校园贷""裸贷""分期贷"等违法金融借款服务和金融电信诈骗也极大地损害了大学生们的经济安全利益。一些高利贷分子把目光锁定了社会经验匮乏的大学生,利用电信网络等手段对大学生进行诈骗,或引诱大学生超前消费的观念,违法向大学生们提供借款服务,骗取高额的利息,导致了不少风险事件的发生,很多大学生因为还不起高息贷款留下"绝命书",酿成了无法挽回的惨剧。大学生由于金钱观念薄弱,盲目地攀比消费,不顾自己的经济情况"好面子"和"讲排场",导致极易陷入此类的风险之中。经济安全对高校的稳定发展和教学工作具有不可忽视的地位,已是威胁大学校园安全稳定的重要因素。

(3)网络舆情风险

高校是网络舆情的高发地,当前高校网络舆情事件受社会和媒体关注度高,一些涉及高校舆情的事件极易演变为公共舆论事件。从近期高校网络舆情看来,主要有以下几个特征:一是网络舆情极易升温。不同于一般的涉事主体,高校作为舆情主体,天然地拥有基数庞大的"粉丝",这些"粉丝"往往极易抱团发表意见并排斥其他意见主体。高校舆情往往能短时间内迅速

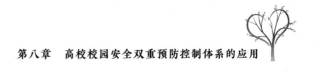

升温，形成"火烧连营"。二是网络包容度低。当涉高校舆情爆发时，事实本身刺激强化了认知和现实上的偏差，导致社会大众的容忍度降低。三是线上线下传导交织。高校学生自控力不强，参与社会实践的意识强烈，极易将网络现象与现实情况混为一谈，尤其是在受到少数不法分子煽动时，可能发展出参与社会群体事件的意向，出现线上表达与线下行动同步的倾向。调查中发现，有一部分学生特别喜欢在网络发表各种言论，对于当下热点问题，校园突发事件嫉妒热衷，并且还存在将相关视频、截图等内容售卖给境外不法组织，一些网红等，进而获得利润。这不仅增加了校园网络的风险，也给不法分子提供了有机可乘之处。

作为网络舆情的重点关注对象，高校在管控大学生们的网络舆情方面有着不可推卸的责任。大学生处于学校与社会的临界处，一方面具有学生的稚气与幼稚；另一方面又渴望着缤纷多彩的社会生活，所接受的消息与咨询都是片面的和网上转载的，没有实际感受过。因此极易被网络上各种营销号所误导，轻信网络上的只言片语，成为别人利用的工具人。大学生们的思想都比较活跃，对网络上"不公"的事件正义感比较强，看到网络上处于弱势的一方就想要声援，甚至会演变线下的游行请愿活动。对涉及国家政治方面的言语缺乏政治敏感性，容易人云亦云，被网络意见所裹挟，丧失了自己独立的判断和明辨是非的能力，最终被反动势力所渗透与洗脑，成为其宣传反党反社会思想的代言人。网络舆情风险作为一种网络文化传播带来的负面效应，对于大学校园安全具有潜移默化的影响和深远持久的影响力。针对大学校园里的以大学生为主体的网络舆情风险的承担者，将对大学生的思想观念和行为方式产生重要的影响，一旦发生偏差，网络舆情风险所带来的后果也是大学生难以承受的，也将直接影响大学校园安全。

（4）暴恐事件、食品安全等风险

对于大学校园来说，最直接的校园风险就来源于暴恐事件、食品安全和疾病防控的风险问题，这类风险将直接危害到广大师生们人身安全和身体健康。一旦风险事件发生，将会对师生直接带来严重的安全后果，在对学生调查中发现，将近三层的同学都反映校园内存在不同食品安全风险，常见的有食品卫生不够，食品烹饪不熟等现象。有的同学认为学校可能会存在暴恐事件风险。大学校园安全风险及社会风险这一领域还是存在诸多风险隐患，亟须对风险进行相应的防控。

近年来，由于宗教极端势力的蔓延和怀有报复心理的社会"边缘人"增多，他们将目光投向了的人口密集的校园之内，不断出现了罪恶分子冲进校园内肆意砍杀学生的恶性事件，对在校师生造成了极大的心理阴影，也引起了社会大众的强烈关注。学校是一个人口集中的场所，而且都是没有社会经验，生活在象牙塔里的青春学生，一旦有犯罪分子选择高校作为其实施犯罪行为的目的地，从而发生暴恐事件，后果将不堪设想。暴恐事件对高校校园安全的影响是巨大的，其后果是严重的，因此，在高校校园安全风险防范及化解中，暴恐事件是一个不容忽视的重要一环，必须针对暴恐事件作为重要风险因素加以识别和应对。

高校食品安全问题不仅直接关系到师生们身体健康和生命安全，还关系到高校教学秩序的稳定和正常的学习生活环境，是和每位师生的切身利益休戚相关的重要问题。历来也都是政府、学校和社会关注的重要问题。高校普遍具有规模较大，人数较多，用餐时间和地点较集中的特点。一旦发生食品安全问题，往往具有社会影响恶劣、波及范围广、危害烈度强的特质。一般情况下，大学每日有近万名师生在学校食堂就餐，学校食品的安全情况会直接影响到师生的身体健康，因此学校师生也尤其关注校园食堂食品安全情况。其次外卖食品是处在学校监督范围之外的食品安全风险，对于高校中普遍存在的外卖食品问题，应积极加强管理，市面上小工坊生产出来的外卖食品存在严重的安全隐患，很可能对学生的身体健康产生重大影响。不仅对于校园食品安全的把控工作尤为重要，还应加强对于外卖食品的重视，一旦出现食品安全事，将会有大范围的人员健康受损的情况，也将会对整个学校的就餐环境带来恶劣影响，甚至可能演变为社会事件，转变成为新的网络舆情风险点。

3. 风险评估

风险评估是决定风险影响大小的主要方法。在学校安全中，对危险源进行评估并采取相应策略解决，是降低风险发生的主要手段。本段主要针对学校现有区域的实际危险源进行风险评估阐述。

在发现危险源后，各学院可统计风险点清单，将各学院各楼宇风险点通过网络平台进行统计和汇总，将全校所有风险点进行总结，形成学校的风险数据库，可以对各风险点的风险等级、楼层位置、所属学院等信息进行备案，以便查询管控。根据风险等级评定标准，进行相应风险评估，将结果风险分为了四级：重大危险、高度危险、一般危险、可能或轻微危险，将不同风险等级用不同色彩表示，系统设计分别用红色、橙色、黄色和绿色表示，制定风险分级卡片，在校园教学楼、图书馆等相应区域内张贴和宣传，充分让师生了解风险点的位置，知道不同区域不同风险的等级，进而在日常生活中进行关注。不同级别风险管理负责人对应的责任人为校领导、院领导、系领导和岗位人员，各级制定不同的责任制度，采取相应的管理措施。在评估中，主要负责人组织，将常用的风险评估方法如果使用进行讲解和展示，将各类细节进行演示，使相关负责人，乃至所有教师和学生能够具备风险辨识的眼睛，和风险评估的基本方法。一般情况高校校园安全评估主要使用 LEC 评估方法，LS 方法和其他方法对危险源确定风险等级。本部分应用中，以我校基础二教学楼，四社区宿舍楼和图书馆为例，依据表 8-1 中的教学楼区域、宿舍区域、图书馆区域危险源辨识清单，运用 LEC 评价法进行评估，通过阅读文献及专家讨论进行危险源分析，经过排查得到以下数据。

表 8-1 为教学楼危险源隐患表，从中可以得知教学楼中较大风险存在于步梯、电梯以及中庭等中，由于上课学生较多，下课比较集中，很多学生会在基础二上课后赶往基础一教学楼进行上课，因此，下课时很多学生着急换教室，容易发生人员拥挤，推搡，碰撞等现象，尤其在夏季或冬季道路湿滑时，行走受到阻碍，以至于电梯、步梯人数较多发生事故的风险概率增大。风险控制的措施可以采取同一教室同样学生，不同教师开展不同课程，这样

表 8-1　教学楼危险评价表

序号	风险源	可能发生的事故	可能造成的后果	事故发生的可能性 L				暴露危险的频繁程度 E						发生事故产生的严重性 C				风险分值	风险等级
				可以预料 (10)	相当可能 (6)	可能 (3)	可能性小 (1)	持续暴露 (10)	工作时间暴露 (6)	每周或偶然暴露 (3)	每月一次暴露 (2)	一年几次暴露 (1)	罕见暴露 (0.5)	人员伤亡 50 或 50 万元以上 (50)	人员受伤或 10 万~50 万元 (30)	轻微受伤或 1 万~10 万元 (20)	设备损坏或 1 万元以下 (10)		
1	商品、装饰品和其他可燃物质	易燃材料暴露于明火中（电短路，电弧，过载高温等）可能引起火灾	伤亡，经济损失，环境影响			1.0				7.9						13.9		109.8	一般
2	明火	如烟头可能会导致可燃物燃烧	伤亡，经济损失，环境影响			1.3				7.1						11.3		104.3	一般
3	高空平台、楼梯、中庭等	高度超过 2 m 的平台、通道、中庭等会由于栏杆保护措施的损坏而导致人员跌落	伤亡，经济损失，环境、心理影响			1.2				6.0						13.5		90	一般
4	突发事件下	火灾和地震等紧急情况下可能导致拥挤踩踏	伤亡，经济损失，社会、心理影响，基础设施破坏			1.0				0.5					50.0			25.0	低
5	日常人流的不安全行为	人员在疏散通道、楼梯等处的异常行为可能导致人群、旅行、拥挤和践踏	伤亡，经济损失，社会、心理影响，基础设施中断			1.4				7.3					32.5			332.15	较大

续表

序号	风险源	可能发生的事故	可能造成的后果	事故发生的可能性 L				暴露危险的频繁程度 E						发生事故产生的严重性 C				风险分值	风险等级
				可以预料 (10)	相当可能 (6)	可能 (3)	可能性小 (1)	持续暴露 (10)	工作时间暴露 (6)	每周或偶然暴露 (3)	每月一次暴露 (2)	一年几次 (1)	罕见暴露 (0.5)	人员伤亡 50万元以上 (50)	人员受伤或 10万~50万元 (30)	轻微受伤或 1万~10万元 (20)	设备损坏或 1万元以下 (10)		
6	电缆、插板	私下拉扯和连接电缆、插板和发热可能会载和发热漏电和火灾导致漏电和火灾	伤亡、经济损失、社会心理影响			1.0					2					18.6		37.2	低
7	电气设备	在操作和维护过程中，由于设备损坏或操作失误，人员会导致人员触电事故	伤亡、经济损失			1.2					1.2					21.5		31.0	低
8	黑板、多媒体等	幕墙固定不充分或墙裂可能会造成人身伤害	伤亡、经济损失			1.0				6.0						10.9		65.4	低
9	电梯	机械故障可能导致乘客坠落、机械伤亡	伤亡			1.0				7.3						43.5		317.6	较大
10	烧水器	使用不当或设备故障，热水灼烫	伤亡、经济损失			1.0				5.2						10.2		52.04	低
111	配电柜、电缆接头	由于设备损坏或操作失误而引起的触电事故	伤亡、经济损失			1.0					1.7				50.0			85.0	一般
12	桌椅	教室内固定座椅固定不稳可能导致砸伤	伤亡、经济损失			1.0				6.5						15.7		102.5	一般
13	玻璃、门、窗、扣板、灯	破碎可能导致人员伤亡	伤亡、经济损失			1.3				7.5						12.6		122.9	一般

学生可以减少课间学生因为换教室的拥挤现象。也可以实施楼层间歇性下课，这样可以减少同时使用步梯及电梯的人数。也可以将教学楼多处进出口门打开，开放多个入口，可以将学生进行分流，减少不安全事件的发生。不仅如此，在楼梯口，入门口等部位也应设置安全告知卡，提醒学生注意出行安全，严禁在步梯上嬉戏打闹，禁止电梯打闹及剧烈运动等。针对于一般风险，应通过宣传栏宣传，或者网络科普或主题班会等形式，告诫学生，在使用或者处于某种环境时候应注意周边存在的风险，提醒学生在日常生活中注意风险的分辨和识别，如果发生能及时地作出反应，减少伤害。

从表 8-2 中可以得知在学生公寓里较大风险存在于人员在步梯流动、商品可燃性物质以及私拉电线、插板等。宿舍是休息、睡觉的第二个家，学生在宿舍比较放松，容易忽略其中存在的风险，和舍友一起出宿舍门，容易嬉戏打闹增大在步梯上的风险；还存在部分同学时间观念不强，快要上课才匆忙从宿舍跑出增加事故发生的概率。现在学生在宿舍内休息，比较注重隐私，几乎每个宿舍学生都会在网上购买床上遮挡帘，这些帘密闭，但容易引发火灾。目前很多学生喜欢订餐或将餐食带到宿舍内食用，很多垃圾处理不及时，很多餐盒属于易燃物品，同时有很多宿舍为了美观好看，会挂一些彩色小灯进行装饰，这些都导致宿舍内发生火灾风险加大。在宿舍内容易引发火灾原因还有宿舍内不规则使用电器，或使用违规电器引发。宿舍使用电器较多的时插座不够使用或者学生为了方便，就会存在私拉电线插板等，甚至在宿舍应用电吹风吹头发，直板夹等熨烫头发，这些使用时会增加用电量，使用后容易保留热量，如果放在易燃物旁就容易发生火灾，同时由于宿舍一般都是控电使用，因此很多电器一起使用容易导致电火出现。现在很多学生都有电动车，但因为车辆过多而充电插头不足，导致很多学生将电动车充电器拿到宿舍进行充电，大大增加了火灾风险。综上，宿舍内部最容易出现的风险为火灾风险和楼梯安全风险。控制风险的措施在楼道安全中可以加强学生的风险意识和时间观念，在楼梯间设置风险告知卡，提高学生风险安全意识。增加宿舍的插座数量或规定允许使用的地方，定期对宿舍进行监督检查，开班

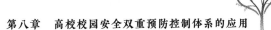

表 8-2　宿舍区域危险源评价表

序号	风险源	可能发生的事故	可能造成的后果	事故发生的可能性 L				暴露危险的频繁程度 E						发生事故产生的严重性 C				风险分值	风险等级
				可以预料(10)	相当可能(6)	可能(3)	可能性小(1)	连续暴露(10)	工作时间暴露(6)	每周或偶然暴露(3)	每月一次暴露(2)	每年几次(1)	罕见暴露(0.5)	人员伤亡50万元以上(50)	人员受伤或10~50万元(30)	轻度受伤或1~10万元(20)	设备损坏或1万元以下(10)		
1	商品，装饰品和其他可燃物质	易燃材料暴露于明火中（电短路、电弧、过载高温等）可能引起火灾	伤亡，经济损失，环境影响			2				7.3						25		365	较大
2	明火	如烟头可能会导致可燃物燃烧	伤亡，经济损失，环境影响			1.5				1.0						20		30	低
3	灯管、风扇、空调、床铺等设备	设备和设施的固定不充分或意外坠落可能会导致人身伤害或死亡	伤亡经济损失			1.0				10.0						15.3		153.0	一般
4	突发事件下	如火灾和突然停电的紧急情况下，惊慌导致拥挤的踩踏	伤亡，经济损失，社会心理影响			1.1				0.7						33.4		25.7	低

续表

序号	风险源	可能发生的事故	可能造成的后果	事故发生的可能性 L				暴露危险的频繁程度 E						发生事故产生的严重性 C				风险分值	风险等级
				可以预料(10)	相当可能(6)	可能(3)	可能性小(1)	连续暴露(10)	工作时间暴露(6)	每周或偶然暴露(3)	每月一次暴露(2)	每年几次(1)	罕见暴露(0.5)	人员伤亡或50万元以上(50)	人员受伤或10万～50万元(30)	轻度受伤或1万～10万元(20)	设备损坏或1万元以下(10)		
5	阳台玻璃门、窗	破碎可能导致人员伤亡	伤亡经济损失			1.4					6.9					13.5		130.4	一般
6	暖气设施	由于压力过高可能导致暖气设施爆炸	伤亡经济损失、社会心理影响、环境影响			1.2					1.1					14.1		18.6	低
7	人流的不安全行为	在疏散通道（如人行道和楼梯）中的异常行为会导致拥挤、绊倒以及拥挤和踩踏	伤亡、经济损失、社会心理影响			1.6					6.2					21.3		211.3	较大
8	电线、插板、电器、充电车、吹风机等	拉扯和连接临时电线、插件板超载等都可能引起火灾和漏电	伤亡、经济损失、环境影响			1.4					8.2					21.7		249.1	较大
9	变压器、配电房、	因短路、过载和其他故障而引起火灾	伤亡、经济损失、环境影响			1.3					1.3					50.0		84.5	一般

会或宣教的方式让学生意识到预防宿舍火灾危险的重要性。针对于一般风险，应告诫学生，在使用或者处于某种环境时候应注意周边存在的风险，如果发生能及时地作出反应，减少伤害。

从表8-3得知，在图书馆中较大风险存在于电梯中、中庭及灭火气体等，图书馆是一个学校的象征，一般设计外表较宏伟壮观、内部有文学气息，设计上就免不了添加中国五千年的文化元素。中庭是较为常见的元素之一，虽然观赏性强，但是对于恐高与一些风险意识淡薄的学生而言存在较大风险。图书馆拥有整个学校的书籍典册，因此图书馆是禁止明火，灭火系统也是必不可少的，甚至是最严格、最丰富的。灭火系统在特种情况下有可能产生误动作。图书馆到期末时期会有很多学生进入学习，图书馆人群量大，尤其在考研期遇到期末周考试，学生更是为了抢占座位拥抢电梯，这就会导致在楼梯或电梯处容易发生意外事件。针对的控制措施可以控制学生乘坐电梯的时间，加强电梯的管理；在中庭可能发生风险中加固中庭护栏的强度及高度，设置靠近的距离等；在图书馆内要定期检查灭火器系统的运行情况，并且严禁吸烟行为，防止火灾发生。在特殊地方粘贴风险告知卡、明白卡等内容，时刻提醒学生遵守图书馆规则，注重防火，注重电梯使用安全以及中庭停留安全。针对于一般风险，可以通过讲座，大屏幕播放安全警示视频等方法，告诫学生，在使用或者处于某种环境时候应注意周边存在的风险，并减少不安全行为出现，如果发生能及时地作出反应，减少伤害。

4. 建立风险清单、重大风险清单

（1）在确定了危险源之后，每个教学和研究部门的主要负责人将根据系统风险和风险等级评估标准对危险进行分类，并确定风险等级。对风险发生后的可能采取的措施进行详细的布置与准备，明确风险发生后的应急程序，并广而告之，让所有人了解风险发生时的处理方式，在一些特殊风险中制定相对应的风险管控措施，并实时监督风险发生可能。在风险清单公布后进行优化和整改，减少风险源的存在，整改后需要对风险点进行重新的辨识与评估，对其进行监控确保不会发生事故。

表 8-3　图书馆区域危险源评价表

序号	风险源	可能发生的事故	可能造成的后果	事故发生的可能性 L				暴露危险的频繁程度 E						发生事故产生的严重性 C				风险分值	风险等级
				可以预料 (10)	相当可能 (6)	可能 (3)	可能性小 (1)	连续暴露 (10)	工作时间暴露 (6)	每周或偶然暴露 (3)	每月一次暴露 (2)	每年几次暴露 (1)	罕见暴露 (0.5)	人员伤亡或50万元以上 (50)	人员受伤或10~50万元 (30)	轻度受伤或1~10万元 (20)	设备损坏或1万元以下 (10)		
1	商品、装饰品和其他可燃物质	易燃材料暴露于明火中（电短路/过载高温、电弧、火源等）可能引起火灾	伤亡、经济损失、环境影响			1.1			6.0							11.6		75.6	一般
2	高空平台、中楼梯、中庭等	超过 2 m 的平台、通道、中庭、楼梯等可能由于栏杆保护措施的损坏而导致人员跌落	伤亡、经济损失、社会心理影响			1.1			6.0						32.2			212.5	较大
3	突发事件	火灾和地震等紧急情况导致拥挤的踩踏	伤亡、经济损失、心理影响、基础设施中断			1.0							0.5	50.0				25.0	低
4	日常人流的不安全行为	疏散通道、楼梯等处人员异常行为等可能导致人员拥挤、绊倒引发拥挤踩踏	伤亡、经济损失、社会心理影响、基础设施中断			1.3			6.0							22.2		173.2	一般

续表

序号	风险源	可能发生的事故	可能造成的后果	事故发生的可能性 L				暴露危险的频繁程度 E						发生事故产生的严重性 C				风险分值	风险等级
				可以预料(10)	相当可能(6)	可能(3)	可能性小(1)	连续暴露(10)	工作时间暴露(6)	每周或偶然暴露(3)	每月一次暴露(2)	每年几次(1)	罕见暴露(0.5)	人员伤亡或50万元以上(50)	人员受伤或10~50万元(30)	轻度受伤或1~10万元(20)	设备损坏或1万元以下(10)		
5	电缆、插板	拉扯和连接电缆、插接板的过载和发热可能会导致漏电和火灾	伤亡、经济损失、社会心理影响			1.1					6.0					12.1		80.0	一般
6	电气设备	工作人员在操作、检修时由于电气设备故障或操作不当可能导致触电事故	伤亡、经济损失			1.0				1.2					38.5			46.2	低
7	大型LED显示屏	显示屏电缆接头短路、过负荷导致电缆火灾	伤亡、经济损失			1.0					6.0					10.0		60.0	低
8	扶梯、电梯	机械故障可能导致人员坠落、机械	伤亡			1.0					6.0				35.1			210.6	较大
9	配电柜、电缆接头	由于电气设备损坏或操作失误而引起触电	伤亡、经济损失			1.0						1.3			33.6			43.7	低

续表

序号	风险源	可能发生的事故	可能造成的后果	事故发生的可能性 L				暴露危险的频繁程度 E						发生事故产生的严重性 C				风险分值	风险等级
				可以预料(10)	相当可能(6)	可能(3)	可能性小(1)	连续暴露(10)	工作时间暴露(6)	每周或偶然暴露(3)	每月一次暴露(2)	每年几次(1)	罕见暴露(0.5)	人员伤亡或50万元以上(50)	人员受伤亡10万~50万元(30)	轻度受伤或1万~10万元(20)	设备损坏或1万元以下(10)		
10	玻璃门窗	破损可能导致人员伤亡	伤亡、经济损失			1.1					6.0					11.6		76.6	一般
11	变压器、配电房、电缆、可燃物	因短路、过载和其他故障而引起火灾	伤亡、经济损失、环境影响			1.0					1.1					26.3		28.9	低
12	灯管、空调等	设备和设施的固定不充分或意外坠落	伤亡、经济损失			1.0					6.0					11.3		67.8	低
13	灭火气体	灭火系统操作不当（控制故障或阀门）故障和气体可能导致窒息	伤亡、经济损失、社会心理影响			1.0					6.0					35.2		211.2	较大
14	计算机组、电气设备等	如果设备长时间运行，电气组件可能会变热并引起火灾	伤亡、经济损失、环境影响			1.0					6.0					10.4		62.4	低

（2）每个教学研究部门对危险源进行识别，采用实时识别，每月识别，每年识别，以较强频率对不同环境下的风险进行了解。随后再对风险进行评估，对不同的风险进行分级，对查找出来的风险汇总到风险管控清单中，明确风险点的识别时间和所在的区域，并提出相对应的管控措施等。在风险清单确定中，可以通过建立信息平台，让风险数据在校园平台上共享，并随时查询，在日常检查中，要实时在相关网络系统中录入风险点，在共享平台增添风险点。通过对校园存在的风险点进行上报和汇总可查看风险点的状态，通过相应的管控措施，减少安全事故的发生。在风险管控中，也可以利用信息技术，在风险数据中对于已经存在的风险点进行上报，而对于日常检查到的新风险点也要及时上报更新，系统可汇总校园风险点清单，再根据算法进行风险分级，学校可按照风险等级的不同分别实施管控政策，各级负责人根据风险点状态的更新，及时对校园安全公告和警示做改进措施。

（3）在日常风险清单基础上，对每一区域风险指数高，容易发生风险的将其归为重大风险并进行汇总。对于重大风险要根据风险类型，影响程度，风险原因等编制风险报告报告中要详细描述重大风险存在的场所或活动、技术保障措施、管理措施、应急处置措施等。

5. 制作风险分布图

制作实验室风险图的目的在于为校园内各区域使用者提供风险警示提醒，在开展教学活动、实践活动之前对教学楼等楼宇风险图进行查阅，能够明确地知道在进行教学或实践时风险源为何物，哪个环境可能存在着哪种风险，教师和学生在从事这些活动的时候会对其格外注重，提高自身警惕性和安全意识，降低校园安全事故的发生概率。

三、风险分级管控

1. 风险分级管控

（1）通过对风险进行评估，确定风险的类型和对风险进行分级，由低到高为"岗位，小组部门，学校"四个层次，风险分级管控需要落实到每级岗位和管理人员的身上，确保风险分级管控的充分实施与运行。

（2）主要负责人要领导并且跟踪重大和较大风险控制措施的执行情况，保证风险的处理方法得当，效果显著，并在发现问题时要立即督促进行整改，制订控制措施和工作计划。

（3）主要负责人探讨学校专题会议，对每月风险管控结果情况进行核查，分析评估主要风险控制措施，确定风险识别结果以及控制中是否有失效的环节，调整管理和控制过程中出现的问题。通过对危险源的辨识与评估的结果，找出风险管理和控制的重点。

（4）每个学院，每个教研室带头组织教研室专题研讨，让风险控制落实到每一个区域负责人身上，每一位教师身上。将风险管控措施逐一落实管理和控制。通过对风险分级管控的检查，完善对风险的管控措施。

（5）风险分级管理与控制办公室需要负责严格比较每种风险的管控措施，对风险点进行监督，定期检查和监测风险分级控制的阶段与流程，保证风险管控措施的有效实施。

2. 风险日常管控

在日常治理工作时如果是由于人为因素，通过教育的方式进行对人员进行规范培训，教育谈话，提升安全意识。如果是由于物体因素，需要进行物体管理进行加强，对于物品的有效期、设备的维护情况进行定期检查，确保质量。如果是由于管理因素，例如私自接线、设备不断电等，要对安全负责人进行教育谈话，对行为人进行教育培训，要求负责人具有良好的应对紧急问题能力，熟记应急章程。

3. 风险分级管控完善

（1）技术安全上的安全管控。高校校园安全中通过网络信息平台，建立风险分级管控级联系统，将风险从评价到筛查再到管理做到全方位闭环控制，消除危险源，风险控制管理规范化，系统化，技术化。

（2）管理上的风险管控。管理上的风险管控分为风险管理组织的构建以及管理制度的完善。构建一支职责分明，技术含量高的管理队伍，定时对校园教学、实践设备进行检查维护，确保设备在开展的过程中不会出现质量上的问题，从根本上抑制了设备带来的风险。完善管理制度，让使用者、管理者能够在严格的制度下开展使用活动以及管理工作。

四、风险公告警示及培训

学校应在主要风险区的显著位置公布现有的主要风险，控制人员和主要控制措施。制作应急处置卡，指明主要风险以及事故后果。行政教研室做好定期的检查工作并且还要进行监督。加强风险管控的相关教育，对辨识及分析等技能进行专项的培训，以确保所有人都能了解风险的基本特征，对出现的风险能提出相应的管控应急措施。通过表 8-4 中的数据可以得出教学楼电梯有较大的风险，以教学楼电梯为例，制作应急处置卡见表。

表 8-4　电梯岗位应急处置卡

序号	事件	处置措施
1	触电	1. 迅速切断电源，或者用绝缘物体挑开电线或带电物体，使伤者尽快脱离电源； 2. 将伤者移至安全地带； 3. 若触电者失去知觉，心脏、呼吸还在，应使其平卧，解开衣服，以利呼吸；若触电者呼吸脉搏停止，必须实施人工呼吸或胸外心脏挤压法抢救； 4. 向上级报告，并拨打"120"急救电话，送医院救治
2	高空坠落	1. 迅速将伤者移至安全场地； 2. 若伤者发生窒息，立即解开衣领，清除口鼻异物；如伤者出血，包扎伤口，有效止血；若伤者骨折、关节伤等立即固定； 3. 向上级报告，并拨打"120"急救电话，送医院救治
3	机械伤害	1. 停电，使电梯停止运转； 2. 采取正确的方法使伤者的受伤部位与机械脱离； 3. 向上级报告，并拨打"120"急救电话； 4. 伤者进行前期止血、呼叫等救护； 5. 等待医护人员到来
4	碰伤扭伤	1. 立即停止工作； 2. 轻微流血时，进行包扎止血； 3. 伤情严重，送至医院做进一步治疗
5	电梯困人	1. 接到报警电话通知管理（巡检）人员并安抚乘客； 2. 管理（巡检）人员到达现场，一人断电另一人确认电梯轿厢的位置； 3. 如电梯停留在平层位置可直接用专用钥匙开启轿门将乘客救出； 4. 如果电梯不在平层位置，则严格遵循盘车规范进行放人； 5. 两名管理（巡检）人员进入机房，利用盘轮及松闸扳手将电梯轿厢盘放至平层区域； 6. 管理（巡检）人员用专用钥匙开启轿门将乘客救出； 7. 消除电梯故障，恢复运行

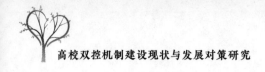

序号	事件	处置措施
6	电梯故障	1. 电梯速度不正常时，两腿应微微弯曲，上身向前倾斜； 2. 对可能受到的冲击； 3. 保持镇静，立即用电梯内的警铃、对讲机或电话与管理（巡检）人员联，等待外部救援；若报警无效，可大声呼叫或间歇性地拍打电梯门； 4. 电梯停运时，不要轻易扒门爬出，以防电梯突然开动； 5. 乘梯途中若发生火灾，将电梯在就近楼层停梯，并迅速利用楼梯逃生

第三节　隐患排查治理建设

一、成立"隐患排查治理"工作领导组

1. 成立"隐患排查治理"工作领导组，隐患排查治理工作领导小组可以与风险防控领导小组为同一批人，这样既可以了解风险防控，同时进行隐患排查，有助于双重预防体系的实施。领导组也需要设置安全组长，副组长，安全秘书，成员。

2. 领导组职责

（1）全面负责隐患调查是主要负责人的职责，同时也是第一责任人。

（2）负责对隐患的调查和管理进行监督，管理和评估安全是安全负责人主要的任务。

（3）每个部门的负责人专门负责调查和管理主管系统范围内的隐患。

（4）行政部门负责具体实施公共辅助系统隐患排查管理。

（5）组长负责调查和管理该地区的隐患。

（6）岗位中隐患的调查和管理是每个岗位人员的责任。

二、隐患排查依据及范围

根据《安全生产法》及其他相关的法律法规等，学校对所有场所，人员，设备设施和活动进行隐患调查。隐患排查范围覆盖学校所有教学楼，办公楼，

宿舍楼等固定区域，同时也覆盖道路交通，个人行为隐患，心理隐患等方面。

隐患排查治理中首先要建立隐患排查清单，数据库中将隐患录入主要包括排查区域名称、隐患内容、隐患等级（一般隐患，重大隐患）、排查人员、排查日期、排查周期和责任部门。随后对排查出来的隐患进行整改，整改内容包括：整改期限、整改要求、责任人信息，通知负责人，整改后监督检查，如果整改完成则填写整改反馈单，填写整改措施和整改人员的相关信息，最后进行二次审查，如确定隐患消除，建立审核销账清单。销账后，隐患排查清单相应的安全隐患自动删除，完成校园隐患排查治理工作，实现动态更新。例如排查学校中生化重点实验大楼某某实验室，排查到存在实验室紧急出口被堵、少量化学品未进行盘点、存在无标签化学品、废旧气瓶未合理放置等安全隐患，将相关隐患排查信息录入，上报给相关实验室负责人，并在校园安全实验室安全中将隐患数据储存，在共享平台上查看实验室现有安全隐患，隐患等级等信息，使得学校的隐患排查工作信息有据可依，也极大地提高了隐患排查的工作效率，根据隐患等级，可以下达整改通知书，责任部门根据隐患等级等信息，下发整改通知书，填写整改通知书，责任人员收到整改通知书根据整改要求进行隐患整改，整改人员完成隐患整改工作后，要进行整改反馈，整改人员完成整改并提交整改反馈单，相关人员审核通过后可对隐患内容和整改信息进行二次排查，当隐患达到整改要求后，审核人员可以进行审核销账。为后期学校中隐患的排查与治理提供范围和依据。

三、隐患排查方法及频次

1. 组织制定各部门，职务，机构隐患的管理标准和隐患识别清单，明确隐患调查和隐患识别的时限，范围，内容和要求，并组织相应的培训。学校应按照有关规定，采用综合与专业检查等方法，按照有关规定，结合需求和特点，进行隐患筛查和风险识别，确定隐患，实施治理。

2. 学校应根据隐患调查和风险识别的结果制订隐患管理计划和风险分级管理控制措施，并及时管理发现的隐患。主要负责人制订重大隐患组织管

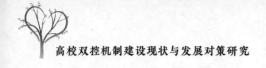

理计划。学校应采取相应的监控和预防措施来控制系统中存在的隐患。

3. 学校须要按照制定的标准对完成治理的隐患进行评估处理。学校应当组织学校安全管理人员和有关技术人员对于重大隐患治理完成后的区域进行核查与验收。

四、完善隐患排查治理措施

1. 开展校园安全月活动

为提高高校校园的安全管理水平，可以定期开展安全排查的校园安全"安全月"活动。例如可以将某些月份定为宿舍安全"安全月"，道路安全"安全月"，食堂安全"安全月"等，并在每个特定的安全月中开展专题讲座，举办相关的讨论会，并在校园内张贴海报，营造氛围。这些活动的开展，可以有效促进高校学生、教师对于校园安全风险管理工作的开展。

2. 购买第三方安全服务，增加预防控制途径

与第三方安全服务平台相比，校园安全的管理水平相对较低方面较低，因此，高校在开展双重预防工作时，可以通过购买第三方校园安全服务，为高校提供高效、优质的风险防控服务。为高校提供专业的技术，为高校开展教学、科研、实践活动保驾护航，这也是高校开展双重预防控制体系的有效途径。

五、信息报送

学校应根据记录隐患的调查和处理情况，定期统计之后进行分析，并及时向上级报告隐患的调查和处理情况。学校利用隐患自我检查，自我改革和自我报告信息系统，通过信息系统对隐患调查，报告，管理和注销过程进行网络管理和统计分析建立动态的管理信息数据中心，定期或实时报告隐患调查和管理状况。

第九章 研究结论与展望

安全是各行各业最为关注的问题，安全的维持与保障是目前各个行业都密切关注的问题，是各个行业发展的重要基础，可见，如何提前预防事故的发生，保障安全以及如何在相关事故发生后能够在第一时间进行妥善处理以及在未来防止类似事件再次发生，都是至关重要的。需要建立全面、系统、理论和实践并重的体系与系统进行管理与实施。对于高校而言，校园安全是重中之重，高校作为培养人才的发源地，作为人才的重要培养场所，所面临的校园安全种类不断增多且更加复杂，在校园内如何完善校园安全管理制度，如何建立校园安全预防体系，如何优化校园安全预付与处置机制是当下的研究重点，也是刻不容缓的。

第一节 研究结论

本书按照"理论研究—经验研究—对策研究"的思路，从风险防控与隐患排查两部分，深入分析了双重预防体系，结合学校安全风险和隐患问题，将双重预防体系结合校园的安全管理工作，从风险防控和隐患处理问题出发，结合学校日常过程中风险、隐患的特点，校园双重预防机制的研究，并将双重预防机制落实到了校园安全管理上，将校园的风险隐患问题系统化，建立高校校园安全双重预防工作机制。在校园双重预防机制的构建研究中得到了如下结论：

（1）通过对大中小学校园安全与管理现状进行研究与分析，发现目前校园安全事故发生种类颇多，主要包括食品安全，消防安全，人身安全，心理安全，行为安全，思想安全，交通安全，中毒安全等几大类，并且梳理近几年校园安全事故发生情况，校园安全事故具有高发，多发，重发特点。在校园安全管理中存在制度不健全，方法不适当，体系不完善，应急不及时，管理不全面等问题，因此，急需建立校园安全双重预防体系，保障校园安全。

（2）通过熟悉校园安全相关的标准、规范、规定，结合校园安全具体情况进行风险分析、危险源辨识，通过对双重预防体系的研究，梳理出学校在双重预防机制建设过程中的具体细节、流程以及构建过程所涉及的具体问题方法，总结了双重预防机制的理论成果。

（3）双重预防机制本是针对企业中存在危险隐患而实行的一种安全管理体系，本书将双重预防体系运用到校园安全管理建设中，详细阐述了校园安全双重预防的建设与运行，使双重预防在校园管理上能够更加地安全化和系统化。从工作机制、安全风险辨识评估、安全风险管控、信息更新四个方面提出对校园安全管理系统化。可以极大程度阻止安全事故的发生，识别各种风险，运用科学的方法降低风险。对于隐患排查治理，分别从事故隐患排查、事故隐患治理、监督管理等方面做出风险发、生后的处置，有效规避和减少校园安全事故的发生。由于危险源是动态变化，且随时间不定期地更新。所以在双重预防体系中要实行"PDCA"动态管理模式，定期更新危险源进行风险管控。

（4）从成立组织机构、风险分级管控、隐患排查治理、动态评估四个方面入手，建立学校双重预防机制基本模型。同时通过调查以基础教学楼、社区宿舍及图书馆作为风险区域，辨识危险源；通过 LEC 法，对风险进行评估；实施隐患排查工作，隐患排查治理公示，隐患治理整改。为校园双重预防机制的建设具备了一定的基础。

第二节　研究不足与展望

双重预防机制涉及内容较多，在校园安全中的具体应用效果参考依据不足。本书关于学校风险隐患双重预防体系构建及方法研究还存在很多不足，有些方面还需要更深层次的探讨，针对本书研究内容做如下展望：

首先，需要进一步结合学校的实际制定细分专业的风险因素辨识标准，进行全面的危险源辨识。避免因辨识不全面导致风险管控效果不佳。

其次，对于通过 LEC 法的调查数据，存在调查对象较集中，主观性较强的问题，在以后的研究中需要丰富调查对象，并结合客观的权重计算得以对风险源进行评价定级。

最后，随着安全管理对信息化管理与"互联网＋"需求的不断提升，校园双重预防机制需要同人工智能、互联网、大数据分析等现代科学技术成果相结合，建立校园双重预防信息系统，对风险辨识评估、风险管控、隐患排查治理、公示警告等过程实施动态跟踪、动态分析，针对各个阶段的存在的问题，能够及时分析原因，优化解决途径，促进校园安全双重预防体系的发展。

附录　高校校园危险源辨识清单

附表 1　餐厅区域危险源辨识清单

序号	风险源	辨识标准	可能造成的后果	风险类型（按照GB 6441）
1	玻璃门、悬挂的广告牌等	极端天气或外力条件下等固定不牢固或幕墙破裂坠落可能导致人员伤害	人员伤亡、经济损失	物体打击
2	天然气、储气瓶煤气等	使用天然气、煤气等气体泄漏，遇火源、高温可能导致火灾、爆炸、中毒窒息等事故	人员伤亡、经济损失、社会心理影响环境影响	火灾、其他爆炸、中毒和窒息、容器爆炸、其他伤害（拥挤踩踏）
3	可燃物、食用油、酒精类等物质	餐厅使用油、可燃物等物质，遇火源可能导致火灾等事故	人员伤亡、经济损失、环境影响	火灾、其他爆炸
4	烤箱、烤炉等大功率设备	设备长时间运行而电器元件发热高温可能导致火灾	人员伤亡、经济损失、环境影响	火灾
5	消毒柜、消毒的可燃物品	消毒柜设备缺陷或消毒物品高温可能导致火灾、爆炸	人员伤亡、经济损失、环境影响	火灾、其他爆炸
6	排油烟管道	排油管道内、排烟口、净化器等设备内油污因高温或油锅操作不当可能导致起火	人员伤亡、经济损失、环境影响	火灾
7	电缆、插板	电缆、插板过负荷受热可能引发火灾	人员伤亡、经济损失、社会心理影响	火灾
8	用电设备、电缆接头	清洗区域潮湿环境下可能导致电器漏电	人员伤亡、经济损失	触电
9	高压锅、热水器、炊具等内高压、高温液体介质	高温加热设备操作不当使沸腾高温液体喷溅可能导致爆炸、灼烫	人员伤亡、经济损失	灼烫、容器爆炸

附表 2　后勤区域危险源辨识清单

序号	场所/位置	风险源	辨识标准	可能造成的后果	风险类型（按照GB 6441）
1	设备机房	计算机组、电气设备等	设备长时间运行，电器元件发热高温可能导致火灾	人员伤亡、经济损失、环境影响	火灾
2		配电柜、动力电缆	工作人员在操作、检修时由于电气设备故障或操作不当可能导致触电事故	人员伤亡、经济损失、社会心理影响	触电

续表

序号	场所/位置	风险源	辨识标准	可能造成的后果	风险类型（按照GB 6441）
3	设备机房	灭火气体	灭火系统误动作（控制失效或阀门缺陷）而气体喷放可能导致人员窒息	人员伤亡、经济损失、社会心理影响	中毒和窒息
4	变配电室（间）	变压器、配电柜、电缆、可燃物	变压器、配电柜因短路、过负荷等故障可能引发火灾	人员伤亡、经济损失、环境影响	火灾
5		配电柜、电缆	在操作、检修时由于电气设备故障或操作不当引起触电事故	人员伤亡、经济损失	触电
6	锅炉房	锅炉房内可燃物、易燃液体以及燃料等物质	锅炉房内可燃物、易燃液体以及燃料等物质，遇火源可能导致火灾、爆炸、中毒窒息等事故	人员伤亡、经济损失、环境影响	火灾、其他爆炸、中毒和窒息、锅炉爆炸
7	后勤办公区（室）	装修材料、家具等可燃物	装修材料、可燃家具等遇火源（电气短路、电弧、明火）、高温（电暖炉等）可能导致火灾	人员伤亡、经济损失、环境影响	火灾
8		电缆	私自拉接临时电线过负荷等可能导致火灾、漏电事故	人员伤亡、经济损失、环境影响	火灾、触电
9		明火	烟头等明火可能导致可燃物燃烧	人员伤亡、经济损失、环境影响	火灾
10		用电设备	电气设备故障或操作不当可能导致触电	人员伤亡、经济损失	触电
11	其他	机动车辆	机动车辆在行驶中由于碰撞、碾轧、刮擦、翻车、坠车等引起人员伤亡或经济损失	人员伤亡、经济损失	车辆伤害
12		湖、池塘及河流等（车辆段）	未采取有效防护措施易发生人员落水	人员伤亡、经济损失	淹溺

附表3 体育馆区域危险源辨识清单

序号	风险源	辨识标准	可能造成的后果	风险类型（按照GB 6441）
1	突发事件下	火灾、突发停电等突发事件下人群恐慌可能会导致拥挤踩踏事故的发生	人员伤亡、经济损失、社会心理影响	其他伤害（拥挤踩踏）
2	日常人流的不安全行为	疏散通道、楼梯等处人员异常行为可能导致人员拥挤、绊倒而引发拥挤踩踏	人员伤亡、经济损失、社会心理影响	其他伤害（拥挤踩踏）

序号	风险源	辨识标准	可能造成的后果	风险类型（按照GB 6441）
3	可燃装修材料	可燃装饰材料遇火源（面板电气短路/过负荷高温、明火等）可能会导致火灾	人员伤亡、经济损失	火灾
4	大型LED显示屏	显示屏电缆接头短路、过负荷等可能会导致电缆火灾	人员伤亡、经济损失	火灾
5	吊装灯、玻璃幕墙、装饰或分隔玻璃、大屏幕	场馆高空设施或建筑本体构件装饰不牢以及场馆内体育设施使用不当可能导致引起人身伤害事故	人员伤亡、经济损失	高处坠落
6	钢结构附近的可燃物	高处包厢、可燃物遇火源可能导致火灾、钢结构坍塌	人员伤亡、经济损失、社会心理影响、环境影响	火灾、坍塌
7	可燃物	镭射灯等高温照明灯具可能导致附近可燃物燃烧	人员伤亡、经济损失	火灾
8	高压钠灯、聚光灯、回光灯等大功率电气设备、可燃物装饰材料	舞台灯光等大功率设备长时间运行，电器元件发热高温可能导致灼烧、火灾，聚光灯等高温照明灯具附近放置可燃物可能引发火灾	人员伤亡、经济损失、环境影响	火灾

附表4　宿舍区域危险源辨识清单

序号	风险源	辨识标准	可能造成的后果	风险类型（按照GB 6441）
1	商品、装修材料、桌椅	遇火源（电气短路、电弧、明火）可能导致灾	人员伤亡、经损失、社会心理影响、环境影响	火灾
2	明火	烟头等明火可能导致可燃物燃烧	人员伤亡、经济损失、环境影响	火灾
3	灯管、风扇、空调、床铺等设备	设备、设施固定不牢固或意外造成掉落可能导致人员伤亡	人员伤亡、经济损失	物体打击
4	玻璃门窗	破损可能导致人员伤亡	人员伤亡、经济损失	高处坠落
5	暖气设施	暖气设施由于压力过高可能导致暖气设施爆炸	人员伤亡、经损失、社会心理影响、环境影响	其他爆炸
6	突发事件下	火灾、突发停电等突发事件下人群恐慌可能会导致拥挤踩踏事故的发生	人员伤亡、经济损失、社会心理影响	其他伤害（拥挤踩踏）
7	日常人流的不安全行为	走道、楼梯等疏散通道处人员异常行为等可能导致人员拥挤、绊倒而引发拥挤踩踏	人员伤亡、经济损失、社会心理影响	其他伤害

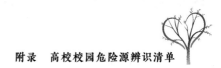

续表

序号	风险源	辨识标准	可能造成的后果	风险类型（按照 GB 6441）
8	电线、插板	私自拉接临时电线、插板过负荷等可能导致火灾、漏电事故	人员伤亡、经济损失、环境影响	火灾、触电
9	变压器、配电房、电缆、可燃物	变压器、配电柜因短路、过负荷等故障可能引发火灾	人员伤亡、经济损失、环境影响	火灾

附表5 实验室/楼区域危险源辨识清单

序号	风险源	辨识标准	可能造成的后果	风险类型（按照 GB 6441）
1	储罐内易燃易爆液体或气体、有毒有害危险化学品	储罐内易燃易爆液体或气体、有毒有害危险化学品，遇火源可能导致火灾、爆炸、中毒窒息等事故	人员伤亡、经济损失环境影响	火灾、其他爆炸、中毒和窒息
2	仓库内易燃易爆、有毒有害危险化学品	1. 仓库内易燃易爆、有毒有害危险化学品，遇火源可能导致火灾、爆炸、中毒窒息等事故；2. 禁忌类危险化学品混存，危险化学品发生反应，可能导致火灾、爆炸事故；3. 库房内酸碱腐蚀性危险化学品，可能导致酸碱腐蚀灼烫事故	人员伤亡、经济损失、环境影响	火灾、其他爆炸、中毒和窒息、灼烫
3	锅炉房内可燃物、易燃液体以及燃料等物质	锅炉房内可燃物、易燃液体以及燃料等物质，遇火源可能导致火灾、爆炸、中毒窒息等事故	人员伤亡、经济损失、环境影响	火灾、其他爆炸、中毒和窒息、锅炉爆炸
4	化验室的易燃易爆物品、有毒有害化学品、带电设备	1. 化验室使用易燃易爆物品、有毒有害化学品，遇火源可能导致火灾、爆炸、中毒窒息等事故；2. 实验过程中使用危险化学品，可能发生化学反应导致火灾、爆炸、中毒窒息等事故；3. 化验室中使用电气设备，可能导致触电事故	人员伤亡、经济损失	火灾、其他爆炸、中毒和窒息、触电
5	电压互感器、电流互感器、变压器、空气开关、电缆线路等一次设备、带电部位	1. 电压互感器、电流互感器、变压器、空气开关、电缆等一次设备，可能导致电器火灾事故；2. 高低压配电系统检修时，检修人员可能导致触电事故	人员伤亡、经济损失	火灾、触电
6	配电箱（柜）中的电源线路、开关等设施带电部位	1. 配电箱（柜）的电源线路、开关等设施，使用中可能产生火花，引燃可燃物，可能导致火灾事故；2. 箱（柜）内可能存在带部位裸露在外，人员接触，可能导致触电事故	人员伤亡、经济损失	火灾、触电

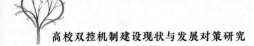

高校双控机制建设现状与发展对策研究

续表

序号	风险源	辨识标准	可能造成的后果	风险类型（按照GB 6441）
7	临时用电部位及周边区域存在可燃物、易燃易爆危险化学品、带电部位	1. 临时用电部位及周边区域存在可燃物、易燃易爆危险化学品，遇火源可能导致火灾、爆炸等事故；2. 临时用电存在带电部位裸露，可能导致触电事故	人员伤亡、经济损失	火灾、其他爆炸、触电
8	插座附近区域内可燃物、易燃液体以及燃料等物质以及的带电部位	1. 插座使用中可能产生火花，与易燃易爆物质接触，可能导致火灾、爆炸事故；2. 破损的插座使用中可能导致触电事故	人员伤亡、经济损失	火灾、其他爆炸、触电
9	储气罐的承压部件	储气罐内压力或温度过高，可能导致容器爆炸事故	人员伤亡、经济损失	容器爆炸
10	烘箱、干燥箱等内的易燃易爆物质	使用烘箱、干燥箱等设备烘烤易燃易爆物质，可能导致火灾、爆炸事故	人员伤亡、经济损失	火灾、其他爆炸
11	机械设备外露的旋转、移动部位	机械设备外露的旋转、移动部位等与人体接触，可能导致机械伤害事故	人员伤亡	机械伤害
12	作业部位的低温环境	低温环境内作业，可能导致低温伤害	人员伤亡	低温伤害
13	蒸汽锅炉及其管道的高温表面和高温蒸汽	蒸汽锅炉及其管道的高温表面和高温蒸汽，可能导致灼烫事故	人员伤亡	灼烫
14	各种火源，包括机动车辆、静电、雷电、火花等点火源	其他具有火灾爆炸性危险的区域，遇到机动车辆、静电、雷电、火花等点火源可能导致火灾、爆炸事故	人员伤亡、经济损失	火灾、其他爆炸
15	其他压力容器的承压部件、易燃易爆、有毒有害危险化学品	1. 压力容器（包括移动式和固定式压力容器）内部因压力、温度过高，可能导致容器爆炸事故；2. 反应类压力容器，内部反应过于剧烈，可能导致火灾、爆炸事故；3. 压力容器（包括移动式和固定式压力容器）内毒性介质发生泄漏或装卸过程中，人员接触，可能导致中毒窒息事故	人员伤亡、经济损失	容器爆炸、火灾、中毒和窒息、其他爆炸

附表6　教学楼/学院楼区域危险源辨识清单

序号	风险源	辨识标准	可能造成的后果	风险类型（按照GB 6441）
1	商品、装修材料等可燃物质	可燃物遇明火（电气短路/过负荷高温、电弧、火源等）可能导致火灾	人员伤亡、经济损失、环境影响	火灾

续表

序号	风险源	辨识标准	可能造成的后果	风险类型（按照GB 6441）
2	明火	烟头等明火可能导致可燃物燃烧	人员伤亡、经济损失、环境影响	火灾
3	高空平台、楼梯、中庭等	2 m 以上高处平台、通道、中庭、楼梯等因栏杆类防护措施损坏可能导致人员坠落	人员伤亡、经济损失、社会心理影响	高处坠落
4	突发事件下	火灾、地震等突发事件下人群恐慌可能会导致拥挤踩踏事故的发生	人员伤亡、经济损失、社会心理影响、基础设施中断	其他伤害（拥挤踩踏）
5	日常人流的不安全行为	疏散通道、楼梯等处人员异常行为等可能导致人员拥挤、绊倒而引发拥挤踩踏	人员伤亡、经济损失、社会心理影响、基础设施中断	其他伤害（拥挤踩踏）
6	电缆、插板	私自拉接电缆、插板过负荷受热可能导致漏电、火灾	人员伤亡、经济损失、社会心理影响	火灾、触电
7	电气设备	工作人员在操作、检修时由于电气设备故障或操作不当可能导致触电事故	人员伤亡、经济损失	触电
8	黑板、多媒体等	固定不牢固或幕墙破裂坠落可能导致人员伤害	人员伤亡、经济损失	物体打击
9	扶梯、电梯	机械故障可能导致乘客坠落、机械伤害	人员伤亡	高处坠落、机械伤害
10	热水器	由于设备故障或使用不当、热水喷溅可能导致热水灼烫	人员伤亡、经济损失	灼烫
11	配电柜、电缆接头	在操作、检修时由于电气设备故障或操作不当引起触电事故	人员伤亡、经济损失	触电
12	桌椅	教室内固定座椅固定不稳可能导致砸伤	人员伤亡、经济损失	其他伤害
13	玻璃门窗	破损可能导致人员伤亡	人员伤亡、经济损失	高处坠落

附表 7 活动中心/娱乐中心区域危险源辨识清单

序号	风险源	辨识标准	可能造成的后果	风险类型（按照GB 6441）
1	明火	烟头、蜡烛等明火可能导致可燃物燃烧	人员伤亡、经济损失、环境影响	火灾

275

序号	风险源	辨识标准	可能造成的后果	风险类型（按照 GB 6441）
2	商品、装修材料、座椅等可燃物、电缆	商品、装修材料等遇火源（电气短路、电弧、明火等）可能导致火灾	人员伤亡、经济损失、社会心理影响、环境影响	火灾、其他伤害
3	舞台	场所内舞台支架固定不稳可能导致坍塌	人员伤亡、经济损失	坍塌
4	用电设备、其他电气设备	设备故障漏电与人员接触可能导致触电事故	人员伤亡、经济损失、社会心理影响	触电
5	电缆、插板	私自拉接电缆、插板过负荷受热可能导致漏电、火灾	人员伤亡、经济损失、社会心理影响	火灾、触电
6	玻璃幕墙、装饰品	固定不牢固或幕墙破裂坠落可能导致人员伤害	人员伤亡、经济损失	物体打击
7	暖气设施	暖气设施由于压力过高可能导致暖气设施爆炸	人员伤亡、经济损失、社会心理影响、环境影响	其他爆炸

附表8　图书馆区域危险源辨识清单

序号	风险源	辨识标准	可能造成的后果	风险类型（按照 GB 6441）
1	商品、装修材料等可燃物质	可燃物遇明火（电气短路/过负荷高温、电弧、火源等）可能导致火灾	人员伤亡、经济损失、环境影响	火灾
2	高空平台、楼梯、中庭等	2 m 以上高处平台、通道、中庭、楼梯等因栏杆类防护措施损坏可能导致人员坠落	人员伤亡、经济损失、社会心理影响	高处坠落
3	突发事件下	火灾、地震等突发事件下人群恐慌可能会导致拥挤踩踏事故的发生	人员伤亡、经济损失、社会心理影响、基础设施中断	其他伤害（拥挤踩踏）
4	日常人流的不安全行为	疏散通道、楼梯等处人员异常行为等可能导致人员拥挤、绊倒而引发拥挤踩踏	人员伤亡、经济损失、社会心理影响、基础设施中断	其他伤害（拥挤踩踏）
5	电缆、插板	私自拉接电缆、插板过负荷受热可能导致漏电、火灾	人员伤亡、经济损失、社会心理影响	火灾、触电
6	电气设备	工作人员在操作、检修时由于电气设备故障或操作不当可能导致触电事故	人员伤亡、经济损失	触电

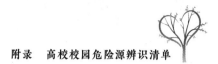

续表

序号	风险源	辨识标准	可能造成的后果	风险类型（按照GB 6441）
7	大型 LED 显示屏	显示屏电缆接头短路、过负荷等可能会导致电缆火灾	人员伤亡、经济损失	火灾
8	扶梯、电梯	机械故障可能导致人员坠落、机械伤害	人员伤亡	高处坠落、机械伤害
9	配电柜、电缆接头	在操作、检修时由于电气设故障或操作不当引起触电事故	人员伤亡、经济损失	触电
10	玻璃门窗	破损可能导致人员伤亡	人员伤亡、经济损失	其他伤害
11	暖气设施	暖气设施由于压力过高可能导致暖气设施爆炸	人员伤亡、经济损失、社会心理影响、环境影响	其他爆炸
12	变压器、配电房、电缆、可燃物	变压器、配电柜因短路、过负荷等故障可能引发火灾	人员伤亡、经济损失、环境影响	火灾、触电
13	灯管、空调、等设备	设备、设施固定不牢固或易造成掉落可能导致人员伤亡	人员伤亡、经济损失	物体打击
14	灭火气体	灭火系统误动作(控制失效或阀门缺陷)而气体喷放可能导致人员窒息	人员伤亡、经济损失、社会心理影响	中毒和窒息
15	计算机组、电气设备等	设备长时间运行，电器元件发热高温可能导致火灾	人员伤亡、经济损失、环境影响	火灾

参考文献

[1] 李伟东. 校园安全双重预防体系建设研究［D］. 焦作：河南理工大学，2021.

[2] 林梅. 乡村中学校园安全管理现状调查研究［D］. 天津：天津师范大学，2022.

[3] 邱浩."平安校园"建设视角下高校安全管理体系构建研究［D］. 北京：中国人民公安大学，2020.

[4] 李静. S高校智慧校园建设项目风险管理研究［D］. 济南：山东大学，2021.

[5] 张莉. 小学校园安全事故的类型及防治研究［D］. 长沙：湖南师范大学，2013.

[6] 江书平，赵连云，王二青，等. 地方高校双控机制建设现状与发展对策研究［J］. 华北科技学院学报，2021，18（01）：119-124.

[7] 吴沛晟. 风险控制意识下的高校安全管理体系建构——评《校园安全事件风险分析》［J］. 安全与环境学报，2024，24（02）：824.

[8] 黄玉清. 高校实验室双重预防体系建设及应用研究［D］. 焦作：河南理工大学，2022.

[9] 李奎. 高校校园安全管理与建设思考［J］. 办公室业务，2023，（18）：160-162.

[10] 张虎强. 小学校园周边安全环境治理优化研究［D］. 兰州：西北师范大学，2022.

[11] 方正. 高校校园火灾原因分析及其对策［J］. 湖北理工学院学报，2019，35（01）：13-17.

［12］况亚勇. 高校校园周边安全隐患治理对策研究［J］. 产业与科技论坛，2019，18（10）：222-223.

［13］汪一舟. 高校新媒体风险教育的必要性及其实施路径［J］. 才智，2023（14）：171-174.

［14］王秉相，李洪军，郑忠勇，等. 基于风险预控的校园安全隐患分析与管控［J］. 电脑知识与技术，2021，17（35）：285-287.

［15］王金贵，胡超，林其彪，等. 基于双重预防机制的高校实验室安全管理体系建设［J］. 实验技术与管理，2022，39（01）：210-213.

［16］闫向明. 简析高校校园食品安全风险防控措施［J］. 食品安全导刊，2021（12）：32-35，37.

［17］吴晓涛，杨颖. 中小学校安全风险管控机制研究［J］. 风险灾害危机研究，2020（01）：107-127.

［18］刘军. 校园网络的安全风险与应对措施分析［J］. 电子技术，2023，52（04）：172-173.

［19］覃仙赟. 新时代中小学校安全管理评价改革研究［D］. 桂林：广西师范大学，2023.

［20］苗娣. 校园风险管理研究［D］. 武汉：武汉大学，2012.

［21］王菁菁. 高校校园安全风险治理：情势、机制与进路［J］. 江苏高教，2023（12）：64-68.

［22］杨明，贾伟慧. 高校校园网贷隐患的认识和风险防控研究［J］. 科教文汇（下旬刊），2019（18）：16-17.

［23］董秉聿，王宇昊，尘兴邦，等. 校园消防隐患排查治理路径实践及能力提升［J］. 安全，2022，43（08）：46-50.

［24］白萍. 校园计算机网络安全的主要隐患及防范与控制［J］. 无线互联科技，2020，17（04）：32-33.

［25］孙临花. 高校不良校园贷的风险及教育治理［J］. 财富时代，2022（12）：83-85.